21世纪经济管理新形态教材·会计学系列

政府智慧财务教程
——基于博思财务软件

毕瑞祥 ◎ 主　编
蔡　炯　贾海波　高红梅 ◎ 副主编

清华大学出版社
北　京

内 容 简 介

本书紧密结合我国最新颁布的《行政单位财务规则》《事业单位财务规则》，引入政府财务信息系统最新研究成果，理论与实践相结合，应用方案和软件操作相结合，涉及政府财务信息化内容全面、实用性强，在目标定位、内容设计、案例设计、模拟实训方面具有显著特色。

本书既可作为高等院校会计、财政等相关专业教材，帮助高校学生了解政府智慧财务、熟练操作政府智慧财务软件；又可以作为行政事业单位相关财务岗位的人员培训及参考用书，帮助财务人员了解政府智慧财务的主要内容和发展趋势，能够结合单位实际情况，进行单位智慧财务系统的规划和建设。

本书封面贴有清华大学出版社防伪标签，无标签者不得销售。

版权所有，侵权必究。举报：010-62782989，beiqinquan@tup.tsinghua.edu.cn。

图书在版编目（CIP）数据

政府智慧财务教程：基于博思财务软件/毕瑞祥主编.—北京：清华大学出版社，2023.5
21世纪经济管理新形态教材．会计学系列
ISBN 978-7-302-63519-2

Ⅰ.①政… Ⅱ.①毕… Ⅲ.①国家机构－财务管理－财务软件－高等学校－教材 Ⅳ.①F232

中国国家版本馆CIP数据核字(2023)第085387号

责任编辑：付潭娇　刘志彬
封面设计：汉风唐韵
版式设计：方加青
责任校对：宋玉莲
责任印制：刘海龙

出版发行：清华大学出版社
网　　址：http://www.tup.com.cn，http://www.wqbook.com
地　　址：北京清华大学学研大厦A座　　　　　邮　编：100084
社 总 机：010-83470000　　　　　　　　　　　邮　购：010-62786544
投稿与读者服务：010-62776969，c-service@tup.tsinghua.edu.cn
质 量 反 馈：010-62772015，zhiliang@tup.tsinghua.edu.cn

印 装 者：大厂回族自治县彩虹印刷有限公司
经　　销：全国新华书店
开　　本：185mm×260mm　　　印　张：20.25　　　字　数：449千字
版　　次：2023年6月第1版　　　印　次：2023年6月第1次印刷
定　　价：59.00元

产品编号：098856-01

前　言

一、本书的写作背景

中国共产党第十九次全国代表大会（以下简称党的十九大）为加快建立现代财政制度作出重要部署，明确提出要建立全面规范透明、标准科学、约束有力的预算制度，全面实施绩效管理。落实这一要求，要立足于已确立的预算制度主体框架，进一步提升预算的全面性、规范性和透明度，推进预算科学精准编制，增强预算执行刚性约束，提高财政资源配置效率。

2019年10月31日，中国共产党第十九届中央委员会第四次全体会议（简称中共十九届四中全会）通过的《坚持和完善中国特色社会主义制度，推进国家治理体系和治理能力现代化若干重大问题的决定》中明确提出："建立健全运用互联网、大数据、人工智能等技术手段进行行政管理的制度规则，推进数字政府建设，加强数据有序共享，依法保护个人信息。"打造智慧服务型政府，推进数字政府建设，助力国家治理体系现代化，对在新常态下做好财务管理工作、开启财务数据经济时代、实现财务各领域数据有序共享提出了更高的要求。2019年新政府会计制度的改革，使会计核算方法和内容都发生了重大改变，会计工作的复杂性和难度也大大增加，这就更加凸显了财务信息化建设在行政事业单位中的重要作用。随着2019年财政部推行预算管理一体化系统，行政事业单位财务信息化开始向一体化、智能化、平台化、无纸化方向发展，逐步建设成政府部门智慧财务系统。

北京博思财信网络科技有限公司（以下简称博思财信），是福建博思软件股份有限公司（300525.SZ）的控股子公司。博思财信是财政部预算管理一体化标准委员会委员、财政部中央预算管理一体化系统承建商，深度参与了《预算管理一体化技术标准》《修订预算管理一体化规范和技术标准有关资产管理内容》《固定资产等资产基础分类与代码》等财政行业国家标准、大数据建设标准的顶层规划和设计工作，对财政政策发展和细分市场行业走势具有天然的前瞻性，能够精准把握改革思路和发展方向。

博思财信是政府数字化转型的推动者和实践者，秉承"业务先导、流程牵引、数据驱动、智能管理"的理念，牢记"让财务工作更简单"的发展使命，现已在智慧财务、内控一体化、预算绩效一体化、公务支出报销平台及电子会计档案等业务领域开发出一系列响应国家政策要求、安全便捷、技术领先、贴近用户习惯的管理软件产品，其成功案例在全国的 30 个省（自治区、直辖市）及财政部等中央部委，在近百个地级市中得到应用，取得了良好的管理成效。

目前，一些地区财务人员需要一本政府智慧财务系统规划与建设的参考资料，高校财经专业学生也需要一本政府智慧财务的学习教材。基于政府智慧财务建设的实际需求，以及与博思财信公司的产学研合作关系，我们编写了这本《政府智慧财务教程》。本书结合博思财信智慧财政财务软件（该软件目前已经在财政部、陕西省、内蒙古自治区、黑龙江省、吉林省、福建省、湖北省、广东省、上海市等全面应用），从主要业务流程、软件功能操作等角度进行描述，方便读者学习。我期望这本书能够帮助全国高校会计学专业开设"互联网+会计"相关的课程，同时帮助行政事业单位财务人员了解和熟悉政府智慧财务。

二、本书内容组织

本书内容从逻辑上分为五大部分：第一部分是政府财务理论基础篇；第二部分是博思财信智慧财务软件安装篇；第三部分是预算绩效一体化篇；第四部分是报销、核算、归档一体化篇；第五部分是内部控制篇。读者可以根据自己的前期基础、专业领域或兴趣爱好，有选择地进行阅读。

第一部分包括第 1 章，主要介绍政府财务管理主要内容和目标、财政预算管理一体化、政府智慧财务概述及对博思财信智慧财务软件系统的总体介绍。

第二部分包括第 2 章，介绍博思财信智慧财务软件的安装、使用及初始设置。

第三部分包括第 3~4 章，以高校为例，介绍预算绩效一体化应用方案，介绍博思财信智慧财务软件系统中预算管理系统、绩效管理系统常用的一些操作步骤和软件功能窗口。

第四部分包括第 5~6 章，以医院为例，介绍财务报销、会计核算、会计档案归档一体化应用方案，介绍博思财信智慧财务软件系统中指标管理系统、网络报销系统、账务处理系统、财务报表系统、出纳系统、应收应付系统常用的一些操作步骤和软件功能窗口。

第五部分包括第 7~8 章，介绍内部控制应用方案，介绍博思财信智慧财务软件系统中合同管理系统、采购系统常用的一些操作步骤和软件功能窗口。

三、本书特点

本书的主要特点是理论与实践相结合，将预算绩效一体化，报销、核算、档案归档一体化，内部控制应用方案与软件操作相结合，其所涉及的政府财务信息化内容全面、案例丰富、实用性强。本书在目标定位、内容设计、案例设计、模拟实训方面具有显著特色。

目标定位：本书主要定位于行政事业单位财务人员和高校学生。帮助财务人员了解政府智慧财务的主要内容和发展趋势，并结合单位实际情况，进行单位智慧财务系统的规划和建设；帮助高校学生了解政府智慧财务、熟练操作政府智慧财务软件。

内容设计：本书的内容设计由浅入深、由易到难、循序渐进，既有理论的讲解与探讨，又有实务的分析与落地。通过良好的内容体系设计，读者只要跟随本书进行理论学习和模拟实训，就可以在不知不觉中掌握政府智慧财务软件的使用方法。

案例设计：本书以北方教育学院、北方市中医院作为案例对象，设计从基础设置到账表分析等知识点无缝嵌入案例的财务场景，这种一体化的代入感，能够让读者有效掌握政府会计信息化软件在财务工作中的运用。

模拟实训：本书共设计了 2 个政府智慧财务软件模拟实训项目，具有较强的体验性、实战性、综合性和有效性，读者学习之后可以直接（或稍微加以改进）用于具体的财务工作场景。

四、适用读者和课程

本书可以作为（但不限于）：

（1）行政事业单位财务人员进行财务系统规划建设的参考用书。

（2）普通高校本科和高职高专的会计学专业、财务管理专业、审计专业等专业会计信息化、政府会计信息化等相关课程的教材。

（3）普通高校的会计学学硕、会计学专硕、审计学专硕等研究生专业会计信息系统、管理信息系统、政府会计信息化等相关课程的教材。

（4）普通高校计算机相关专业等专业的本科生和研究生进行政府会计信息化软件学习的参考教材。

（5）行政事业单位信息中心人员（尤其是管理人员）提升工作能力的学习用书。

五、配套资源和反馈途径

本书提供有教学 PPT、实验指导书和教学案例，需要的老师可登录清华大学出版社网站（www.tup.edu.cn）下载。

由于水平有限，书中难免会出现一些错误或者不准确的地方，恳请读者批评指正。读者可以通过以下途径反馈意见或建议：1450691104@qq.com。

六、致谢

在本书的撰写过程中，我们得到了多方指导、帮助和支持。

首先，感谢博思财信公司对本书撰写的支持和帮助，我们在大家的支持和帮助下，真正践行了产学研一体化。

其次，感谢清华大学出版社对本书撰写所提供的方向和思路指导、审核、校验等工作。

谨以此书献给致力于我国"互联网＋会计"教育改革，致力于政府智慧财务建设的朋友们，愿大家身体健康、生活美满、事业有成！

毕瑞祥

2022 年 8 月

目 录

第一部分 政府财务理论基础篇

第1章 政府财务概述 ··· 002

1.1 政府财务管理主要内容和目标 ································· 002
    1.1.1 政府财务管理的内容 ····································· 002
    1.1.2 政府财务管理的目标 ····································· 004
1.2 财政预算管理一体化 ·· 005
    1.2.1 推进预算管理一体化的重要意义 ······················· 006
    1.2.2 预算管理一体化的总体要求 ····························· 007
    1.2.3 《预算管理一体化规范》的主要内容 ··················· 008
    1.2.4 财政预算管理一体化与预算单位财务管理 ············ 010
1.3 政府智慧财务概述 ··· 011
1.4 博思智慧财务软件概述 ·· 016

第二部分 博思财务软件安装篇

第2章 系统安装与系统设置 ·· 022

2.1 系统安装、启动 ·· 022
2.2 平台级参数及基础设置 ·· 023
    2.2.1 支出功能分类 ··· 023
    2.2.2 部门预算经济分类 ·· 027
    2.2.3 预算项目 ·· 029
    2.2.4 项目类型 ·· 030
    2.2.5 项目 ·· 032

		2.2.6 资金性质	033
		2.2.7 预算来源	035
		2.2.8 经费来源	036
		2.2.9 支付方式	038
		2.2.10 支出类型	040
		2.2.11 结算方式	041
		2.2.12 往来单位	043
		2.2.13 固定资产类型	044
		2.2.14 币种汇率	045
		2.2.15 收费项目	047
		2.2.16 要素定义	048
		2.2.17 自定义数据维护	049
		2.2.18 多维核算	051
		2.2.19 科目体系	052
		2.2.20 会计科目	054
		2.2.21 凭证类型	055
		2.2.22 核算规则	056
		2.2.23 统一建账	057
		2.2.24 现金流量项目	058
		2.2.25 差异调节项	060
		2.2.26 智能推荐维护	061
		2.2.27 结转规则设置	062
2.3	单位级参数及基础设置		064
2.4	系统管理		064
		2.4.1 角色管理	064
		2.4.2 组织机构	066
		2.4.3 用户管理	067
		2.4.4 账套授权	069
		2.4.5 打印模板	070
		2.4.6 菜单管理	071
		2.4.7 系统参数	072
		2.4.8 门户配置	073
		2.4.9 流程设计	074

第三部分 预算绩效一体化篇

第3章 预算绩效一体化应用方案 ······ 078
- 3.1 方案概述 ······ 078
- 3.2 校内常规预算申报审核 ······ 078
- 3.3 财政专项预算申报审核 ······ 080
  - 3.3.1 财政专项预算申报书 ······ 080
  - 3.3.2 财政专项预算审核、查看 ······ 082
  - 3.3.3 财政专项控制数 ······ 083
- 3.4 财务处预算审核汇总 ······ 083
- 3.5 预算批复 ······ 083
- 3.6 预算调整 ······ 083
- 3.7 预算绩效管理 ······ 085
  - 3.7.1 绩效管理内容 ······ 085
  - 3.7.2 绩效管理主要业务流程 ······ 086
- 3.8 预算综合分析 ······ 093
- 3.9 数据接口和操作权限 ······ 093

第4章 预算绩效一体化软件操作 ······ 094
- 4.1 预算管理 ······ 094
  - 4.1.1 基本预算编报 ······ 094
  - 4.1.2 财政专项预算编报 ······ 101
  - 4.1.3 预算报表 ······ 108
- 4.2 绩效管理 ······ 108
  - 4.2.1 事前绩效评估 ······ 108
  - 4.2.2 绩效目标管理 ······ 112
  - 4.2.3 绩效监控 ······ 118
  - 4.2.4 绩效自评 ······ 127
  - 4.2.5 重点项目评价 ······ 137
  - 4.2.6 结果应用 ······ 140

第四部分 报销、核算、归档一体化篇

第5章 报销、核算、归档一体化应用方案 ······ 152
- 5.1 政府会计概述 ······ 152
- 5.2 预算指标管理 ······ 162

5.3 财务报销管理 ··· 166
5.4 账务处理 ··· 172
5.5 报表管理 ··· 173
5.6 出纳管理 ··· 174
5.7 应收应付款管理 ·· 174
5.8 电子会计档案管理 ·· 175

第 6 章 报销、核算、归档一体化软件操作 ································· 176

6.1 预算指标管理 ·· 176
    6.1.1 业务设置 ·· 176
    6.1.2 业务处理 ·· 179
    6.1.3 报表查询 ·· 182
6.2 财务报销 ··· 183
    6.2.1 业务设置 ·· 183
    6.2.2 业务处理 ·· 187
6.3 账务处理 ··· 201
    6.3.1 基础设置 ·· 201
    6.3.2 期初化 ·· 205
    6.3.3 凭证处理 ·· 208
    6.3.4 账簿查询 ·· 219
    6.3.5 期末处理 ·· 235
    6.3.6 集中查询 ·· 240
6.4 财务报表管理 ·· 243
    6.4.1 政府会计表 ··· 243
    6.4.2 自定义报表 ··· 244
6.5 出纳管理 ··· 245
    6.5.1 账簿设置 ·· 245
    6.5.2 期初设置 ·· 247
    6.5.3 账簿登记 ·· 248
    6.5.4 银行对账 ·· 251
    6.5.5 账表查询 ·· 254
    6.5.6 结账 ··· 257
    6.5.7 总账对账（汇总） ··· 258
    6.5.8 总账对账（明细） ··· 259
6.6 应收应付账款管理 ·· 260
    6.6.1 往来管理 ·· 260

	6.6.2	往来期初	261
	6.6.3	往来登记	263
	6.6.4	往来核销	265
	6.6.5	坏账登记	266
	6.6.6	账龄分析	267
	6.6.7	借款分析	268
6.7	电子会计档案管理		268
	6.7.1	档案材料采集	268
	6.7.2	账簿档案	270
	6.7.3	档案归档	272

第五部分　内部控制篇

第 7 章　内部控制应用方案 … 290

7.1　内部控制概述 … 290
- 7.1.1　内部控制建设原则 … 290
- 7.1.2　内部控制报告要求 … 291
- 7.1.3　内部控制建设总体目标 … 291
- 7.1.4　内部控制信息系统 … 291

7.2　合同管理 … 292
7.3　采购管理 … 294

第 8 章　内部控制软件操作 … 296

8.1　合同管理 … 296
- 8.1.1　业务设置 … 296
- 8.1.2　合同业务处理 … 298
- 8.1.3　报表查询 … 305

8.2　采购管理 … 306
- 8.2.1　业务设置 … 306
- 8.2.2　业务处理 … 308

第一部分
政府财务理论基础篇

第1章
政府财务概述

1.1 政府财务管理主要内容和目标

政府财务管理是政府行政管理的一个重要组成部分,它是依据财务制度和财经法规,按照财务管理的原则,对政府财务活动中资金的筹集、分配和使用进行计划、组织、协调和控制的过程。从狭义上看,政府财务管理指公共财政管理,即政府为履行职能,对所需的物质资源进行计划、决策、组织、协调和监督的活动,简言之,就是政府筹集、使用和管理财政资金的活动。公共财政是政府活动的物质基础,也是政府管理活动的重要组成部分。广义上的政府财务管理还包括政府自身内部的财务管理。本书中的政府智慧财务系统主要面向各级政府、各行政事业单位的财务管理。

1.1.1 政府财务管理的内容

政府财务管理可以分为两个层次:宏观层次和微观层次。宏观层次是政府作为社会经济管理者对国民经济整体实施的管理。微观层次是各级政府及其部门作为行政事业单位,在履行其部门职责过程中,对所发生的财务活动进行的管理。

1. 政府宏观财务管理

宏观层次的政府财务管理是政府代表国家行使社会经济管理职能,也是政府微观层次财务管理的主要环境因素。宏观财务管理活动是以由各种行政事业单位构成的政府整体为主体而开展的,因此简称政府财务管理。作为国家机关,政府财务管理活动的开展与其所拥有的行政权力密不可分。政府财务管理活动主要以政府预算的形式开展。

1)预算收入

预算收入是集中财政资金的阶段,是政府部门的筹资活动。政府预算收入按照经济性质分为3类:一般预算收入、基金预算收入和债务预算收入。一般预算收入包括政府经常性预算收入和政府建设性预算收入。政府经常性预算收入主要用于政府日常行政事务活动及保障国家安全、社会稳定,发展科学、卫生、教育等各项事业开支的需要;政府建设性预算收入主要用于政府投资性支出的需要。一般预算收入主要来源于政府的税收收入和国有资产的经营收益。基金预算收入指纳入预算管理的各项基金收入和地方财政部门按国家规定收取的各项税费附加收入及部分专项收入。债务预算收入是按照国家法律规定，中央政府通过举借国内和国外债务的方式筹集部分建设投资资金而形成的预算收入，包括国内债务收入和国外债务收入两种。

2）预算支出

与筹资活动形成的预算收入相对应，投资活动的预算支出包括一般性预算支出、基金预算支出和债务预算支出3类。

3）预算执行

我国预算执行的组织机构由国家的行政机关和各职能机构组成，实行统一领导下的分工负责。我国法律规定，各级预算的执行机关是本级人民政府，即国务院负责中央预算的组织执行，地方各级人民政府负责本地区预算的组织执行。在预算的实际执行过程中，各级财政机关在本级人民政府的领导下，负责具体的执行工作。即财政部对国务院负责，具体执行中央预算并指导地方预算的执行；地方各级政府的财政部门对地方各级政府负责，具体组织本地区预算的执行，并监督指导下级地方预算的执行。

2. 政府微观财务管理

微观层次的政府财务管理是在政府财务管理的环境下，为了实现政府部门的目标对各种财务活动进行的管理。微观财务管理的主体是组成政府的各个行政事业单位，强调每个行政事业单位的个体，因此简称行政事业单位财务管理。各行政事业单位作为组织机构，在完成其职能过程中不可避免会发生各种财务活动，行政事业单位的财务管理就是对这些活动进行的管理。

1）预算管理

行政事业单位预算管理指财政部门同行政事业单位的主管部门之间、行政事业单位的主管部门同所属的行政事业部门之间关于财政资金的分配使用，领拨缴销的方法、形式，以及责任、权力与利益划分的基本组织制度。行政事业单位预算管理体制主要指预算管理级次。

预算管理级次，指在"统一领导、分级管理"的原则指导下，按照政府财政与行政事业单位的预算领拨缴销关系和行政事业单位内部的机构建制而划分的预算管理等级次序。根据我国现行的行政事业单位的财务规则，预算管理级次分为主管预算单位、二级预算单位和基层预算单位3个级次。主管预算单位，指直接向同级财政部门编报预算，领拨缴销预算资金，同时，负责核定所属单位预算，向所属单位转拨预算资金的预算单位，主管预算单位也称一级预算单位。二级预算单位，指向主管预算单位或一级预算单位编报预算，领拨缴销预算资金，并负责核定所属单位预算，向所属单位转拨预算资金的预算单位。基层预算单位，指向上一级预算单位或同级财政部门编报预算，领拨缴销预算资金，且没有所属单位的预算单位。

2）收入管理、支出管理和结余管理

收入指行政事业单位为开展业务活动，依法取得的非偿还性资金。行政事业单位的收入依据其来源渠道的不同，可以分为财政补助收入、上级补助收入、事业收入、经营收入、附属单位上缴收入和其他收入等。行政事业单位各项收入的取得应当符合国家规定，且各项收入应当全部纳入单位预算统一管理、统筹安排使用。

支出指行政事业单位为开展业务活动和其他活动所产生的各项资金耗费及损失。行政事业单位的支出主要包括事业支出、经营支出、上缴上级支出、附属单位补助，以及基本建设支出等。行政事业单位在办理各项支出时，既要保证组织目标和事业发展计划的需要，又要贯彻勤俭节约、提高效益的一贯方针。

结余指行政事业单位收入和支出相抵后的余额。行政单位结余不提取基金，全额结转下年使用，其中，已完成项目的专项经费结余，报经主管预算单位或财政部门批准后，方可使用。行政事业单位的结余（不含实行预算外资金结余上缴办法的预算外资金结余），除专项资金按照国家规定结转至下一年度继续使用外，可按照国家有关规定提取职工福利基金，其剩余部分作为事业基金用于弥补以后年度单位收支差额。

3）资产管理和负债管理

行政事业单位的资产管理和负债管理与企业相差不大。行政事业单位的资产管理包括流动资产管理、固定资产管理和投资管理三部分，具体内容与企业相似，其差别主要在于：行政事业单位只能购买中央财政发行的国家公债，当期有价证券的利息收入和转让有价证券取得的收入与账面成本的差额，计入当期的收入。行政事业单位的负债管理与企业的负债管理基本相同。

4）财务分析

行政事业单位的财务分析指以财务报表及其他有关资料为依据，运用系统科学的方法对行政事业单位财务状况和业绩成果进行比较、评价，从而有利于行政事业单位的管理者、投资者及政府宏观管理机构掌握其资金活动情况并进行营运决策的一项管理活动。行政事业单位财务分析的目的主要有两个方面：一是为财务报表使用者所要做出的相关决策提供客观的，可靠的依据；二是对公共资源的配置使用结果及其效益做出客观评价。

1.1.2 政府财务管理的目标

政府财务管理的总体目标和任务在于努力增收节支，合理安排支出结构，规范管理程序，控制支出结构，提高资金使用效率，降低政府成本。具体表现在以下几个方面。

1. 加强预算管理，确保职能的有效履行

预算是依据定员定额和收支标准编制的计划期内的财务收支计划，是政府组织开展活动的基本计划。预算管理是政府财务管理的核心，也是政府职能履行的物质保证。要做好政府财务管理，必须要加强预算管理，并根据国家法律法规的有关规定，实事求是、科学合理地编制单位预算和部门预算，在其基础上形成公共预算，完善预算执行的硬约束机制。同时，在预算的编制与执行过程中，要处理好预算内资金与预算外资金、行政性支出与业务性支出、维持性支出与发展性支出、重点性支出与一般性支出之间的关系，做好预算管理工作。

2. 加强收支管理，提高资金使用效率

政府收支管理是政府财务管理的基础，加强收支管理有利于增收节支、合理安排资金、提高资金使用效率。政府应严格执行相关的财务制度，做到开源节流并依法按照规定的标准和范围办理各项收支，既要努力挖掘潜力、增加收入，又要节约使用资金，合理安排支出。

3. 加强资产管理，确保国有资产的保值和增值

国有资产是政府部门行使职能，完成工作任务不可缺少的物质条件。国有资产管理的目标在于保证其安全完整、防止流失；挖掘财产物资的潜力，做到物尽其用；防止资产闲置，提高资产使用效率，使国有资产不仅保值而且增值。

4. 建立健全财务制度，实现政府财务管理的规范化和法制化

财务制度是政府管理的基本依据和行为规范，建立健全财务制度，有利于保证国家方针、政策的落实，从而使各项财务活动有法可依、有章可循；有利于实现政府财务管理的规范化和法制化。各级政府组织应根据财政部门和上级政府的财务制度，进一步建立健全内部财务管理制度，切实搞好核算管理、计划管理等各项工作。

5. 加强财务分析和财务监督，保证政府财务活动的合理性和合法性

财务分析和财务监督是政府财务管理的一项重要任务。加强财务分析和财务监督有利于政府工作计划和各项收支计划的顺利完成；有利于及时掌握政府财务活动状况，为财务决策提供支持。各级政府和财政主管部门要科学运用各种监督手段，把过去侧重事后监督改为事前监督、事中监督和事后监督相结合的财政监督方法；建立自我监督、内部监督和外部监督相结合的财政监督机制；加强财政社会化监督体系的建设；加大财政监督法制化建设的力度。同时，还要对各项财务活动的合法性、合理性、真实性及财会资料的准确性、完整性等进行监督，以保证财务制度和财经纪律的切实执行。

1.2 财政预算管理一体化

党的十九大从全局和战略的高度出发，强调加快建立现代财政制度，并明确提出要建立全面规范透明、标准科学、约束有力的预算制度，全面实施绩效管理，对预算制度建设提出了新的更高要求。中共十九届四中全会重要决定也再次强调了要完善标准科学、规范透明、约束有力的预算制度。近年来，我国在分税制改革、部门预算改革、国库集中收付制度改革等财政制度主体框架基本建立的基础上，预决算公开、中期财政规划、完善转移支付制度、加强地方政府性债务管理、深化政府采购制度等一系列重大改革措施推进实施，使得现代预算制度不断完善，中央和地方财政管理不断加强。但是，我国当前各级财政预算管理水平同党的十九大和十九届四中全会对预算制度建设提出的新要求相比，以及与各级党委、人大、政府和社会有关方面对财政部门发挥职能作用的期望相比，还存在较大差距，因此，深入推进改革还面临诸多挑战。

2019 年 6 月，为提升财政预算管理现代化水平，财政部党组审议通过了《财政核心业务一体化系统实施方案》（财办〔2019〕35号），做出了积极推进预算管理一体化建设、运用信息化手段全面深化预算制度改革的决策部署。预算管理一体化建设旨在按系统化思维，全流程整合预算管理制度，构建现代信息技术条件下"制度＋技术"的管理机制。总体工作思路是：财政部组织制定全国统一的《预算管理一体化规范》和系统技术标准，将预算编制、预算执行、决算和财务报告、资产管理、债务管理等业务环节按一个整体进行整合规范，贯通中央、省、市、县各级财政预算管理；各地由省级财政部门统一按照《预算管理一体化规范》和系统技术标准建设一体化系统，将市县级预算数据集中到省级财政，并与财政部联网对接，通过嵌入式系统的控制规则规范预算管理和硬化预算约束，为深化预算制度改革提供基础保障。

1.2.1 推进预算管理一体化的重要意义

1. 推进预算管理一体化是全面深化预算制度改革的现实需要

当前我国进入经济发展新常态，财政收入增速放缓，同过去20年财政收入持续快速增长的情况相比发生了较大变化。特别是"减税降费"政策实施以来，中央和地方收入增速均明显回落。与此同时，各级财政支出增长刚性依然不减，财政运行风险因素不断累积，财政可持续性面临诸多挑战，财政管理对风险防控的要求越来越高。推进预算管理一体化，有利于提高预算编制水平，清理虚报虚高的预算支出项目，杜绝虚增财政收入和支出等行为；有利于硬化支出预算执行约束，严控预算追加事项，防止违反预算规定"乱开口子"；有利于提升财政资金配置效率，以绩效为导向优化支出结构，保障支撑经济社会发展和关系民生福祉的重点项目，提高财政资金的使用效率。

2. 推进预算管理一体化是全面深化预算制度改革的核心内容

对比深化预算制度改革的目标要求，当前各级财政预算管理工作还存在一些问题，有些甚至是瓶颈性问题，主要表现在：一是预算管理综合性统筹性不够。财政部门对部门和单位财政拨款之外的收支预算管理不严格，监督指导不到位，资金执行具体情况不清楚。例如，有的单位有大量存款未有效盘活使用，仍申请安排财政拨款，相当于一部分财政性资金没有发挥应有作用。二是预算管理不够规范。上下级预算存在脱节，政府预算、部门预算、单位预算之间缺乏有效衔接控制，许多地方没有形成严格的预算管理规范。三是预算管理透明度不高。动态反映预算编制和调整的机制尚未建立，预算执行数据不能按项目及时反馈，财政部门对本地区各级次、各领域的预算管理情况缺乏全面、准确及时的了解。部门预算尚未全部细化到具体实施单位和具体项目中，没有实现部门预决算公开到部门、到单位、到项目的全覆盖。四是支出标准体系建设总体滞后，标准对预算管理的支撑功能亟须增强。五是预算对支出执行约束不够有力，部门预算调剂没有规范的程序，年度预算结转结余资金不能实现自动计算和回收，部门和单位预算执行的约束机制有待完善。因此，全面深化预算制度改革，必须坚持问题导向，加强顶层设计，通过制定统一的预算管理规则，明确具体的改革路径，增强改革的系统性、整体性、协同性。

3. 推进预算管理一体化是全面深化预算制度改革的有效途径

全面深化预算制度改革对财政预算管理的科学化、精细化水平提出了更高的要求，必须要有先进的信息技术支撑。目前，各级财政预算管理的业务规则和信息系统"各自搭台、分头唱戏"，没有进行一体化设计、一体化推进，不能实现一体化管理，难以发挥合力。预算管理一体化是以统一预算管理规则为核心，以预算管理一体化系统为主要载体，将统一的管理规则嵌入信息系统，提高项目储备、预算编审、预算调整和调剂、资金支付、会计核算、决算和报告等工作的标准化、自动化水平，实现对预算管理全流程的动态反映和有效控制，保证各级预算管理规范高效。预算管理一体化抓住了预算管理的薄弱环节和症结所在，是全面深化预算制度改革的重要突破口，预算管理一体化系统建设的顺利推进必将对今后财政预算工作产生重要而深远的影响。

1.2.2 预算管理一体化的总体要求

1. 指导思想

以习近平新时代中国特色社会主义思想为指导，全面贯彻落实党的十九大和十九届四中全会关于预算制度建设的新要求，以及习近平总书记关于以信息化推进国家治理体系和治理能力现代化的重要讲话精神，统一规范各级财政预算管理，将制度规范与信息系统建设紧密结合，用系统化思维全流程整合预算管理各环节业务规范，通过将规则嵌入系统强化制度执行力，为深化预算制度改革提供基础保障，推动加快建立现代财政制度。

2. 基本原则

（1）全面综合。推进全口径政府预算管理，加强部门综合预算管理，各部门、各单位的财政拨款收支、事业收支、事业单位经营收支和其他收支等各项收支全部列入部门预算统一编制，不得在预算以外列收列支，进一步提高部门预算的完整性和各类资金的统筹能力。

（2）规范统一。规范和统一各级预算管理业务流程、管理要素和控制规则，并嵌入预算管理一体化系统统一实施，实现政府预算、部门预算、单位预算之间，以及上下级预算之间的业务环节无缝衔接和有效控制，使预算管理全流程合法合规。

（3）公开透明。将预算项目作为预算管理基本单元，项目库实时记录和动态反映预算项目储备、实施到结束全过程的预算管理信息，实现项目全生命周期管理，提高预算管理透明度。严格按照国家保密法律法规合理确定涉密预决算信息范围，除涉及国家秘密外，预算项目预决算信息依法依规报送各级人大和向社会公开，全面接受立法机关和社会监督。

（4）标准科学。依据财政部门在系统中设置的支出标准编制项目预算，没有支出标准的要提出测算项目预算的暂定标准并逐步形成制度办法，构建形成覆盖各类预算支出的标准体系，更好发挥标准在预算编制和管理中的基础支撑作用。

（5）约束有力。切实强化预算约束，依据经批准的预算生成预算指标账，采用会计复式记账法记录和反映预算指标在预算管理各业务环节的来源、增减和状态，强化预算指标对执行的约束，真正做到各级政府、各部门、各单位的支出以经批准的预算为依据，未列入预算的不得支出。

（6）分步实施。既考虑当前预算管理实际又立足现代预算制度建设长远目标，虽然某些业务规则适度超前，但须保证在系统支持下可以实现，同时为下一步拓展留有空间。

1.2.3 《预算管理一体化规范》的主要内容

《预算管理一体化规范》（以下简称《规范》）分为基础信息管理、项目库管理、预算编制、预算批复、预算调整和调剂、预算执行、会计核算、决算和报告等8个部分，以及附录，涵盖预算管理的主要环节。各部分主要内容如下所示。

1. 基础信息管理

基础信息管理主要规范单位信息、人员信息、资产信息、地方政府债务信息、支出标准、绩效指标、政府收支分类科目、会计科目、政府非税收入项目信息、政府采购基础信息、账户信息和财政区划等基础信息的具体内容、管理流程和规则等。《规范》将预算管理各环节使用的基础信息集中管理，保证一体化系统中基础信息来源的一致性，便于统一控制要素和开展联动分析。

2. 项目库管理

项目库管理主要明确项目库管理框架，规范预算项目的分类及各类项目的管理流程、管理规则和管理要素等。《规范》将预算项目作为预算管理的基本单元，全部预算支出都以预算项目的形式纳入项目库，实施项目全生命周期管理。项目库常态化开展项目储备工作，预算编制时从预算储备项目中选取项目并按顺序安排，项目实施过程中还要动态记录和反映项目预算下达、预算调整调剂和预算执行等情况，项目结束和终止时要予以标记。《规范》将预算项目按照支出性质和用途分为人员类项目、运转类项目和特定目标类项目三类。人员类项目支出、运转类项目中的公用经费项目支出对应部门预算中的基本支出；特定目标类项目支出、运转类项目中的其他运转类项目支出对应部门预算中的项目支出。人员类项目、运转类项目中的公用经费项目根据部门和单位有关基础信息测算，直接纳入项目库作为预算储备项目；特定目标类项目、运转类项目中的其他运转类项目由部门和单位提前研究谋划，经财政部门审核通过后作为预算储备项目。

3. 预算编制

预算编制主要规范政府预算、部门预算、单位预算的编制原则、编制内容、管理流程和规则。《规范》规定，政府预算包括一般公共预算、政府性基金预算、国有资本经营预算、社会保险基金预算。一般公共预算支出总额控制一般公共预算安排的本级部门预算支出、转移支付预算支出和预备费规模。政府性基金预算项目原则上和部门预算项目、转移支付项目保持一致，暂无法分解到具体实施项目、实施单位、实施地区的，编入财政待分配项目并在执行中细化分解，保证落实到具体实施项目、实施单位、实施地区。《规范》要求各级财政要按规定提前下达转移支付预计数，当下级编制转移支付预算时，原则上按照上级提前下达的预计数编列转移支付预算收入。《规范》规定，各部门预算由本部门及其所属各单位预算组成，部门不得代编应由所属单位实施的预算项目。各部门和各单位应当按规定将所有收入及其安排的支出编入预算，包括财政拨款收入、财政专户管理资金收入，以及事业收入、事业单位经营收入等各项单位资金收入，保证部门和单位预算完整性。

4. 预算批复

预算批复主要规范政府预算批准、转移支付预算下达、部门预算批复、政府和部门预算公开的管理流程和规则。《规范》规定，政府预算批准后，系统登记预算指标账，相应生成收入和支出预算指标；部门、单位预算批复后在系统中生成各单位财政拨款预算指标、财政专户管理资金预算指标和单位资金预算指标，用于控制资金支付。《规范》规定，地方各级分解下达转移支付预算时，一般公共预算安排的共同事权转移支付和专项转移支付、政府性基金预算安排的转移支付、国有资本经营预算安排的转移支付应关联上级下达的转移支付项目，保证上级可全程追踪转移支付资金预算下达和执行情况。《规范》规定了报送人大和公开的预算报表基本样式，并明确提出除涉及国家秘密外，单位预算应当公开到具体项目，从而提高预算公开的规范性和透明度。

5. 预算调整和调剂

预算调整和调剂主要规范预算执行中预算调整和调剂的管理流程和规则。《规范》明确了预算执行中，上下级政府间转移支付预算的下达、上解，可不作为预算调整事项，暂由财政部门按照预算调剂事项处理。《规范》还对预算法规定的部门、单位预算资金调剂事项的概念、情形、权限、程序等作了具体规定，全面规范部门预算调剂管理。

6. 预算执行

预算执行主要规范政府和部门收支预算执行的管理流程和规则。《规范》进一步完善了国库集中支付运行机制，严格把握预算指标对资金支付的控制，同时简化整合资金支付流程，构建高效的资金支付机制。单位在系统中向财政部门申请支付，财政部门按照项目预算指标账控制支付，待系统对预算指标账控制要素及支付涉及的政府采购合同（协议）等相关信息自动校验通过后，将支付凭证发送代理银行直接办理支付。《规范》加强了单位资金预算执行管理，财政部门通过系统从单位会计账、单位实有资金账户开户银行或财政代管资金财政专户开户银行获取单位资金实际收入数据，用于加强收入管理；单位资金支付根据单位资金支出预算在系统中向财政部门申请支付，支付申请通过预算指标账校验后发送开户银行办理支付，从而保证单位资金支出严格按照预算执行。

7. 会计核算

会计核算主要规范财政总预算会计核算、单位会计核算、预算指标会计核算的管理流程和规则。财政总预算会计核算部分规定了财政部门对财政各项经济业务或事项进行会计核算的流程和规则。单位会计核算部分规定了行政和事业单位对其发生的经济业务或事项进行会计核算的流程和规则。预算指标会计核算采用会计复式记账法记录和反映预算批复、预算调整调剂、预算执行等业务环节的指标状态，并控制资金支付，强化了预算指标的控制和反映功能。《规范》规定，单位应当按照财政部门有关规定及时将会计核算信息传送同级财政部门。财政部门按照《中华人民共和国会计法》要求，加强对各单位的会计监督。《规范》还规定，财政总预算会计、单位会计和预算指标会计均核算到项目库中的项目。

单位对财政资金的核算结果与财政总预算会计核算结果保持衔接，记账凭证所载的预算项目信息要完整全面。

8. 决算和报告

决算和报告主要规范财政总决算、部门决算、部门财务报告、政府综合财务报告、行政事业单位国有资产报告的管理流程和规则。决算、财务报告和资产报告的相关数据由一体化系统自动从预算指标账、财政总预算会计账、单位会计账、基础信息等获取，保证账表一致，从而提高决算、财务报告、资产报告编制效率和数据准确性。

1.2.4　财政预算管理一体化与预算单位财务管理

预算管理一体化建设的主要任务是，在已经基本确立的现代预算制度框架基础上，按照系统集成、协同高效的要求，运用系统化思维综合预算管理全流程各业务环节，制定全国统一的预算管理一体化业务规范和系统技术标准，规范各级预算管理的工作流程、控制规则、管理要素和数据标准。在此基础上，各地由省级财政部门对标统一的规范和标准，建设覆盖本地区的预算管理一体化系统并与财政部系统对接，将统一的管理规则嵌入一体化系统，规范预算管理和硬化预算约束，同时有效衔接预算管理各环节、各层级、各主体，实现全国预算数据的自动汇总和动态反映。

预算管理一体化建设在全国推进和完善，将逐步构建起现代信息技术条件下"制度＋技术"的预算管理机制，全面提升各级预算管理规范化、标准化和自动化水平，实现5个"一体化"的管理目标，充分发挥财政在国家治理中的基础和重要支柱作用。财政预算管理一体化的主要目标如图1.1所示。

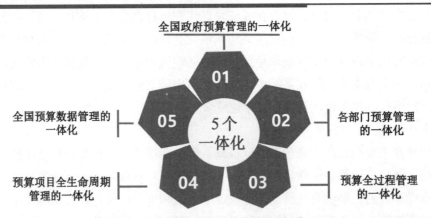

图1.1　财政预算管理一体化的主要目标

一是实现全国政府预算管理的一体化。建立各级政府预算的动态汇总机制和转移支付追踪机制，动态反映全国预算资源的分配、拨付、使用情况，并对非财力性转移支付项目跟踪问效，增强财政对政府预算资源的统筹调度能力。

二是实现各部门预算管理的一体化。各部门及所属单位依法依规将取得的各类收入纳入部门和单位预算，执行统一的预算管理制度。各部门统筹使用好本部门非财政拨款收入等各项收入和各类存量资金资产，突出保障重点支出需求，提高资金使用效率和资产配置效率。

三是实现预算全过程管理的一体化。整合预算编制、预算执行、决算和报告、政府采购、资产管理和债务管理等预算管理环节，强化顺向环环相扣的控制机制和逆向动态可溯的反馈机制，预算执行结果及形成资产情况用于以后年度预算编制，同时推进绩效管理与预算管理各环节深度融合，形成预算全过程的管理闭环。

四是实现预算项目全生命周期管理的一体化。预算管理各环节以预算项目为基本单元，依托项目库对预算项目全生命周期实施管理。预算支出全部以项目形式纳入预算项目库，各类合规确定的中长期支出事项、跨年度项目在全生命周期内对财政支出的影响、地方政府债务偿债支出等应纳入中期财政规划，更好地统筹未来财政收支，增强中期财政规划对年度预算的约束，加强跨年度预算平衡。

五是实现全国预算数据管理的一体化。实现各级财政预算数据生产和对接传输的标准化。在坚持部门和单位财务管理主体责任的基础上，集中单位会计核算、资产管理、账户余额等财务数据，实现财政部门与单位主管部门共享共用。各省预算管理一体化系统集中地方各级财政预算数据，并与中央财政系统对接，实现全国预算数据的自动汇总和动态反映。

我国从2020年起，各地区陆续进行预算管理一体化应用，单位会计核算成为预算管理一体化的重要内容，对单位财务管理产生了重要影响。

1.3　政府智慧财务概述

政府财务信息化的发展经历了会计电算化、财务信息化和智慧财务3个阶段。

会计电算化阶段。1979年，财政部资助500万元给"长春一汽"进行会计核算试点，拉开了我国会计信息化工作的序幕。1981年，会计电算化概念首次在"财务、会计、成本应用电子计算机问题研讨会"中提出，我国进入了会计电算化的探索阶段。随后几年，广州、上海、北京等地的企业开始定点化开发会计软件产品，直到1988年，"首届会计电算化学术研讨会"讨论了会计软件的商品化，财政部也在1989年颁布了《会计核算软件管理的几项规定（试行）》（财会字〔1989〕65号），明确了商品化会计软件的基本要求。在会计电算化阶段，主要侧重于会计核算和实现计算机代替人工记账等。

财务信息化阶段。1999年，浙江省金华市一次性取消了56个市机关部门单位的会计、出纳，成立了机关会计核算中心，统一编制各单位财务报表进行公开，之后，金华各县（市、区）及乡全部建立了会计核算中心，此举受到时任国务院总理朱镕基的充分肯定。会计核算中心实现了对一级行政区各行政事业单位会计信息系统的集中建设和管理，实现了财务数据集中管理、实时监督，以及单位会计核算和资金结算的统一管理，标志着政府财务信息化工作从会计电算化阶段进入财务信息化阶段。

智慧财务阶段。2019年6月，财政部党组会议审议通过预算管理一体化系统建设的实施方案，部署在全国推进预算管理一体化建设，对单位会计核算、资产管理、账户余额等财务数据实现财政部门与单位主管部门共享共用。结合区块链、大数据、人工智能、云计算等技术的应用，政府财务信息化开始进入以技术融合、业务融合、数据融合为特征的智慧财务时代。智能化技术给单位财务管理带来跨越式发展，实现财务管理模式全面升级，有助于预算单位构筑科学化、规范化、精细化的智慧财务管理体系，标志着政府财务信息化工作从财务信息化阶段进入智慧财务阶段。

综合来看，智慧财务是以提升财务工作效率、保证会计信息质量、促进财务发挥管理控制和决策支持作用为目标，以数据为新型资产，以"大智移云物区"等智能技术为工具，通过完善系统平台等财务数字基础设施建设，进而实现对传统财务职能边界的扩展和工作方式的颠覆。在具体应用方面，智慧财务需要建设"以预算管理为源头、资金管控为主线、业务流程为驱动、绩效评价为支撑、风险管理为重点、财务服务为展现窗口，以及预算与执行相结合、财务审批与会计核算相结合、票据与档案相结合，绩效理念和方法深度融入预算编制、执行、监督全过程"的一体化、平台化、智能化、无纸化智慧财务系统。

在智慧财务阶段，一体化、平台化、智能化、无纸化正成为政府财务信息化发展的重要趋势。

1. 一体化

政府部门财务一体化以标准规范体系和安全保障体系为依托，以政府会计制度、内控规范为准绳，涵盖项目库、内部部门预算、预算指标管理、采购管理、合同管理、资产管理、会计核算和部门决算等业务，实现业务系统之间的互连互通，打破原有业务的"信息孤岛"，构建了一个预算编制科学化、预算执行规范化、编制执行一体化、预算过程可监控及内控体系全面化的管理应用体系，政府部门财务一体化框架如图1.2所示。

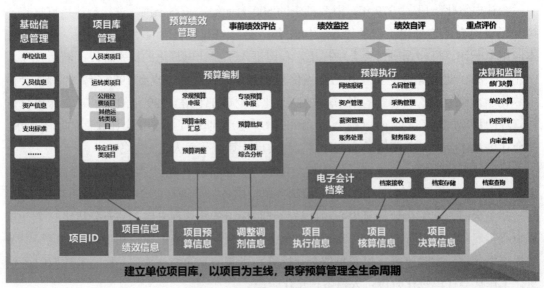

图1.2 政府部门财务一体化框架

基于政府部门财务一体化框架，智慧财务建立预算—执行—监督一体化的财务综合管理体系，实现政府部门财务信息的集成化管理，提高财务管理的科学化、精细化、规范化和智能化水平，提升财务管理、预算管理的实时监控和分析水平，增强财务服务质量和能力。

在具体实践工作中，中国人民警察大学在单位财务一体化方面做了许多实践探索，北京电子科技职业学院在预算绩效一体化方面做了许多实践探索。

2. 平台化

充分利用互联网和信息化手段，整合财务、资产、科研等各方面数据从而形成资源共享，与电子凭证、在线审批与网上报销等无缝对接，建立服务于预算单位财务工作的信息化平台，对加强预算单位内部控制、提高财务工作服务质量、保证会计信息质量、降低财务系统建设维护成本等都有明显作用。

以公务报销平台为例，通过建立财务数据与业务数据融于一体的智能化报销平台，报销人员不必再奔波于相关负责人之间签批，也不必打印报销单传递给财务部门，财务票据只要符合报销要求，所有的流程只需在线操作即可，大大提升了报销效率。由此预见，无纸化报销将是未来各行政事业单位财务报销的发展方向。公务支出报销平台框架如图1.3所示，公务支出报销平台特点如图1.4所示，公务支出报销平台价值如图1.5所示。

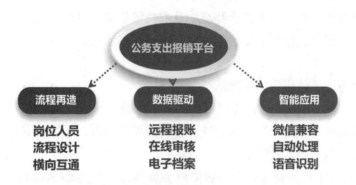

图1.3　公务支出报销平台框架

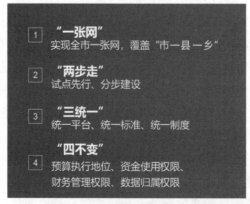

图1.4　公务支出报销平台特点

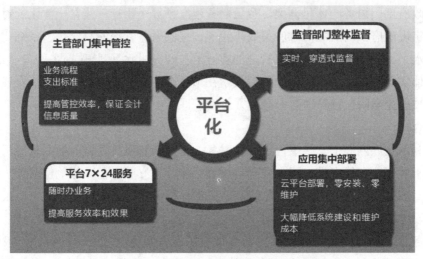

图 1.5　公务支出报销平台价值

在具体实践工作中，黑龙江省内控平台的建设就在单位财务平台化方面做了许多实践探索。

3. 智能化

大数据时代的到来要求组织具有经营管理敏捷性和信息决策实时性，现代组织以数据驱动来带动业务发展，需要从大数据环境中获取决策信息。组织借助人工智能技术智能化地处理会计工作，挖掘数据背后隐含的秘密，通过洞察让数据变成信息和知识，辅助管理决策。

政府智慧财务的具体应用如下所示。

（1）数据检索。财务智能化管理工作的开展，数据检索为 AI+RPA 的基础功能，通过记录财务人员操作方式进行财务人员操作行为的模拟分析，还能利用财务机器人实现数据迁移、跨系统的数据录入及输出。

（2）图像与文本识别处理。利用智能财务机器人，借助 OCR+NLP 技术，对扫描后的图像识别预处理，实现对发票和图片及合同的关键信息精准识别、自动化提取输出结构化信息，进而减少财务工作人员的手工操作。

（3）跨平台传输。对不同系统的数据接口屏障，利用智能财务机器人可迅速登录内外系统自动操作，实现数据信息的自动化更新。

（4）数据监控。利用智能财务机器人，可以模拟财务人员进行财务判断，并监控工作流程和数据勘误及信息预测等。

（5）数据汇总分析。利用智能财务机器人，可高质量处理数据信息，快速完成数据检查和筛选及整理，有效减少财务人员操作。

（6）费用报销自动化。①报销单据接收自动化。利用财务机器人，能够实现多渠道采集发票和单据的自动化识别分析，并生成报销单发起审批申请。②费用报销智能化审核。财务机器人根据设定的逻辑，检查发票的真伪，实现预算控制与报销审查及记录审查结果等，辅助相关管理工作的开展。③自动付款。利用智能化数据信息，报销单通过审核后可以自动化生成付款单。生成的付款单进入到财务机器人待付款中心，再由财务机器人执行付款操作。从财务管理的角度分析，可实现财务报告自动化。

典型财务智能化应用场景如图 1.6 所示。

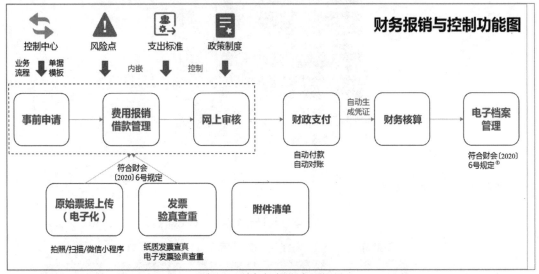

图 1.6　财务智能化应用场景

应用 OCR 技术，实现发票上传、发票验真环节自动化；运用移动应用技术，实现移动审批等。

在具体实践工作中，中国地震局在财务智能化方面做了许多实践探索。

4. 无纸化

2016 年年初，财政部、国家档案局联合公布的《会计档案管理办法》中就已明确了电子会计档案的法律地位，单位从外部接收的电子会计资料只要满足该管理办法规定的电子发票，并带有符合《中华人民共和国电子签名法》要求的电子签名，就可以电子形式对发票进行保存并形成电子会计档案。据统计，我国 2018 年电子发票开具数量为 32.7 亿张，2021 年电子发票开具数量接近 500 亿张。2019 年中国铁路在全国铁路范围内推广使用电子客票，2020 年全国内地高铁和城际铁路实现电子客票全覆盖。

2022 年，由财政部、税务总局、人民银行、国资委、标准委、国家电子文件管理部际联席会议办公室（密码局）、民航局、中国国家铁路集团有限公司联合发起的电子凭证会计数据标准试点工作正式展开（财会〔2022〕6 号①）。本次试点工作旨在通过统一技术规范、统一结构化数据标准引导并推动电子凭证的开具、接收、入账全程数字化、无纸化，实现各类电子凭证全覆盖和企事业单位全覆盖，系统性解决企事业单位处理各种电子凭证时普遍存在的接收难和入账难问题，由此打通电子凭证无纸化流转的"最后一公里"。由此可见，随着信息技术的发展，电子发票、电子客票等电子凭证正在全国范围逐步推进，电子凭证代替纸质发票将成为未来财务管理发展的必然趋势。

---

① 财会〔2020〕6 号——《关于规范电子会计凭证报销入账归档的通知》。

电子发票管理如图 1.7 所示。

图 1.7　电子发票管理

电子会计档案管理如图 1.8 所示。

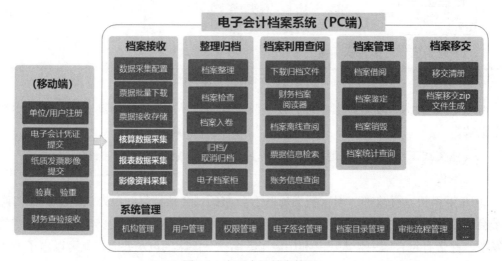

图 1.8　电子会计档案管理

在具体实践工作中，江苏食品药品职业技术学院和上海市瑞金医院在财务无纸化方面做了许多实践探索。

1.4　博思智慧财务软件概述

博思智慧财务软件包括的主要产品有如下几方面。

1. 政府会计管理平台

按政府会计制度要求，建设单位会计核算管理工作平台。政府会计管理平台满足"双功能、双基础、双报告"的会计核算模式，实现预算、执行、核算、决算闭环一体化管理，能够智能识别经济业务事项、数据信息类别、智能平行记账、智能产生财务报告、智能产生决算报告。同时，它还能提供财务机器人，优化日常对账、填单、发票接收查验核对、报表上报等大量重复性工作，助力行政事业单位重构政府会计核算体系，实现全程智能化管理。该产品具有"智能、便捷、易用"的特点。

2. 行政事业单位内控管理平台

按照政府会计准则制度和内部控制规范的业务应用要求进行顶层设计，结合绩效管理与财务管理，建设行政事业单位内控一体化平台。为推动行政事业单位进行财务管理变革和流程再造，规范财务运行机制，强化政府管理会计，规避财务风险，平台采用"1个平台+N个应用组件"模式，构建"一套管理流程、一套监管体系、一个管控平台、一个服务门户和一个数据中心"。该产品具有"标准内置、规则内嵌、业务牵引、数据驱动"的特点。

3. 电子会计档案产品

该系统遵循财政部、国家档案局发布的《会计档案管理办法》及《关于规范电子会计档案报销入账归档的通知》中的相关要求，实现对应归档的有效接收、管理、利用、移交、长期保管、备份等全流程电子档案管理，同时，还兼顾纸质档案的管理需要，实现纸质档案的信息化管理和电子信息的档案化管理，为各类档案提供统一的采集、管理查询、加载及展现的平台。产品主要功能包括电子档案的数据采集接收、档案整理归档、档案利用查询、档案日常管理、档案移交管理等。该产品具有"数据自动采集、离线便携查询、线上电子借阅、安全备份移交"等特点。电子会计档案产品应用如图1.9所示。

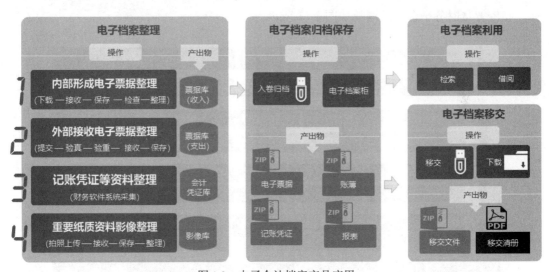

图1.9 电子会计档案产品应用

4. 预算绩效一体化系统

预算绩效一体化系统为部门/单位预算和绩效管理服务，以预算项目库为源头，绩效目标为导向，将预算绩效管理贯穿于预算编制、预算执行、预算结束全过程。它包括预算智库、预算编报、项目库、绩效管理等模块，以高校应用为例，预算绩效一体化产品框架如图1.10所示。

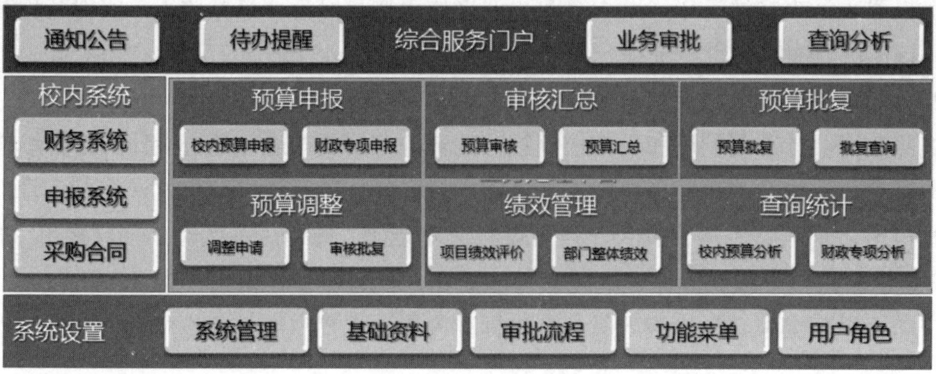

图 1.10　预算绩效一体化产品框架

5. 高校智慧财务平台

高校智慧财务平台以"数据化、服务化、智能化"为理念，打造新一代的高校智慧财务管理平台；以数据多样化和数据集中为基础，实现智慧财务管理、智慧财务服务和智慧决策；以"预算管理为源头、资金管控为主线、业务流程为驱动、风险管理为重点、监督控制为手段、财务服务为展现，窗口，预算与执行相结合、财务审批与会计核算相结合构建全方位多维度管控方式"，实现预算—执行—核算一体化的财务内控综合管理体系。各系统相互连接、信息共享，最终实现"精细化管理、协同化支撑、个性化服务"的发展目标。高校智慧财务平台产品框架如图 1.11 所示。

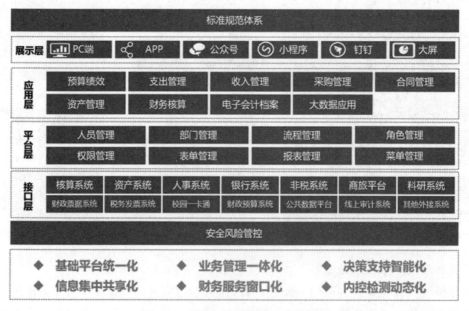

图 1.11　高校智慧财务平台产品框架

6. 云票平台

该产品基于《关于规范电子会计凭证报销入账归档的通知》要求，构建起从单位各业务部门至财务部门、从业务经办至财务岗位，统一管理原始电子会计凭证的机制。该产品实现发票自动验真、验重，以及支撑单位未来各类电子会计凭证、关键电子财务文件的"专属库"及相应管理机制。该产品具有"多渠道快捷提交、发票自动查验、快速关联核算系统、原始凭证安全保存"的特点。

7. 工会预算管理一体化解决方案

该平台运用信息化手段，全面深化工会预算制度改革的决策部署和提升预算管理水平。一是实现从项目库建设、预算和绩效管理、预算执行、核算、决算全生命周期业务的一体化应用；二是达到各级工会预算和决算数据自动汇总和分析，基于汇总数据实现穿透式管理和工会运行监控。

实践题 ▶▶▶

1. 政府财务管理的主要内容和目标是什么？
2. 《预算管理一体化规范》的主要内容是什么？
3. 博思预算绩效一体化产品具备什么功能？

第二部分

博思财务软件安装篇

第2章 系统安装与系统设置

2.1 系统安装、启动

1. 安装

系统采用绿色安装方式,即将安装盘文件复制到使用者计算机上,打开即可使用。需要说明的是,为确保系统正常运行和数据存储需求,软件存放目录名不能有中文,只能是英文、数字。目录结构及具体操作过程如下所示。

系统目录结构如图 2.1 所示。

名称	修改日期	类型	大小
jre	2022/4/8 15:56	文件夹	
logExport	2022/5/10 11:12	文件夹	
logs	2022/4/22 15:47	文件夹	
mysql	2022/4/10 11:18	文件夹	
project	2022/4/8 15:56	文件夹	
software	2022/4/8 15:57	文件夹	
update	2022/4/22 15:48	文件夹	
vcredist	2022/4/8 15:57	文件夹	
backup	2022/4/10 11:13	文本文档	1 KB
config.properties	2022/4/10 11:12	PROPERTIES 文件	1 KB
error	2021/7/2 14:59	文本文档	4 KB
grape	2020/1/3 18:06	Windows 批处理文件	1 KB
grape.jar	2022/3/21 9:59	JAR 文件	24,621 KB
recovery	2022/4/10 11:18	文本文档	1 KB
预算单位财务服务平台_64	2022/3/21 9:59	应用程序	25,059 KB

图 2.1 系统目录结构

在安装目录 \project\pty\config 中,找到 application-db.yaml 文件,用记事本打开,把配置文件"jdbcUrl:jdbc:mysql://127.0.0.1:6088"中的 IP 地址"127.0.0.1"改为使用者计算机的 IP 地址。

2. 启动

双击"预算单位财务服务平台_64.exe",打开系统配置界面,如图 2.2 所示。

图 2.2 系统配置界面

单击"服务"按钮,单击"安装服务"按钮,系统提示"服务安装成功"后,单击"启动"按钮,在"登录系统"按钮可按后,单击"登录系统"按钮,出现系统登录窗口。

2.2 平台级参数及基础设置

平台级参数用来定义、维护整个系统的公共属性、资料和设置等。此功能由主管单位或上级单位进行维护。在系统第一次使用之前,系统资料必须先设置完毕并且下发到各个基层单位。

2.2.1 支出功能分类

1. 功能概述

支出功能分类,指财政支出按照政府主要职能活动进行的分类,是世界各国广泛采用的一种分类方法。我国政府的支出功能分类包括一般公共服务、外交、国防、公共安全、教育、科学技术等。

此界面是对系统级支出功能分类进行查询、新增、修改、删除、启用停用、导入导出等操作。

2. 操作介绍

单击"标准规范"—"支出功能分类"按钮,如图 2.3 和图 2.4 所示。

图 2.3 支出功能分类菜单

图 2.4 支出功能分类界面

新增：单击"新增"按钮，如图 2.5 所示。

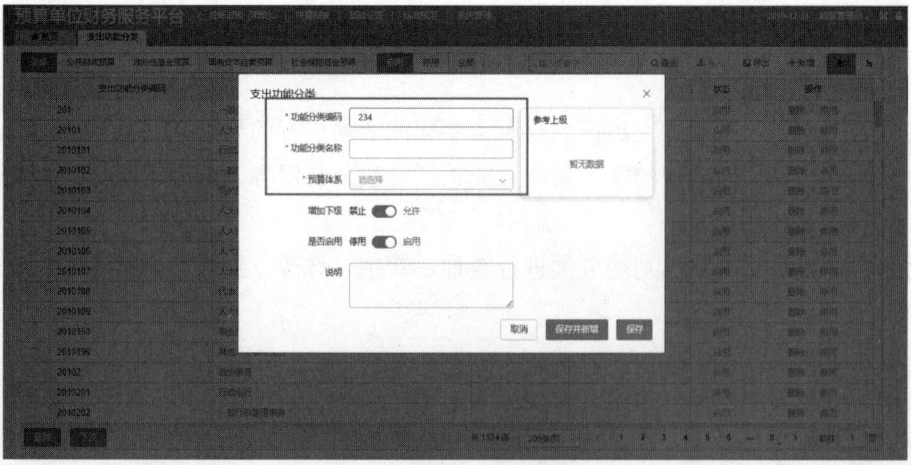

图 2.5 新增支出功能分类

此界面可以对支出功能分类进行新增，在输入框或下拉框前有星号的选项为必填项，输入完成后，单击"保存"按钮，如果需要继续新增可以单击"保存并新增"按钮，提示"保存成功"后即新增完成。

修改：选择想要修改的科目名称，双击即可进入编辑界面，修改完成后保存，提示"保存成功"即修改完成，如图 2.6 所示。

图 2.6　支出功能分类编辑

下发：选择单位，单击"下发"按钮，如图 2.7 所示。

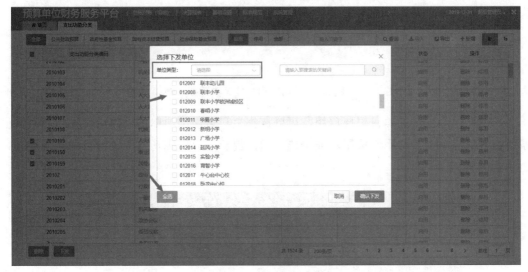

图 2.7　下发支出功能分类

此界面可以对系统级支出功能分类进行下发操作。"单位类型"可以进行单位的筛选，"全选"按钮可以全选当前状态的所有单位，"查询框"可以根据数据输入的汉字进行模糊查询，选择完成之后单击"确认下发"按钮，提示"下发完成"，单位级支出功能分类即可存在该下发科目。

删除：单击"删除"按钮提示删除数据成功。不需要或添加错误的科目可以根据需要进行此操作，如图 2.8 所示。

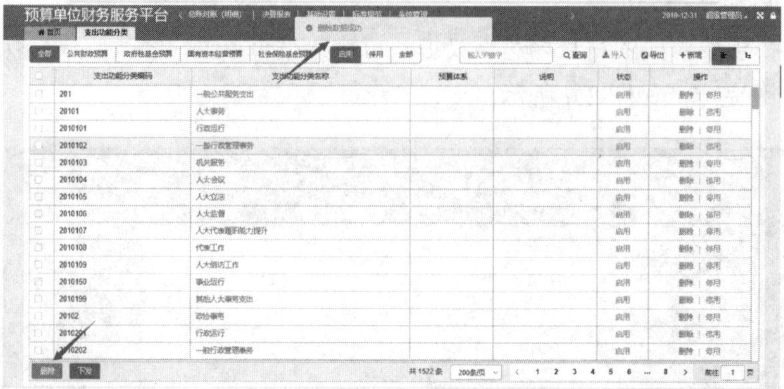

图 2.8　删除支出功能分类数据

停用：选择"科目"选项，单击"停用"按钮提示"停用成功"。不需要或暂时不用的科目可以根据需要进行此操作，如图 2.9 所示。

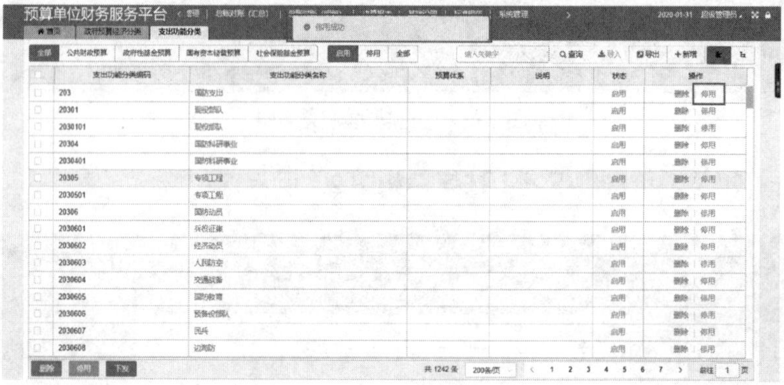

图 2.9　停用支出功能分类数据

启用：已经停用的科目想要启用，可以选择"科目"选项单击"停用"按钮，查看已停用的科目，单击"启用"按钮。或全选启用，提示"启用成功"，该科目即启用成功，如图 2.10 所示。

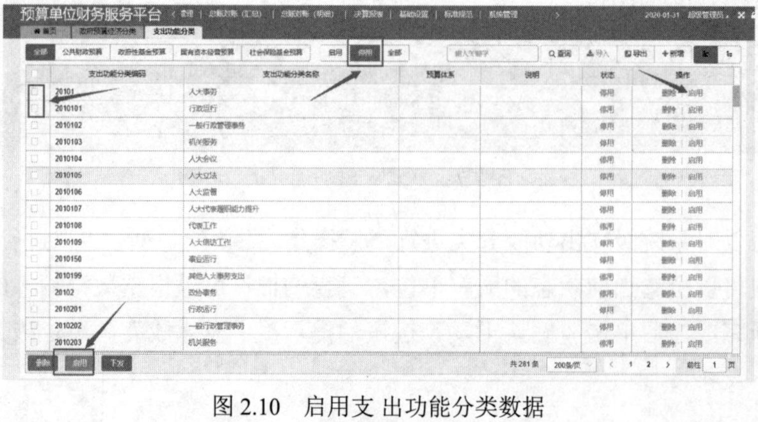

图 2.10　启用支出功能分类数据

导出：根据需要导出数据为 excel 格式的数据文档，如图 2.11 所示。

图 2.11　导出支出功能分类数据

2.2.2　部门预算经济分类

1. 功能概述

政府收支分类科目是反映政府收支活动的分类体系，它是各级政府预算和部门预算编制、执行、决算的基础和重要工具，包括收入经济分类科目、支出功能分类科目和支出经济分类科目。《中华人民共和国预算法》第 32 条明确规定：各部门、各单位应当按照国务院财政部门制定的政府收支分类科目……编制预算草案。我国现行政府支出分类科目框架体系，是参照 2007 年国际货币基金组织（IMF）对各成员国的要求并结合我国实际情况确定的，分为支出功能分类科目和支出经济分类科目。支出功能分类科目反映政府各项职能活动，即政府究竟做了什么，如是用于社保，还是办教育；支出经济分类科目反映政府的钱是怎么花出去的，如是支付了人员工资还是购买了办公设备。另外，支出经济分类科目分"类""款"两个层级，包括工资、办公费、差旅费、会议费、房屋建筑构建等若干科目。

为充分考虑政府预算和部门预算的特点和管理要求，支出经济分类科目分设政府预算经济分类和部门预算经济分类两套科目。政府预算经济分类突出政府预算管理重点，主要用于政府预算的编制、执行、决算、公开和总预算会计核算；部门预算经济分类着重体现部门预算管理要求，主要用于部门预算编制、执行、决算、公开和部门（单位）会计核算。

此界面是对系统级部门支出经济分类进行查询、新增、修改、删除、启用停用、导入导出等操作。

2. 操作介绍

单击"标准规范"—"政府预算经济分类"按钮，如图 2.12 和图 2.13 所示。

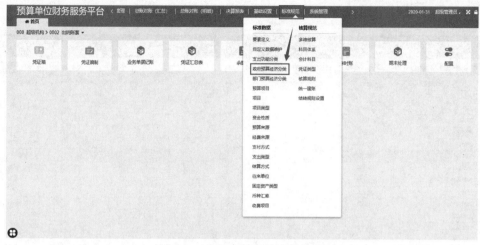

图 2.12 部门预算经济分类菜单

图 2.13 部门预算经济分类界面

新增：单击"新增"按钮，如图 2.14 所示。

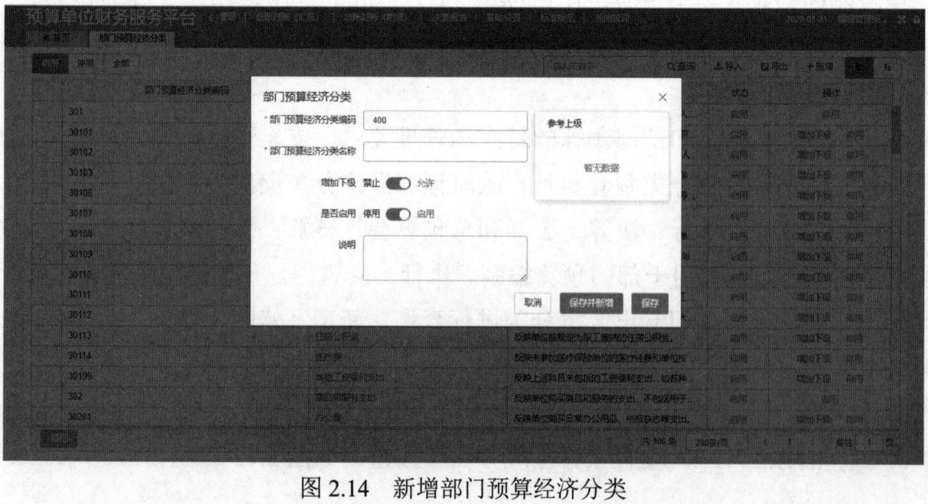

图 2.14 新增部门预算经济分类

此界面可以对部门预算经济分类进行新增下级，在输入框或下拉框前有星号的为必填项，输入完成后，单击"保存"按钮，如果需要继续新增可以单击"保存并新增"按钮，提示"保存成功"后即新增完成。

2.2.3 预算项目

1. 功能概述

预算项目指对预算支出大类的分类，包括预算项目代码、预算项目名称、上级预算项目、支出功能分类、资金性质等。

此界面是对系统级预算项目进行查询、新增、修改、删除、启用停用、导入导出等操作。

2. 操作介绍

单击"标准规范"—"预算项目"按钮，如图 2.15 和图 2.16 所示。

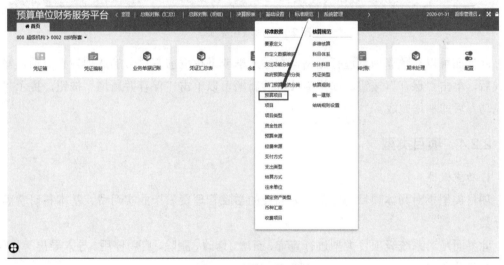

图 2.15　预算项目菜单

图 2.16　预算项目界面

新增：单击"新增"按钮，如图 2.17 所示。

图 2.17 新增预算项目

此界面可以对预算项目进行新增，在输入框或下拉框前有星号的选项为必填项，输入完成后，单击"保存"按钮，如果需要继续新增可以单击"保存并新增"按钮，提示"保存成功"后即新增完成。

2.2.4 项目类型

1. 功能概述

项目类型指对具体项目的分类，如高校的学院管理费、毕业实习费、基本科研费等项目分类。

此界面是对系统级项目类型进行查询、新增、修改、删除、启用停用、导入导出等操作。

2. 操作介绍

单击"标准规范"—"项目类型"按钮，如图 2.18 和图 2.19 所示。

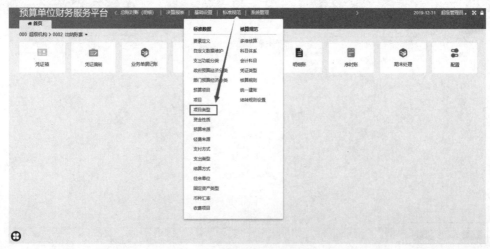

图 2.18 项目类型菜单

图 2.19 项目类型界面

新增:单击"新增"按钮,如图 2.20 所示。

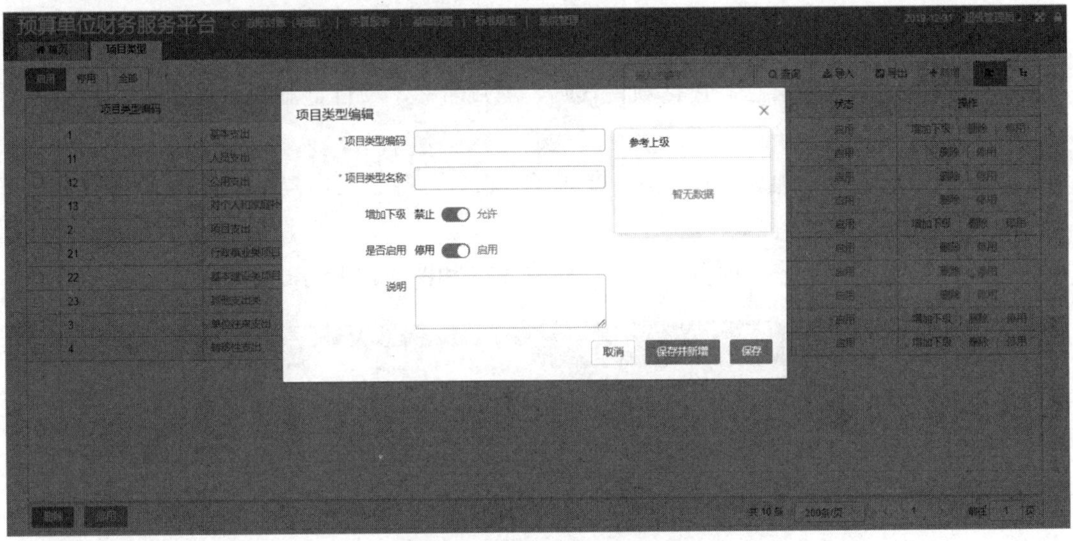

图 2.20 新增项目类型数据

此界面可以对项目类型进行新增,在输入框或下拉框前有星号的选项为必填项,输入完成后,单击"保存"按钮,如果需要继续新增可以单击"保存并新增"按钮,提示"保存成功"后即新增完成。

删除:选择"项目"选项单击"删除"按钮,提示"删除成功"。不需要或新增错误的项目类型可以根据需要进行此操作,如图 2.21 所示。

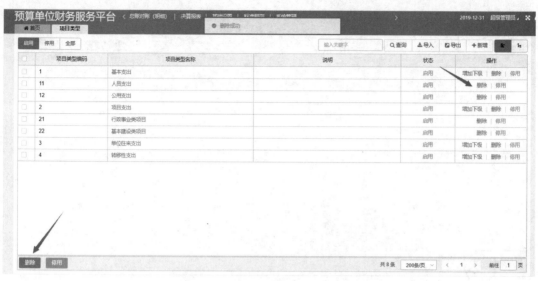

图 2.21 删除项目类型

2.2.5 项目

1. 功能概述

项目指具体的项目信息，包括项目代码、项目名称、项目金额等全面反映项目具体内容的信息。

此界面是对系统级项目进行查询、新增、修改、删除、启用停用、导入导出等操作。

2. 操作介绍

单击"标准规范"—"项目"按钮，如图 2.22 和图 2.23 所示。

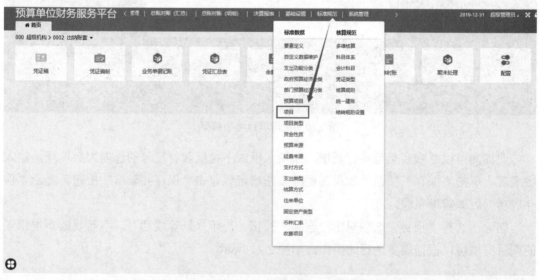

图 2.22 项目菜单

图 2.23 项目界面

新增：单击"新增"按钮，如图 2.24 所示。

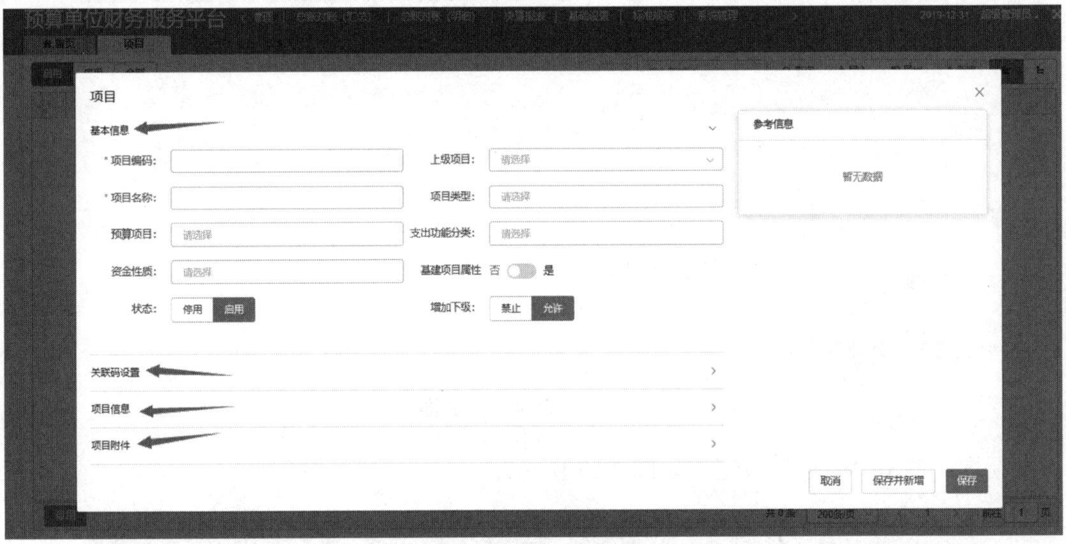

图 2.24 新增项目界面

此界面可以对项目进行新增，在输入框或下拉框前有星号的选项为必填项，输入完成后，单击"保存"按钮，如果需要继续新增可以单击"保存并新增"按钮，提示"保存成功"后即新增完成。

2.2.6 资金性质

1. 功能概述

资金性质指资金来源的分类，如财政预算资金、单位自有资金等。

此界面是对系统级资金性质进行查询、新增、修改、删除、下发、启用停用、导入导出等操作。

2. 操作介绍

单击"标准规范"—"资金性质"按钮，如图 2.25 和图 2.26 所示。

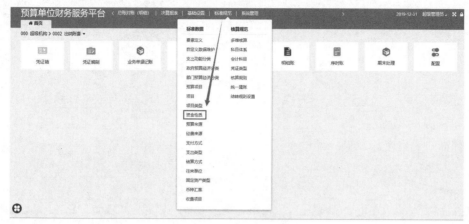

图 2.25 资金性质菜单

图 2.26 资金性质界面

新增：单击"新增"按钮，如图 2.27 所示。

图 2.27 新增资金性质

此界面可以对资金性质进行新增,在输入框或下拉框前有星号的选项为必填项,输入完成后,单击"保存"按钮,如果需要继续新增可以单击"保存并新增"按钮,提示"保存成功"后即新增完成。

2.2.7 预算来源

1. 功能概述

预算来源指预算资金的来源。例如,在管理转移支付资金时,在预算执行的每个环节可追溯预算来源去向。

此界面是对系统级预算来源进行查询、新增、修改、删除、下发、启用停用、导入导出等操作。

2. 操作介绍

单击"标准规范"—"预算来源"按钮,如图2.28和图2.29所示。

图2.28 预算来源菜单

图2.29 预算来源界面

新增：单击"新增"按钮，如图 2.30 所示。

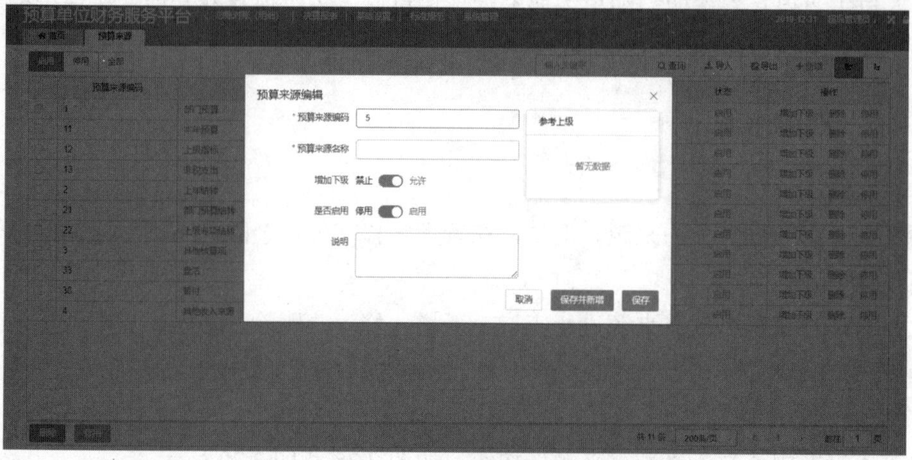

图 2.30 新增预算来源

此界面可以对预算来源进行新增，在输入框或下拉框前有星号的选项为必填项，输入完成后，单击"保存"按钮，如果需要继续新增可以单击"保存并新增"按钮，提示"保存成功"后即新增完成。

删除：选择"科目"选项，单击"删除"按钮，提示"删除成功"。不需要或添加错误的科目可以根据需要进行此操作，已经被使用的，则不允许删除。

2.2.8 经费来源

1. 功能概述

经费来源指具体经费的来源，如财政补贴、银行贷款等。

此界面是对系统级经费来源进行查询、新增、修改、删除、下发、启用停用、导入导出等操作。

2. 操作介绍

单击"标准规范"—"经费来源"按钮，如图 2.31 和图 2.32 所示。

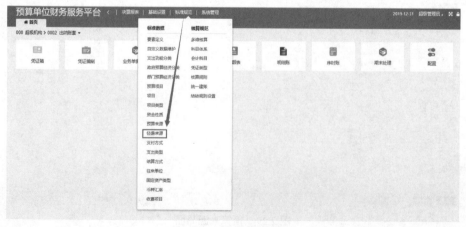

图 2.31 经费来源菜单

图 2.32　经费来源界面

新增：单击"新增"按钮，如图 2.33 所示。

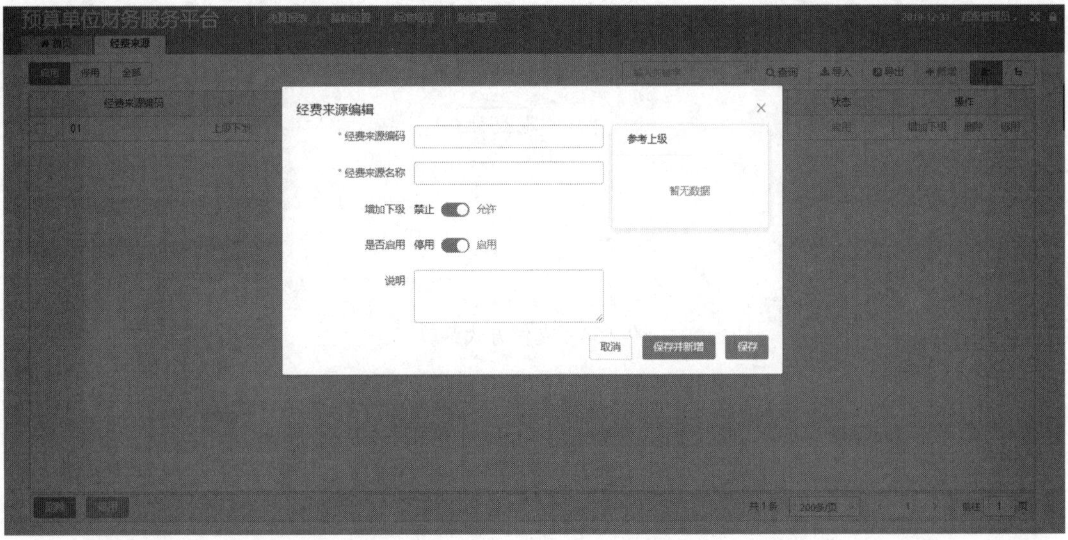

图 2.33　新增经费来源

此界面可以对经费来源进行新增，在输入框或下拉框前有星号的选项为必填项，输入完成后，单击"保存"按钮，如果需要继续新增可以单击"保存并新增"按钮，提示"保存成功"后即新增完成。

删除：选择"科目"选项，单击"删除"按钮，提示"删除成功"。不需要或添加错误的科目可以根据需要进行此操作，已经被使用的，则不允许删除。

2.2.9 支付方式

1. 功能概述

支付方式指购物或消费需要的付款形式,如货到付款、信用卡支付、在线支付、PayPal 支付、银行电汇及邮政汇款等不同支付方式。财政资金支付方式一般有财政直接支付、财政授权支付等。

此界面是对系统级支付方式进行查询、新增、修改、删除、下发、启用停用、导入导出等操作。

2. 操作介绍

单击"标准规范"—"支付方式"按钮,如图 2.34 和图 2.35 所示。

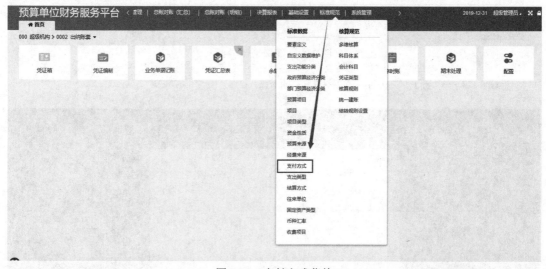

图 2.34 支付方式菜单

图 2.35 支付方式界面

新增：单击"新增"按钮，如图 2.36 所示。

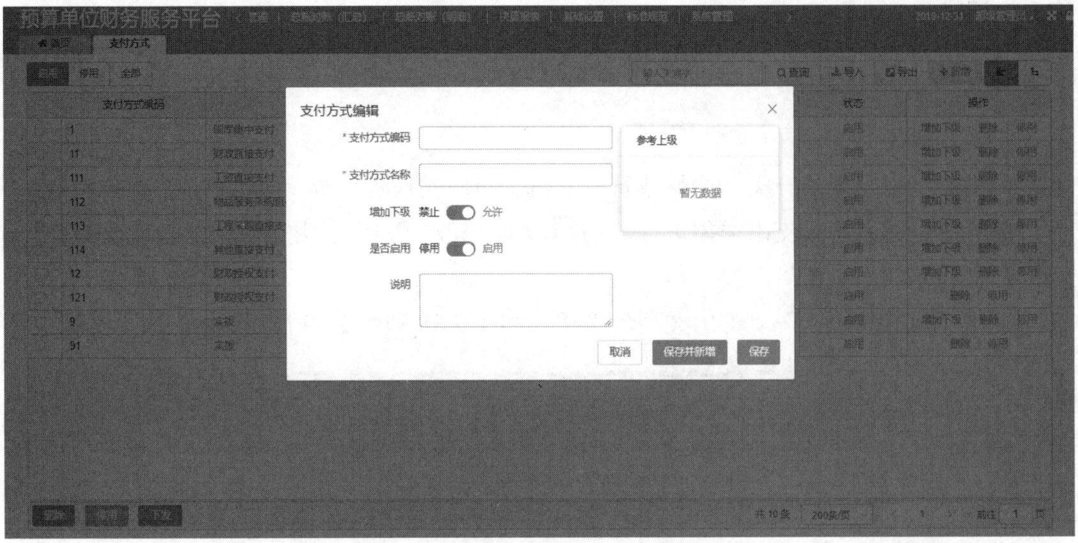

图 2.36　新增支付方式

此界面可以对支付方式进行新增，在输入框或下拉框前有星号的选项为必填项，输入完成后，单击"保存"按钮，如果需要继续新增可以单击"保存并新增"按钮，提示"保存成功"后即新增完成。

删除：选择"科目"选项，单击"删除"按钮，提示"删除成功"。不需要或添加错误的科目可以根据需要进行此操作，已经被使用的，则不允许删除。

下发：选择需要下发的支付方式及下发的单位，单击"确认下发"按钮，如图 2.37 所示。

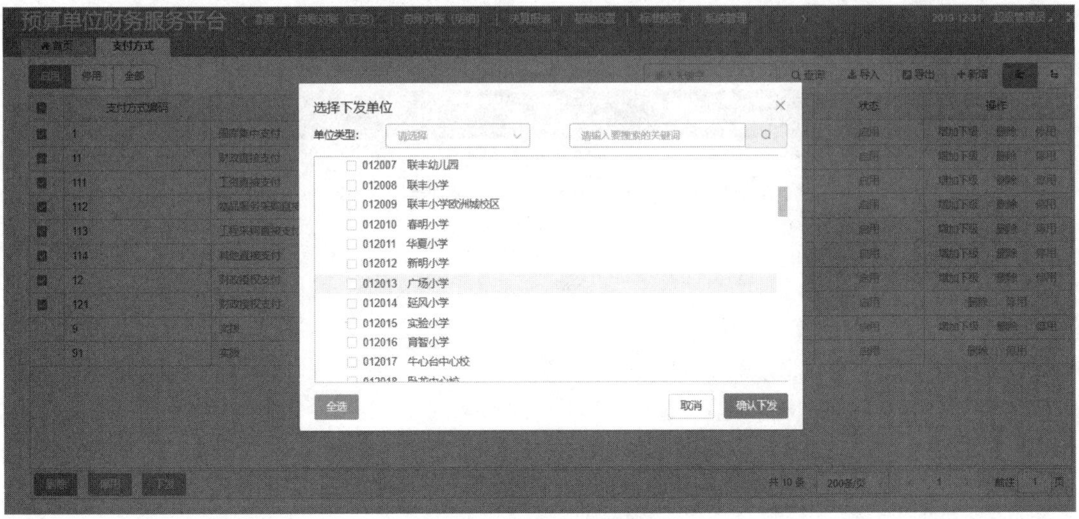

图 2.37　下发支付方式数据

此界面可以对系统级支付方式进行下发操作。单位类型可以进行单位的筛选，"全选"按钮可以全选当前状态的所有单位，查询框可以根据数据输入的汉字进行模糊查询，选择完成之后单击"确认下发"按钮,提示"下发完成",单位级支付方式即存在该下发支付方式。

2.2.10 支出类型

1. 功能概述

支出类型指支出的分类,如财政直接支付、财政实拨资金等。

此界面是对系统级支出类型进行查询、新增、修改、删除、启用停用、导入导出等操作。

2. 操作介绍

单击"标准规范"—"支出类型"按钮,如图 2.38 和图 2.39 所示。

图 2.38 支出类型菜单

图 2.39 支出类型界面

新增：单击"新增"按钮，如图 2.40 所示。

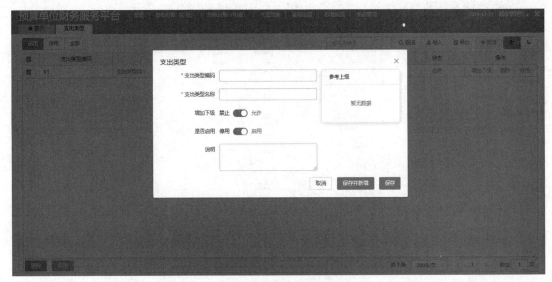

图 2.40　新增支出类型

此界面可以对支出类型进行新增，在输入框或下拉框前有星号的选项为必填项，输入完成后，单击"保存"按钮，如果需要继续新增可以单击"保存并新增"按钮，提示"保存成功"后即新增完成。

删除：选择"科目"选项，单击"删除"按钮，提示"删除成功"。不需要某项或添加了错误的科目可以根据需要进行此操作，已经被使用的，则不允许删除。

2.2.11　结算方式

1. 功能概述

结算方式指用一定的形式和条件来实现各单位（或个人）之间货币收付的程序和方法。结算方式是办理结算业务的具体组织形式，是结算制度的重要组成部分。结算方式的主要内容包括：商品交易货款支付的地点、时间和条件，商品所有权转移的条件，结算凭证及其传递的程序和方法等。现行的银行结算方式包括银行汇票、商业汇票、银行本票、支票、汇兑、委托收款、异地托收承付等 7 种。这 7 种结算方式根据结算形式的不同，可以划分为票据结算和支付结算两大类；根据结算地点的不同，可以划分为同城结算方式、异地结算方式和通用结算方式三大类。其中，同城结算方式指在同一城市范围内各单位（或个人）之间的经济往来，通过银行办理款项划转的结算方式，包括支票结算和银行本票。异地结算方式指不同城镇、不同地区的单位（或个人）之间的经济往来通过银行办理款项划转的结算方式，包括银行汇票、汇兑结算和异地托收承付结算。通用结算方式指既适用于同一城市范围内的结算，又适用于不同城镇、不同地区的结算，包括商业汇票结算和委托收款结算。商业汇票结算方式又分为商业承兑汇票结算和银行承兑汇票结算。

此界面是对系统级结算方式进行查询、新增、修改、删除、启用停用、导入导出等操作。

2. 操作介绍

单击"标准规范"—"结算方式"按钮，如图 2.41 和图 2.42 所示。

图 2.41　结算方式菜单

图 2.42　结算方式界面

新增：单击"新增"按钮，如图 2.43 所示。

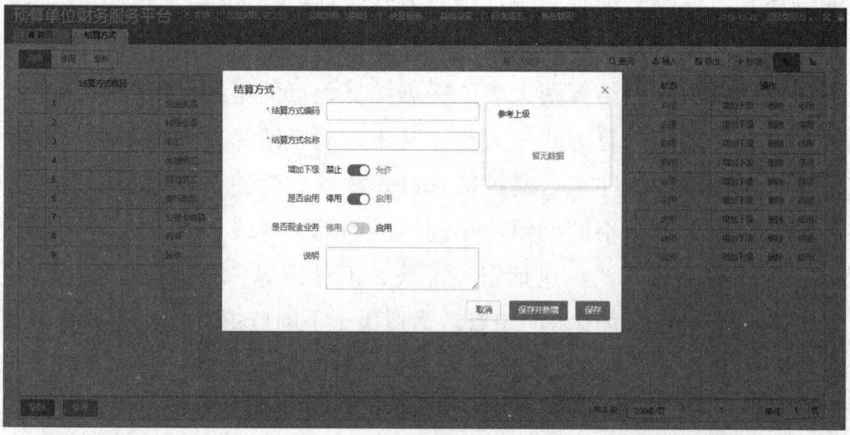

图 2.43　新增结算方式

此界面可以对结算方式进行新增,在输入框或下拉框前有星号的选项为必填项,输入完成后,单击"保存"按钮,如果需要继续新增可以单击"保存并新增"按钮,提示"保存成功"后即新增完成。

2.2.12 往来单位

1. 功能概述

往来单位指两个经济实体因业务联系而形成的经济往来。在财务软件系统中,往来单位包括"客户"和"供应商",统称为往来单位。所有和建账企业有业务联系的企业都是往来单位,这种方式很好地解决了一些往来单位既是客户又是供应商的情况。因此,客户和供应商是财务软件系统中往来单位的不同分类方式。

此界面是对系统级往来单位进行查询、新增、修改、删除、启用停用、导入导出等操作。

2. 操作介绍

单击"标准规范"—"往来单位"按钮,如图 2.44 和图 2.45 所示。

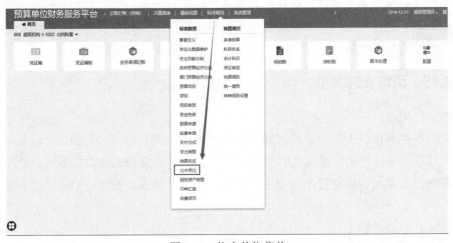

图 2.44 往来单位菜单

图 2.45 往来单位界面

新增：单击"新增"按钮，如图2.46所示。

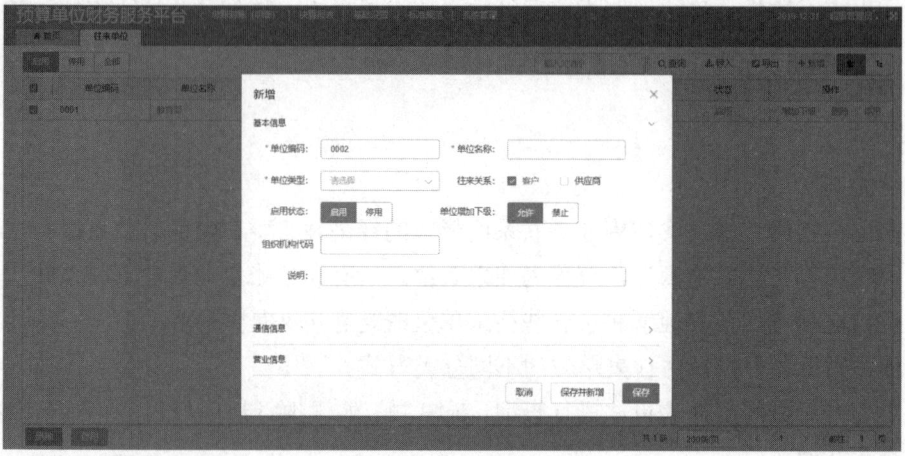

图2.46　新增往来单位

此界面可以对往来单位进行新增，在输入框或下拉框前有星号的选项为必填项，输入完成后，单击"保存"按钮，如果需要继续新增可以单击"保存并新增"按钮，提示"保存成功"后即新增完成。

2.2.13　固定资产类型

1. 功能概述

固定资产类型指从不同的角度对固定资产所做的归类。例如，参加生产过程或直接服务于生产过程的各种房屋、建筑物、机器设备、工具、仪器和运输设备等固定资产。

此界面是对系统级固定资产类型进行查询、新增、修改、删除、启用停用、导入导出等操作。

2. 操作介绍

单击"标准规范"—"固定资产类型"按钮，如图2.47和图2.48所示。

图2.47　固定资产类型菜单

图 2.48 固定资产类型界面

新增：单击"新增"按钮，如图 2.49 所示。

图 2.49 新增固定资产类型

此界面可以对固定资产类型进行新增，在输入框或下拉框前有星号的选项为必填项，输入完成后，单击"保存"按钮，如果需要继续新增可以单击"保存并新增"按钮，提示"保存成功"后即新增完成。

资产科目：选择对应科目体系及对应的资产科目。

累计折旧科目：选择不同的折旧方式，按单科目折旧或百分比折旧，然后选择对应科目体系及对应的折旧资产科目。

2.2.14 币种汇率

1. 功能概述

此界面是对系统级币种汇率进行查询、新增、修改、删除等操作。

2. 操作介绍

单击"标准规范"—"币种汇率"按钮,如图 2.50 和图 2.51 所示。

图 2.50　币种汇率菜单

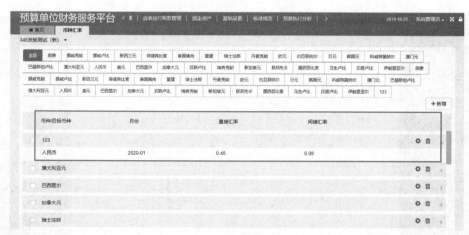

图 2.51　币种汇率界面

新增:单击"新增"按钮,如图 2.52 所示。

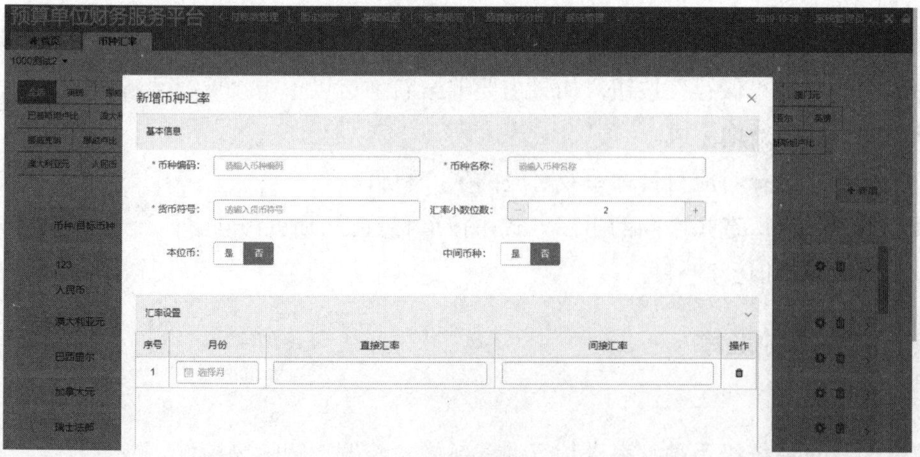

图 2.52　新增币种汇率

此界面可以对币种汇率进行新增,在输入框或下拉框前有星号的选项为必填项,输入完成后,单击"保存"按钮,如果需要继续新增可以单击"保存并新增"按钮,提示"保存成功"后即新增完成。

2.2.15 收费项目

1. 功能概述

此界面是对系统级收费项目进行查询、新增、修改、删除、启用停用、导入导出等操作。

2. 操作介绍

单击"标准规范"—"收费项目"按钮,如图 2.53 和图 2.54 所示。

图 2.53 收费项目菜单

图 2.54 收费项目界面

新增:单击"新增"按钮,如图 2.55 所示。

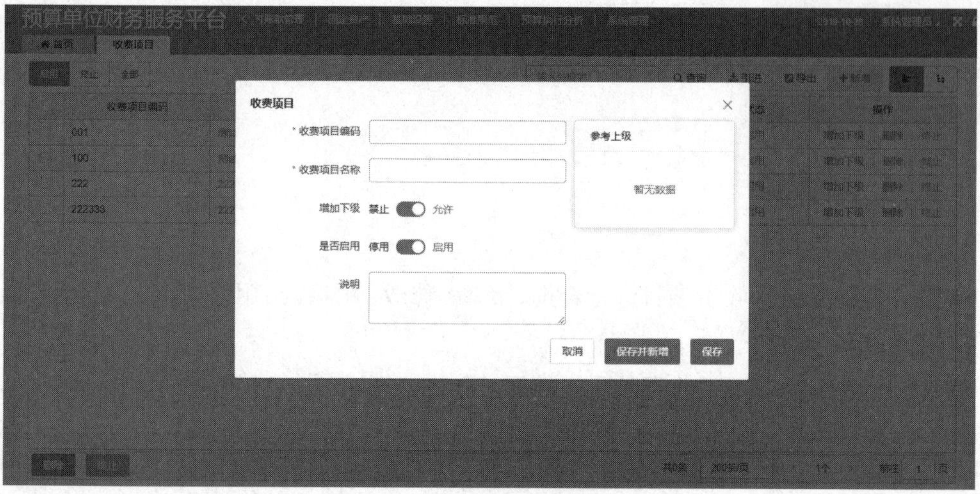

图 2.55 新增收费项目

此界面可以对收费项目进行新增,在输入框或下拉框前有星号的选项为必填项,输入完成后,单击"保存"按钮,如果需要继续新增可以单击"保存并新增"按钮,提示"保存成功"后即新增完成。

2.2.16 要素定义

1. 功能概述

各级单位财务核算根据自身财务的业务需要设置单位的核算要素,其中,辅助要素为财务核算的基本单位,可在系统级设置各辅助要素内容的基础上,自定义本单位所需的辅助核算,统一规范控制的内容(系统中已经为各单位预制完成系统预置要素等信息,各单位人员登录系统以后需要确认系统预置要素是否正确,如有疑问须联系运维人员)。

2. 操作介绍

单击"基础设置"—"要素定义"按钮,如图 2.56 和图 2.57 所示。

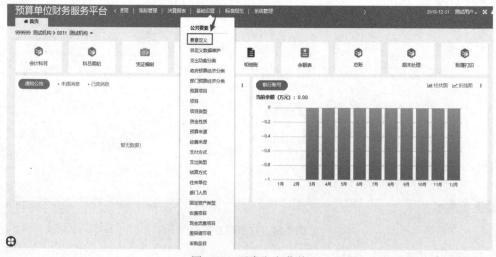

图 2.56 要素定义菜单

图 2.57 要素定义界面

新增：单击"新增"按钮，如图 2.58 所示。

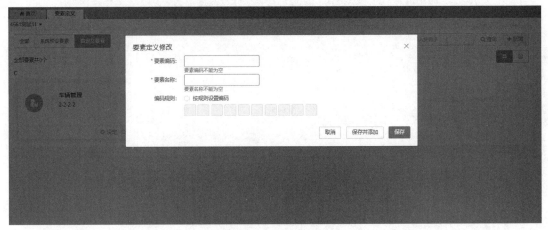

图 2.58 新增要素定义

要素编码：一般为要素名称的英文名称，或使用要素名称的中文拼音的首字母大写。
要素名称：指要设置的要素名称。
编码规则：可自行定义约束规则，建议新增要素时设置编码规则。
输入新增要素的基本信息（注意要素的编码规则），单击"保存"按钮，新增成功，即可在自定义数据维护里对该要素进行下一步的操作。

2.2.17 自定义数据维护

1. 功能概述

自定义数据维护指对自定义辅助要素的具体内容进行查询、新增、删除、修改、启用停用、导入、下发等操作。

2. 操作介绍

单击"标准规范"—"自定义数据维护"按钮，如图 2.59 和图 2.60 所示。

图 2.59　自定义数据维护菜单

图 2.60　自定义数据维护界面

此界面可以对自定义辅助要素的具体内容进行查询、新增、删除、修改、启用停用、导入、下发等操作。

新增：单击"新增"按钮，如图 2.61 所示。

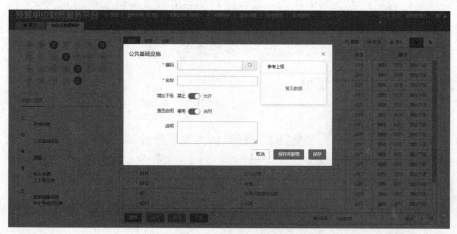

图 2.61　新增自定义数据

输入要新增该要素的基本信息（注意编码规则），在输入框或下拉框前有星号的选项为必填项，对是否允许新增下级及科目进行说明，单击"保存"按钮，新增成功。

单击"导入"按钮，可以进行下载模板，制作该要素的数据模板，单击"上传"按钮，单击"确定"按钮，上传成功，如图2.62所示。

图 2.62　自定义数据导入

2.2.18　多维核算

1. 功能概述

此界面是对系统级要素进行查询、停用启用、设置是否必填等操作。

2. 操作介绍

单击"标准规范"—"多维核算"按钮，如图2.63和图2.64所示。

图 2.63　多维核算菜单

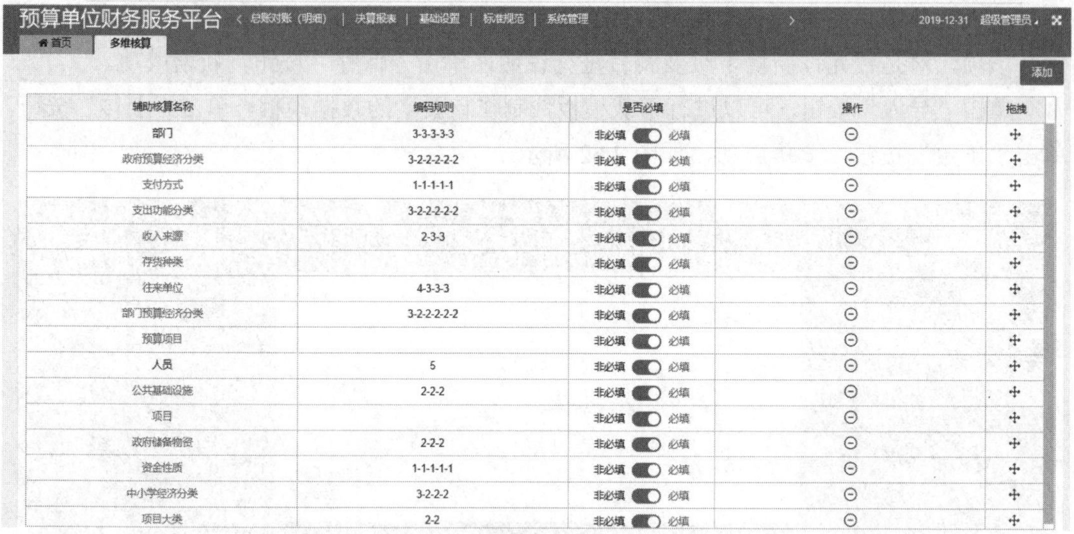

图 2.64 多维核算界面

添加：单击"添加"按钮，如图 2.65 所示。

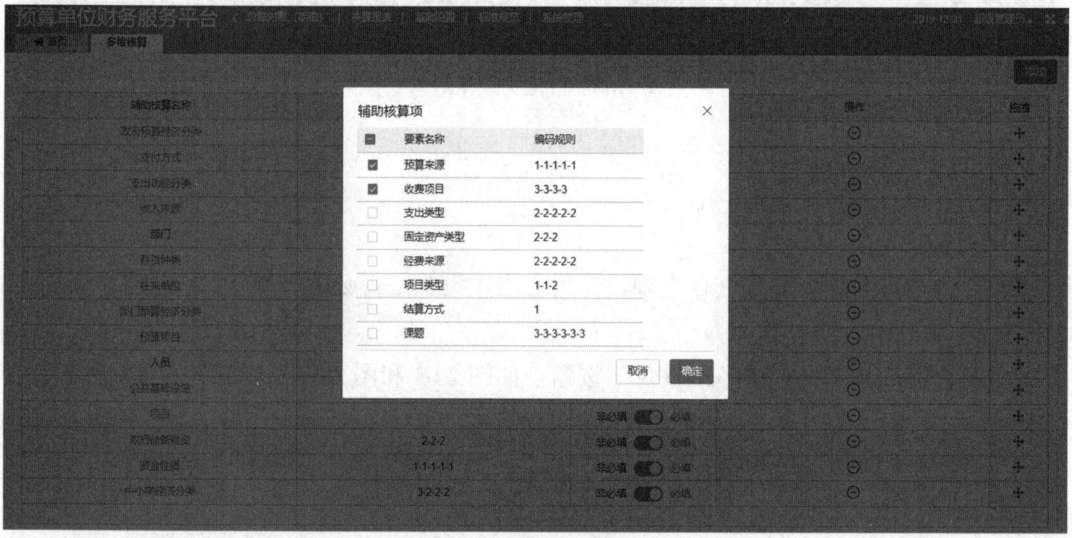

图 2.65 新增多维核算

此界面可以添加辅助核算项，勾选所需的辅助核算项，单击"确定"按钮，提示"启用成功"，添加完成。

拖拽：此功能用于辅助核算排序。

2.2.19 科目体系

1. 功能概述

会计科目体系指一个独立核算单位会计科目的设置，即必须形成一个会计科目体系，此界面可以对科目体系进行查询、复制、删除等操作。

2. 操作介绍

单击"标准规范"—"科目体系"按钮,如图 2.66 和图 2.67 所示。

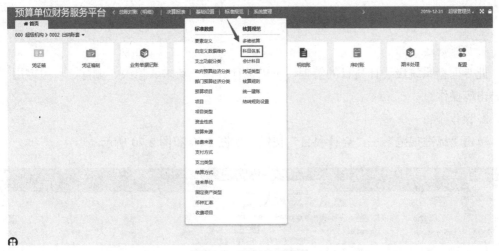

图 2.66　科目体系菜单

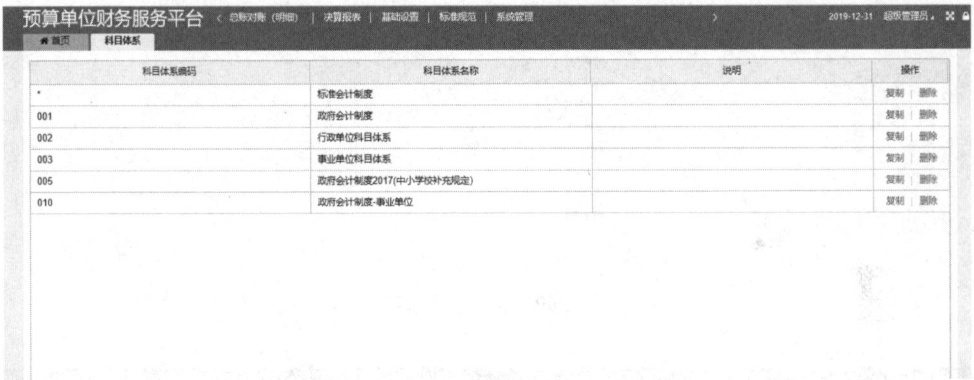

图 2.67　科目体系界面

复制:单击"复制"按钮,如图 2.68 所示。

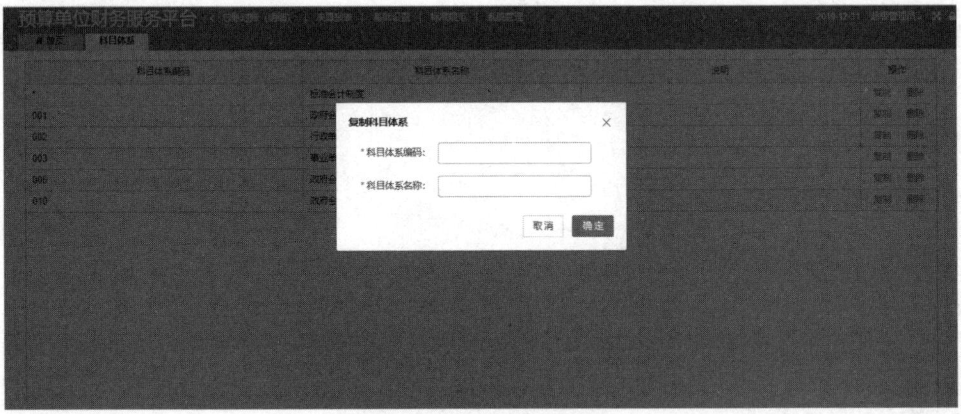

图 2.68　复制科目体系

此界面可以对科目体系进行复制,在输入框前有星号的选项为必填项,输入完成后,单击"确定"按钮,复制完成。

2.2.20 会计科目

1. 功能概述

此界面指系统级会计科目的管理,可以进行查询、新增、修改、删除、启用停用、导入导出等操作。

2. 操作介绍

单击"标准规范"—"会计科目"按钮,如图 2.69 和图 2.70 所示。

图 2.69 会计科目菜单

图 2.70 会计科目界面

新增：单击"新增"按钮，如图 2.71 所示。

图 2.71　新增会计科目

此界面可以根据对应的科目体系对系统级会计科目进行新增，在输入框或下拉框前有星号的选项为必填项，输入完成后，单击"保存退出"按钮，如果需要继续新增可以单击"保存并新增"按钮，提示"保存成功"后即新增完成。

2.2.21　凭证类型

1. 功能概述

此界面可设置凭证类别对记账凭证进行分类编制，可对系统级凭证类型进行查询、新增、修改、删除、下发等操作。

2. 操作介绍

单击"标准规范"—"凭证类型"按钮，如图 2.72 和图 2.73 所示。

图 2.72　凭证类型菜单

图 2.73 凭证类型界面

新增：单击"新增"按钮，如图 2.74 所示。

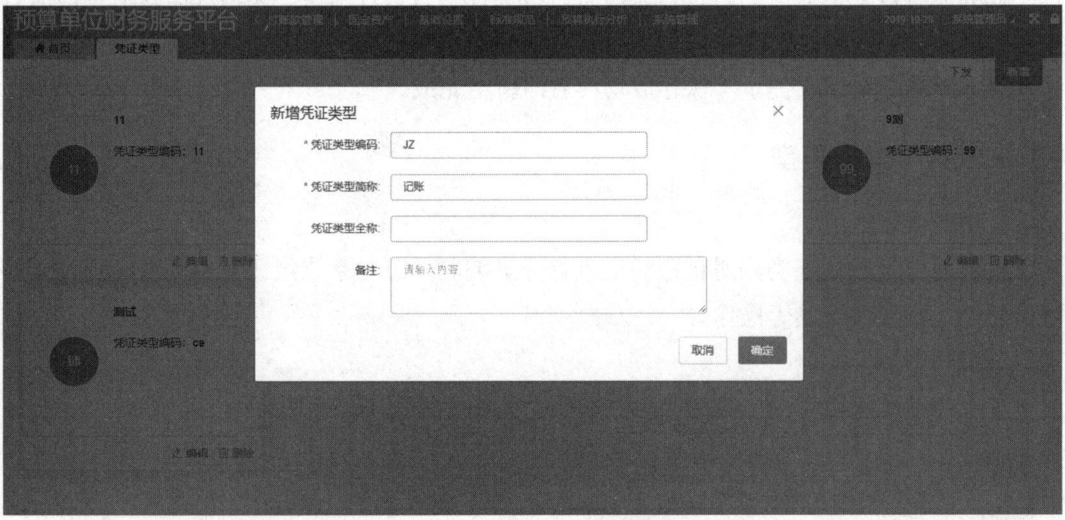

图 2.74 新增凭证类型

此界面可以对凭证类型进行新增，在输入框前有星号的选项为必填项，输入完成后，单击"保存"按钮，提示"保存成功"后即新增完成。

2.2.22 核算规则

1. 功能概述

此界面对系统核算规则进行设置、是否统一控制、是否启用等操作。

2. 操作介绍

单击"标准规范"—"核算规则"按钮，如图 2.75 和图 2.76 所示。

图 2.75 核算规则菜单

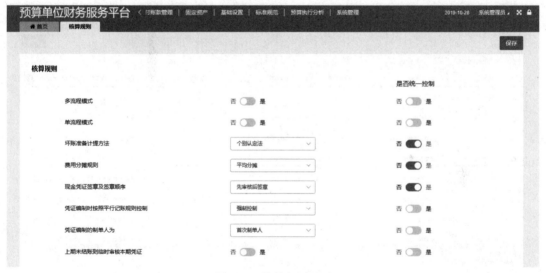

图 2.76 核算规则界面

2.2.23 统一建账

1. 功能概述

此界面用于系统账套查询、批量建账等操作。

2. 操作介绍

单击"标准规范"—"统一建账"按钮,如图 2.77 和图 2.78 所示。

图 2.77　统一建账菜单

图 2.78　统一建账界面

批量建账：选择一个或多个机构，选择相应的科目体系，输入账套名称，确认无误后单击"批量建账"按钮，提示"建账完成"。

2.2.24　现金流量项目

1. 功能概述

此界面对系统级现金流量项目的具体内容进行查询、新增、删除、修改、启用停用、导入、下发等操作。

2. 操作介绍

单击"标准规范"—"现金流量项目"按钮，如图 2.79 和图 2.80 所示。

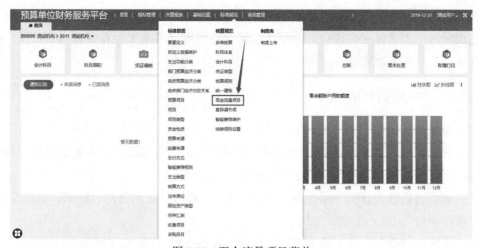

图 2.79 现金流量项目菜单

图 2.80 现金流量项目界面

新增：单击"新增"按钮，如图 2.81 所示。

图 2.81 新增现金流量项目

此界面对现金流量项目进行新增下级,在输入框或下拉框前有星号的选项为必填项,输入完成后,单击"保存"按钮,如果需要继续新增可以单击"保存并新增"按钮,提示"保存成功"后即新增完成。

2.2.25 差异调节项

1. 功能概述

差异调节项指设置差异项类别和差异分析科目关系。通过设置差异项类别与科目的对应关系,从而根据此对应关系,自动生成差异分析分录。

此界面用于系统差异调节项查询、新增、删除、修改、启用停用、导出、下发等操作。

2. 操作介绍

单击"标准规范"—"差异调节项"按钮,如图 2.82 和图 2.83 所示。

图 2.82 差异调节项菜单

图 2.83 差异调节项界面

新增：单击"新增"按钮，如图 2.84 所示。

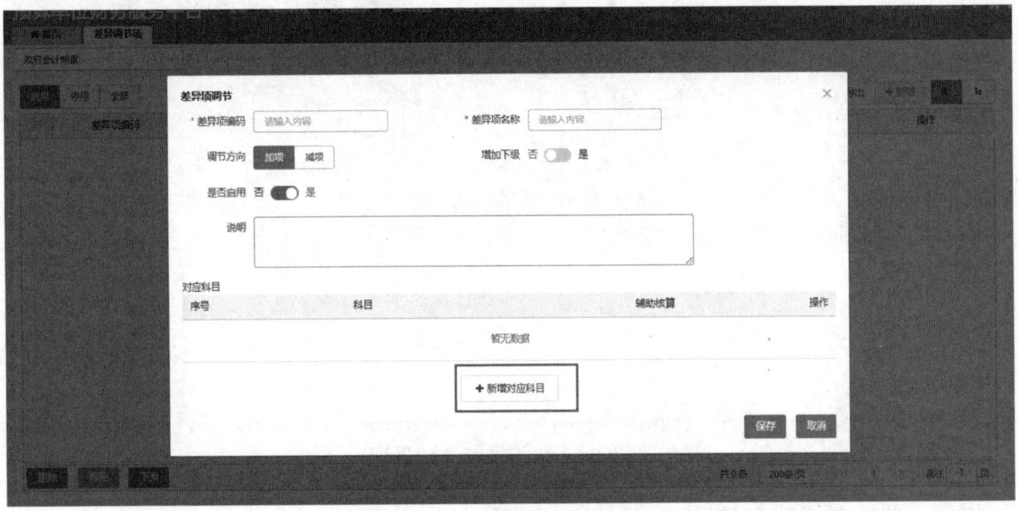

图 2.84　新增差异调节项

此界面可以对差异调节项进行新增，在输入框或下拉框前有星号的选项为必填项，输入完成后，单击"保存"按钮，如果需要继续新增可以单击"保存并新增"按钮，提示"保存成功"后即新增完成。

2.2.26　智能推荐维护

1. 功能概述

此界面可以对系统级凭证推荐规则的设置进行查询、新增、删除、修改、启用停用、下发等操作。

2. 操作介绍

单击"标准规范"—"智能推荐维护"按钮，如图 2.85 和图 2.86 所示。

图 2.85　智能推荐维护菜单

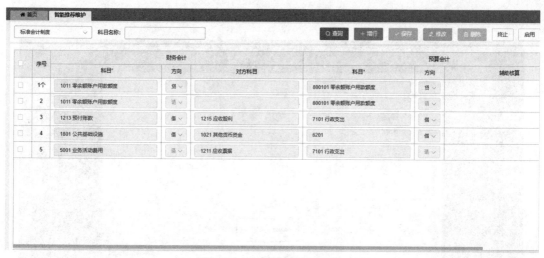

图 2.86 智能推荐维护界面

增行：单击"增行"按钮，如图 2.87 所示。

图 2.87 新增智能推荐维护

添加推荐规则，选择科目及对方的预算会计科目，单击"保存"按钮，提示"推荐规则保存成功"后即新增完成。

2.2.27 结转规则设置

1. 功能概述

此界面可以对系统级年末结转规则进行设置，包括财务月末结转规则设置（内置）、财务年末结转规则设置、预算年末结转规则设置等操作。

2. 操作介绍

单击"标准规范"—"结转规则设置"按钮，如图 2.88 和图 2.89 所示。

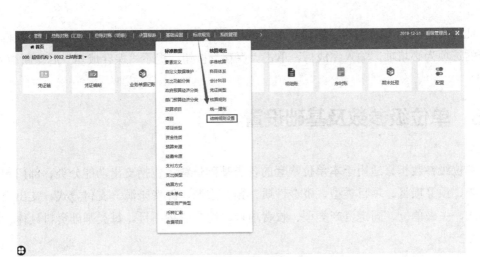

图 2.88 结转规则设置菜单

图 2.89 结转规则设置界面

新增：单击"新增"按钮，如图 2.90 所示。

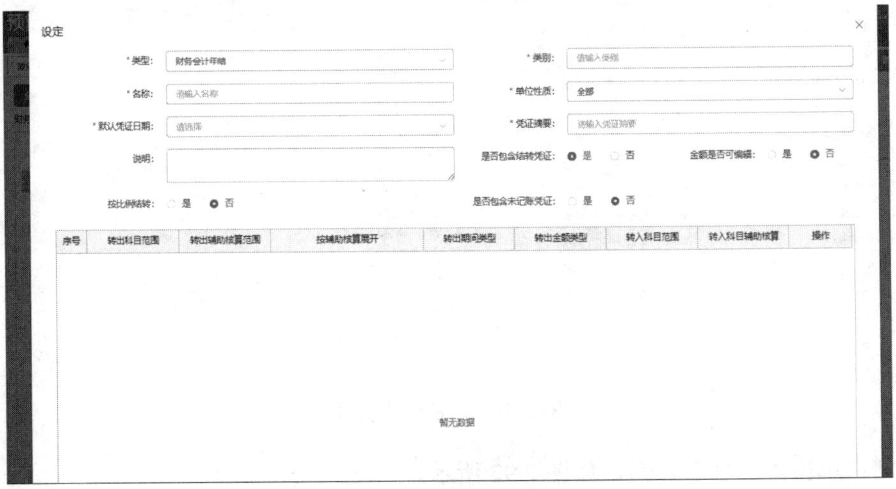

图 2.90 新增结转规则

此界面可以根据对应的科目体系对系统级结转规则进行新增，在输入框或下拉框前有星号的选项为必填项，输入完成后，单击"保存"按钮，提示"保存成功"后即新增完成。

2.3 单位级参数及基础设置

单位级参数指只适用于本单位账套的各类基础资料，包括支出功能分类、部门预算经济分类、预算项目、项目类型、资金性质、预算来源、经费来源、支付方式、支出类型结算方式、往来单位、固定资产类型、收费项目、现金流量项目。每类基础资料具体设置操作见 2.2 节。

2.4 系统管理

系统设置指对该系统和用户的基本设置进行管理，通过对用户、角色、菜单和流程设计的管理，区分出不同角色的权限，明确角色分工，提高系统的便利性和可操作性。

2.4.1 角色管理

1. 功能概述

用户角色，可以通过新建角色授权菜单、功能按钮设置。

2. 操作介绍

单击"系统管理"—"角色管理"按钮，如图 2.91 所示。

图 2.91 角色管理界面

新增：单击"新增"按钮，如图 2.92 所示。

图 2.92　新增角色界面

角色菜单授权：勾选任意角色，在应用功能授权中勾选所需授权的菜单，并单击"授权"按钮，如图 2.93 所示。

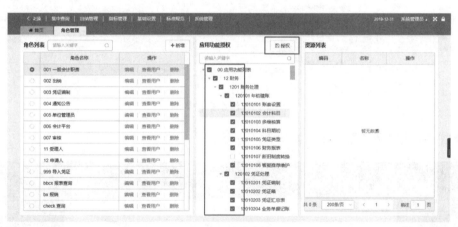

图 2.93　角色授权

资源按钮授权：勾选任意角色，选中应用功能，在资源列表进行资源按钮授权，并单击"授权"按钮，如图 2.94 所示。

图 2.94　资源按钮授权

2.4.2 组织机构

1. 功能概述

单位管理指进行新增、修改、删除、批量导入操作。

2. 操作介绍

单击"系统管理"—"组织机构"按钮，如图 2.95 所示。

图 2.95　组织机构界面

新增：单击"新增"按钮，如图 2.96 所示。

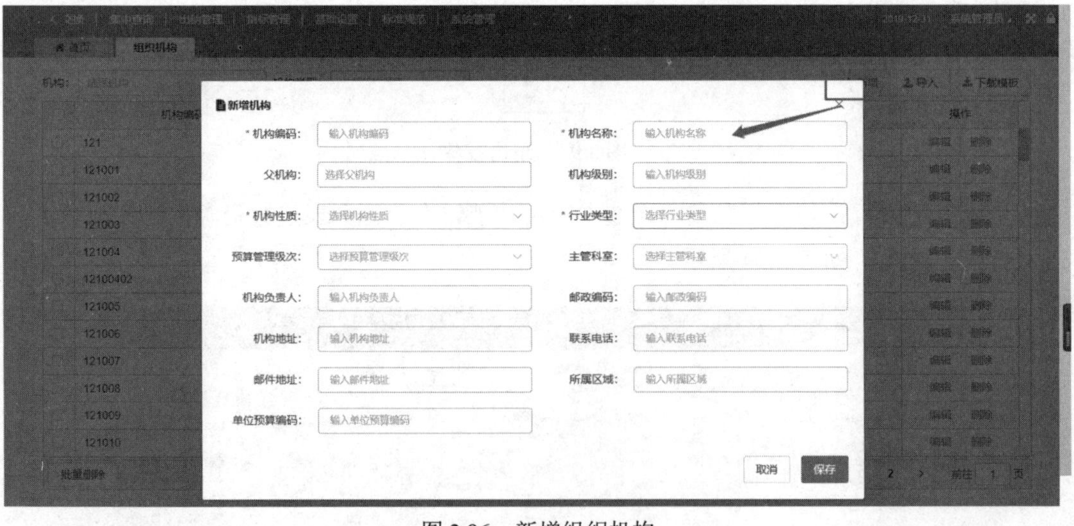

图 2.96　新增组织机构

导入：单击"导入"按钮，如图 2.97 所示。

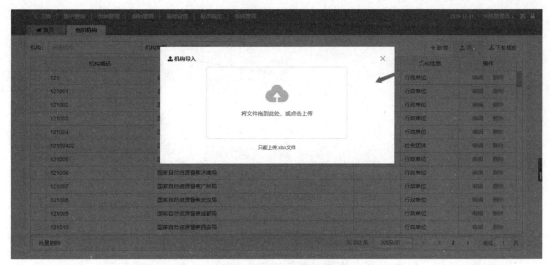

图 2.97　导入组织机构

2.4.3　用户管理

1. 功能概述

该页面用于管理用户信息，在操作栏对用户进行编辑、预算项目授权、部门授权、密码重置、删除和解锁操作；在页面左下方显示批量删除、角色授权和从机构授权按钮，对用户进行批量删除；选择组织机构，输入用户名和账号都可以查询特定的用户信息；在用户列表上方，显示新增、导入和下载模板按钮，用于新增用户信息，导入用户信息，下载导入用户信息的文件模板。

2. 操作介绍

单击"系统管理"—"用户管理"按钮，如图 2.98 所示。

图 2.98　用户管理界面

新增用户：单击"新增"按钮，如图 2.99 所示。

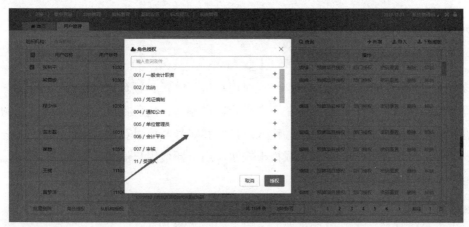

图 2.99　新增用户

用户授权角色：勾选用户，单击"角色授权"按钮，如图 2.100 所示。

图 2.100　用户授权角色

组织机构授权：勾选用户，单击"从机构授权"按钮，或单击"部门授权"按钮，如图 2.101 所示。

图 2.101　用户授权组织机构

密码重置：单击"密码重置"按钮，如图 2.102 所示。

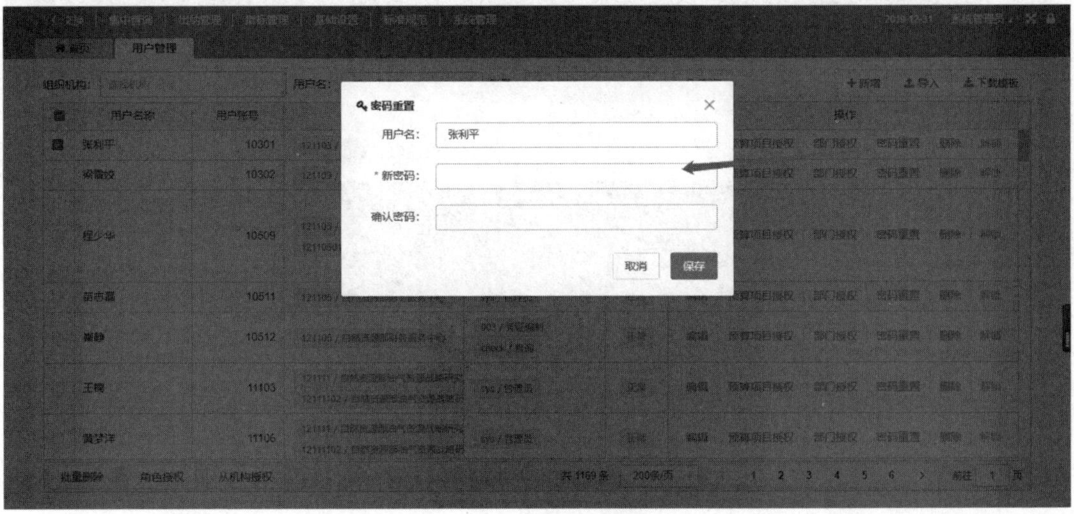

图 2.102　用户重置密码

2.4.4　账套授权

1. 功能概述

用户账套授权指对用户授权单位后，将该单位所有账套默认授权。如果该单位账套数多，且仅限一个用户账套权限为其中一个，则可进行账套授权。

2. 操作介绍

单击"系统管理"—"账套授权"按钮，如图 2.103 所示。

图 2.103　账套授权界面

账套授权：单击"账套授权"按钮，如图 2.104 所示。

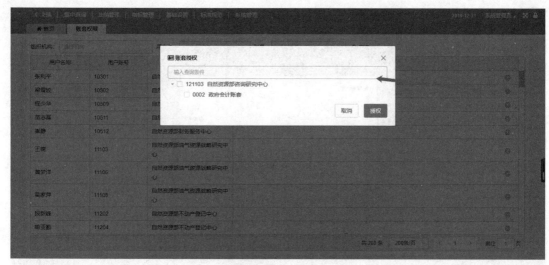

图 2.104 账套授权

2.4.5 打印模板

1. 功能概述

管理系统中所有涉及打印的模板管理，进行模板新增、模板修改、模板删除、修改模板路径等操作。

2. 操作介绍

单击"系统管理"—"打印设置"按钮，如图 2.105 所示。

图 2.105 打印模板设置界面

新增模板：单击"新增"按钮，如图 2.106 所示。

图 2.106　新增打印模板界面

修改模板：单击"修改"按钮，如图 2.107 所示。

图 2.107　修改打印模板界面

2.4.6　菜单管理

1. 功能概述

管理系统中对所有菜单进行路径、菜单上下级关系、新增菜单、编辑菜单、启动停用、删除等操作。

2. 操作介绍

单击"系统管理"—"菜单管理"按钮，如图 2.108 所示。

图 2.108　菜单管理界面

新增下级菜单：单击"新增下级"按钮，如图 2.109 所示。

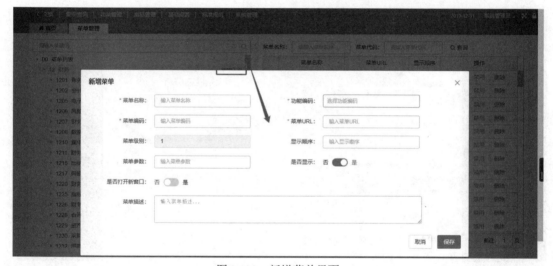

图 2.109　新增菜单界面

2.4.7　系统参数

1. 功能概述

系统一些展示方式、参数名称设置。

2. 操作介绍

单击"系统管理"—"系统参数"按钮，如图 2.110 所示。

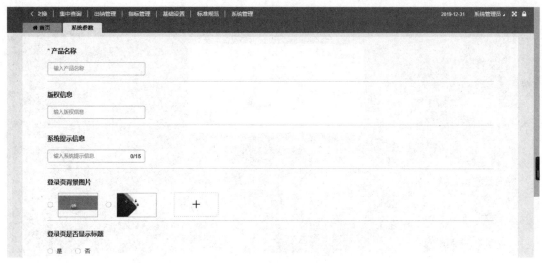

图 2.110　系统参数设置界面

2.4.8　门户配置

1. 功能概述

门户配置可对首页中的模块展示方式进行设置，该设置根据角色进行配置。

2. 操作介绍

单击"系统管理"—"门户配置"按钮，如图 2.111 所示。

图 2.111　门户配置界面

模块新增：单击"新增"按钮，如图 2.112 所示。

图 2.112　新增模块

2.4.9　流程设计

该页面用于流程设计，即设计工作流；在列表上方输入系统模块或过滤条件可查询到指定流程信息；列表上方的"新增"和"上传"按钮，可上传符合要求的文件，用于添加设计好的流程模型；在信息展示列表的操作栏中，有"编辑""部署""导出"和"删除"按钮，新增后完成流程设计的模型需要部署后才能使用，单击"导出"按钮可将该设计模型以文件形式导出，单击"删除"按钮会删除该流程模型，如图 2.113 所示。

图 2.113　流程设计页面

单击"新增"按钮后，弹出新增模型页面，在该页面填写系统模型信息后单击"保存"按钮即可，如图 2.114 所示。

图 2.114　新增模型页面

单击流程模型信息后的"编辑"按钮后，弹出流程编辑页面，在该页面对流程进行编辑，选择"启动事件"和"节点信息"选项，指定流程后保存即可，然后重新部署即可生效，如图 2.115 所示。

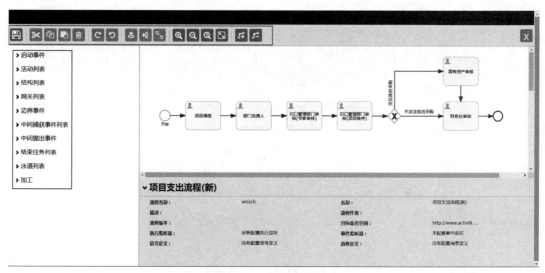

图 2.115　流程模型页面

实践题

1. 北方教育学院账套

单位名称：北方教育学院。

账套名称：北方教育学院账套。

会计制度：《政府会计准则——基本准则》。

记账本位币：人民币。

会计年度：2022 年。

2. 北方教育学院建账与基础数据设置

（1）以系统管理员 admin 登录。

（2）单击"系统管理"—"组织机构"—"新增"按钮，增加单位"北方教育学院"。

（3）单击"系统管理"—"系统参数"按钮，设置显示的产品名称、菜单显示方式等。

（4）单击"系统管理"—"门户配置"按钮，设置操作员登录后主界面显示的内容。

（5）单击"系统管理"—"单位管理员权限"—"新增用户"按钮，增加用户。

（6）单击"系统管理"—"用户管理"—"角色授权"按钮，给用户授予操作权限。

（7）单击"标准规范"—"基础设置"按钮，设置"资金性质""项目""会计科目"等基础资料。

（8）单击"账务处理"—"账套设置"—"建账向导"按钮，建立账套。

通过以上设置系统参数、基础资料，熟悉系统的基础设置功能。

第三部分
预算绩效一体化篇

第3章
预算绩效一体化应用方案

预算绩效一体化应用方案以北方教育学院为例。

3.1 方案概述

本项目为按照上级财政主管部门的工作要求及学校内部财务管理工作的实际需求，开展预算绩效一体化系统信息化平台建设。其目的：一是将不同预算资金项目纳入平台，落实管理的规范性；二是建立资金使用全生命周期的管理和信息化监督机制。

预算绩效一体化系统包括预算申报模块（校内常规预算申报审核＋财政专项预算申报审核）、预算汇总模块、预算批复模块、预算调整模块、预算综合分析模块、预算绩效评价、领导驾驶舱模块。

1. 建设目标

本项目围绕统筹推进"五位一体"总体布局和协调推进"四个全面"战略布局，逐步建立健全北方教育学院预算管理和绩效管理制度，构建全方位预算绩效格局，建立全过程预算管理链条，完善全覆盖预算管理体系，力争建成北方教育学院（包括各级部门、政策和项目）全方位、全过程、全覆盖的预算管理体系，实现预算和绩效管理一体化。

本项目依托预算绩效一体化系统，实现以项目库为基础，目标管理为龙头，绩效评价为支撑，绩效理念和方法深度融入预算编制、执行、监督全过程的管理闭环。

2. 使用范围

系统的用户使用范围指业务部门、归口管理部门、财务部门及校领导等。系统采用"一套系统，多个视图"的设计框架，确保不同用户操作的业务功能和数据是独立的。

3.2 校内常规预算申报审核

校内常规预算申报人为校内各二级预算单位，以部门为单位进行预算申报，审核人为各二级预算单位负责人、二级预算单位分管校领导、财务处预算联络员和编制小组成员。整个校内预算申报按照"二上二下"程序进行。

1. 业务部门"一上"预算申报

由各业务部门（单位）编制、报送本部门预算草案，其中，属于归口管理的支出预算，报送至归口管理部门，由归口管理部门审核、汇总后统一报送财务处；不属于归口管理的支出预算，直接报送财务处。

由各业务部门预算填报人员在线上选择预算年份，填写各预算表单和编报说明的内容，进行预算申报。

各单位提交的申报文本，由系统根据申报内容的关键字或同一类申报表格进行检索和汇总（如根据会议费、差旅费等关键字检索汇总出所有申报会议费、差旅费的预算内容，根据采购表检索汇总出所有政府采购预算等）。系统中有定制上传附件的功能区域，用以提供预算金额变动、情况说明、会议纪要等支撑材料，支持word、excel、ppt、pdf、图像、压缩包等格式。

预算申报系统中有下载附件板块，支持word、excel、ppt、pdf、图像、压缩包等格式。

2. 业务部门"一上"预算审核

业务部门预算管理员完成预算表单填写后提交，党政服务机构将推送至单位主要负责人、分管校领导进行线上审核，学院同时推送至党委负责人、行政负责人进行线上同审后，提交至财务处审核。该流程可以随实际情况随时修改，即可以由财务处系统管理员任意干预流程进行跳转，或省略其中的任一流程节点，或修改其中的流程节点。若某一节点审核不通过，将退回到第一个原始节点进行修改。

在预算审核界面显示审核流程记录和审核信息栏，将实际的操作记录体现出来，包括操作名称、用户名称、审核信息、审核意见、操作时间。审核界面应按部门或表格名称随时进行审核情况筛选和检索，并且汇总列示"已提交部门""未提交部门"信息。

各单位全部申报审核完成后，提交到财务处，财务处可以按照部门和表格等不同维度随时进行筛选和检索，并且系统自动统计汇总列示"已提交部门""未提交部门"信息。

3. 归口管理部门"一上"预算审核

针对各单位货物、服务、工程采购预算表，按照业务部门申报并提交、业务部门相关领导审核（同业务部门"一上"预算审核）—归口管理部门审核人审核（如采购办等）—提交财务处预算审核的流程进行。另外，随实际情况变化可由财务处系统管理员通过简便操作，自定义归口管理部门和管理员的审核流程。

不管是业务部门负责人审核、分管校领导审核、归口部门审核、财务处审核，还是任何一个环节被退回，都会发送提醒短信。

4. 财务处"一下"控制数

财务处根据财政局、教委下年预算安排要求，结合学校发展和各部门业务工作，按照预算定额等标准核定各部门预算控制数，并会同各部门开"一下"布置会，传达预算编制精神及要求。由财务处输入各学院校内预算控制数、各党政服务机构行政经费控制数，各学院或党政服务机构在填报"二上"预算时可以进行校验。

5. 业务部门"二上"预算申报和"二上"预算审核

根据财务处下发的预算控制数，各单位修改预算申报信息。

业务部门、归口部门、财务处按预定的工作流程，对"二上"预算数据进行审核。

6. 财务处二下批复

财务处根据财政部门"二下"预算批复，编制校内预算分配方案，报学校党委审定后，按规定工作程序向各部门下达正式预算通知单。

3.3 财政专项预算申报审核

财政专项预算申报按照"一上一下"程序进行。

3.3.1 财政专项预算申报书

预算填报人默认为全校所有在职人员（包括有工资号的临聘人员）。预算填报人只能填报本部门的预算申报书，且只能看到本人填报的预算申报书；部门负责人能看到本部门下的全部预算申报书。

1. 新增项目方法

在填写财政专项预算申报书前，需先新增项目，此时根据预算单位、项目名称及归口管理部门选择所需增加的预算，填写项目名称并单击"确定"按钮生成新的项目。登录用户显示用户所在预算单位下所有项目类别，选择自己所需填写的预算。

2. 项目申报书样式

1）项目申报书

项目申报书如表 3.1 所示。

表 3.1　项目申报书

项目名称				项目负责人电话	
项目负责人姓名				电子邮箱	
项目负责人身份证号				工资号	
项目资金（元）					
项目类别					
经费来源类别及金额	来源类别	金额	来源类别	金额	来源类别	金额
	基本运行		重点建设		后补助	
项目立项依据					
项目实施可行性分析					

续表

项目实施条件、项目实施建设主要内容、整体预算情况	
项目进度与计划安排	
项目风险与不确定性分析	
项目预期经济社会效益	

2）支出预算明细表

项目申报书相关联的支出预算明细表，如表 3.2 所示。

表 3.2　支出预算明细表　　　　　　　　　　　　　单位：元

经费类型				项目属性			
支出预算及测算依据	序号	支出事项描述	任务描述	数量/频率	价格/标准	支出计划金额
	1					
	合计					

3）项目支出预算表

项目申报书相关联的项目支出预算表（按经济分类统计），如表 3.3 所示。

表 3.3　项目支出预算表　　（按经济分类）　　单位：元

经济分类	
合计	

4）项目绩效目标申报表

项目申报书相关联的项目绩效目标申报表，如表 3.4 所示。

表 3.4　项目绩效目标申报表　　　　　　　　　　　（年度）

项目名称			添加项目时填写，此处自动生成	
项目资金			经费来源处填写，此处自动生成	
年度总体目标				
绩效目标	一级指标	二级指标	三级指标	指标值

5）货物、服务、工程采购预算表

项目申报书相关联的货物、服务、工程采购预算表同校内常规预算中货物、服务、工程采购预算表设置基本一致，如表 3.5 所示。

表 3.5 货物、服务、工程采购预算表

部门	经费来源	预算项目编号	*预算项目名称	*采购类型（货物、服务、工程）	*采购金额	*采购数量	采购单价	是否政府采购	*是否面向中小企业采购	*采购品目	*采购内容（具体的货物、服务、工程名称）	*拟实现功能或目标	测算依据	启动时间	完成时间

* 表示必填项。

6）申报审核记录表

项目申报书相关联的项目申报审核记录表，如表 3.6 所示。

表 3.6 项目申报审核记录表

序号	操作名称	用户名称	审核信息	操作日期
1	提交			
2	一上：部门领导审核			
3	一上：资金划拨单位审核			
4	一上：资金归口部门审核			
5	一上：财务处审核			
6	一下：预算批复			

3.3.2 财政专项预算审核、查看

各二级单位财政专项预算填报完成后逐级提交至部门负责人、归口管理部门负责人审核，最后至财务处审核汇总。

审核权限：部门审核人必须为本部门行政负责人，归口管理部门、财务处审核由归口管理部门负责人、财务处负责人授权给本部门其他人员进行审核。

审核流程：下一级未审核前，预算填报人或上一级预算审核人均可撤回提交/审核；各级审核人均可退回预算申报，且每次退回均退回至预算填报人；预算提交、审核、退回需设置信息提醒功能。

审核界面：审核界面中的审核信息以表单形式呈现，每个预算申报书呈现为一行信息，包括专项资金类型、归口管理部门、预算单位、部门编号、项目名称、项目负责人、项目负责人工资号、预算金额、提交时间、审核状态等信息。审核操作分为两种：一种是单击"行信息"按钮，进入"预算申报书"进行审核；另一种是可在审核表单前勾选拟审核多个项目，进行批量审核。各级审核人在审核界面均可看到未审核、已审核通过、已审核退回预算。同时，审核界面均有导出 excel 功能。

查看权限：①预算填报人可查看本人填报的预算申报书；②学院助理、各二级单位业务负责人可查看本部门内所有预算申报书及其审核状态；③资金归口管理部门相关工作人员可查看本部门归口管理的所有预算申报书及其审核状态（按填报部门划分）；④财务处相关工作人员可查看所有专项预算申报书及其审核状态。

3.3.3 财政专项控制数

财务处通过专项资金分配表，按财政专项资金类型、归口管理部门、资金用款单位下达财政专项资金控制数。

3.4 财务处预算审核汇总

此模块由财务处内部使用。财务处系统管理员在线上完成各业务部门校内预算项目（表格）审核，审核未通过的将由系统返回修改，实现自动提取业务部门预算数据至学校预算汇总表。

3.5 预算批复

校级预算草案经线下座谈、评审、汇报、决议后，在系统中进行预算批复、导入批复文件和批复表，分部门下达至各单位。各单位人员登录预算系统后可在批复模块查看和下载批复文件和批复表，查询批复项目信息。

财务处是财政专项预算批复部门。财政专项预算审核完成后，归口管理部门生成本归口管理部门预算汇总表，由归口管理部门负责人（不可授权）上报至财务处；财务处生成本年度财政专项预算汇总表。汇总表所需信息包括专项资金类型、归口管理部门、预算单位、部门编号、项目名称、项目编号、项目负责人、项目负责人工资号、预算金额、提交时间、审核状态。预算汇总表完成后，财务处进行预算批复，归口管理部门收到本部门管理财政专项资金的所有项目信息批复表，各二级单位收到本单位下所有财政专项的项目信息批复表。

3.6 预算调整

1. 常规经费预算调整

财务处每年定期下发预算调整通知和要求，设计预算调整表格。需要进行预算调整的单位，根据学校预算调整通知在系统提交预算调整申请，系统自动汇总预算调整情况，进行线下汇报、决议，通过后系统批复调整的预算将根据批复的预算调整自动生成凭证，调整至相应的项目。

业务部门预算管理员完成预算调整表单填写后提交，党政服务机构将推送至单位主要负责人、分管校领导进行线上审核，学院同时推送至党委负责人、行政负责人进行线上同审后，提交至财务处审核。该流程可以随实际情况随时修改，即由财务处系统管理员任意干预流程进行跳转，或省略其中的任一流程节点，或修改其中的流程节点。若某一节点审核不通过，将退回到第一个原始节点进行修改。

在预算审核界面显示审核流程记录和审核信息栏，将实际的操作记录体现出来，包括操作名称、用户名称、审核信息、审核意见、操作时间。审核界面应按部门或表格名称进行筛选和检索。经审核后，系统应自动生成在包括部门、审核人姓名的各单位预算草案封皮指定处。

各单位全部申报审核完成后，提交到财务处环节，财务处应按照部门和表格等不同维度进行筛选和检索。

预算调整方案由各部门提交后，系统将生成预算调整需求汇总表。经线下座谈、评审、汇报、决议后，在系统中进行预算调整批复、导入批复文件和批复表，分部门下达至各单位。各单位人员登录预算系统，在预算调整模块查看和下载预算调整批复文件和批复表，查询预算调整批复项目信息。

2. 财政专项预算调整

财政专项预算调整表，如表 3.7 所示。

表 3.7　财政专项预算调整申请表　　　　　　　　　　单位：元

项目类型	序号	部门名称	部门编号	项目名称	项目编号	项目负责人	原预算金额	已支出金额	拟调整金额	调整原因	调整后支出计划
调出经费	1										
	2										
	3										
	⋮										
	小计										
调入经费	1										
	2										
	3										
	⋮										
	小计										

项目管理部门负责人：　　　　　　　　项目管理部门分管校领导：
归口管理部门负责人：　　　　　　　　归口管理部门分管校领导：

备注：项目管理部门负责人及分管校领导签字仅限改善基本办学专项预算调整。

（1）一个单位有若干个财政专项的项目，可能产生若干个项目之间的调整。

（2）每条项目间预算调整的记录，包括项目间预算调整申请表和上传附件，每条记录可以单独进行提交、审核。

（3）审核用户查看校内所有的财政专项预算调整记录（同填报用户的概览列表），

列表可导出。

(4) 提交、审核签字在流程中体现为对应的用户签名,审核记录可导出。

(5) 项目间预算调整申报表可导出到 excel 模板中。

3.7 预算绩效管理

本应用提供预算单位绩效目标管理、事前绩效评估、绩效运行监控、绩效自评、绩效评价等内容的全面绩效管理解决方案。它可和博思预算管理系统一起应用,实现预算单位的预算绩效一体化管理,为建立绩效理念和方法深度融入预算编制、执行、监督全过程的智慧财务系统奠定了基础。

3.7.1 绩效管理内容

预算单位绩效管理包括绩效目标管理、事前绩效评估、绩效运行监控管理、绩效评价管理、绩效评价结果反馈和应用、绩效工作考核等。

1. 绩效目标管理

绩效目标是预算绩效管理的基础,是整个预算绩效管理系统的前提,包括绩效内容、绩效指标和绩效标准。预算单位在编制下一年度预算时,应根据财政部门的具体部署、国民经济和社会发展规划、部门职能及事业发展规划等,科学、合理地测算资金需求,报送绩效目标。报送的绩效目标应与部门目标高度一致,且应是具体的、可衡量的、一定时期内可实现的。

2. 事前绩效评估

事前绩效评估指部门单位结合预算编审、项目审批等,针对拟出台的重大政策和项目,运用科学合理的评估方法,并就立项必要性、投入经济性、绩效目标合理性、实施方案可行性和筹资合规性等进行客观、公正的评估。事前绩效评估有助于从源头上防控财政资源配置的低效无效,提升行政决策的科学性。

3. 绩效运行监控管理

绩效运行监控管理(以下简称绩效监控)是预算绩效管理的重要环节。各级财政部门和预算单位要建立绩效运行跟踪监控机制,定期采集绩效运行信息并汇总分析,对绩效目标运行情况进行跟踪管理和督促检查,纠偏扬长,促进绩效目标的顺利实现。跟踪监控中发现绩效运行目标与预期绩效目标发生偏离时,相关部门和单位要及时采取措施予以纠正。

4. 绩效评价管理

预算支出绩效评价是预算绩效管理的核心。预算执行结束后,相关部门和单位应及时对预算资金的产出和结果进行绩效评价,重点评价产出和结果的经济性、效率性和效益性。实施绩效评价要编制绩效评价方案、拟订评价计划、确定评价方法、设计评价指标、收集相关绩效资料、撰写评价报告。预算具体执行单位要对预算执行情况进行自我评价,提交预算绩效自评表或自评报告，并将实际取得的绩效与绩效目标进行对比，认真分析研究评价结果所反映的问题，努力查找资金使用和管理中的薄弱环节，从而制定改进和提高工作的措施。财政部门对预算单位的绩效评价工作进行指导、监督和检查，并对其报送的绩效评价报告进行审核，提出进一步改进预算管理、提高预算支出绩效的意见和建议。

按评价实施主体和评价对象的实施阶段等，绩效评价有不同的分类。按评价实施主体分类：

（1）单位自评：指预算部门组织政府部门本级及其下属单位对预算批复的绩效目标完成情况进行自我评价。

（2）部门评价：指预算部门根据相关要求，运用科学、合理的绩效评价指标、评价标准和方法，对本部门的预算组织开展的绩效评价。

5. 绩效评价结果反馈和应用

建立预算支出绩效评价结果反馈和应用制度，将绩效评价结果及时反馈给预算具体执行单位，要求其根据绩效评价结果，完善管理制度、改进管理措施、提高管理水平、降低支出成本、增强支出责任；将绩效评价结果作为安排以后年度预算的重要依据，优化资源配置；将绩效评价结果向同级人民政府报告，为政府决策提供参考，并作为实施行政问责的重要依据；逐步提高绩效评价结果的透明度，将绩效评价结果，尤其是一些社会关注度高、影响力大的民生项目和重点项目支出绩效情况依法向社会公开，接受社会监督。

6. 绩效工作考核

预算绩效管理考核涉及预算绩效管理全链条工作，包括体制机制建设、事前绩效评估、绩效目标设定、绩效监控、绩效评价、绩效结果应用、绩效信息公开等内容，预算单位或具体部门应根据预算绩效管理实际进展情况，按照考核工作要求，如实填报相关表格，按期报送相应材料。财政部门或主管部门将在单位自评的基础上，重点对预算单位预算绩效管理工作的质量进行复评，并形成最终考核结果纳入政府目标管理绩效考核。

3.7.2 绩效管理主要业务流程

1. 绩效指标库管理流程

绩效指标库指包括分行业、分领域、分层次的绩效指标集合，每一项绩效指标包括指标来源、指标解释、评分标准、适用项目类别等内容。绩效指标库应用于事前绩效评估、绩效目标管理、绩效运行监控、绩效评价全过程，推动实现预算管理与绩效管理"同频共振"，进一步提升财政资源配置效率和使用效益。

1）绩效指标库管理流程

绩效指标库管理流程，如图 3.1 所示。

2）流程描述

业务科室经办人提出需要维护（包括增加、修改、删除）的绩效指标信息，经业务科室负责人审核后，反馈到财务部门，经财务部门经办人和负责人审核后，纳入绩效指标库。

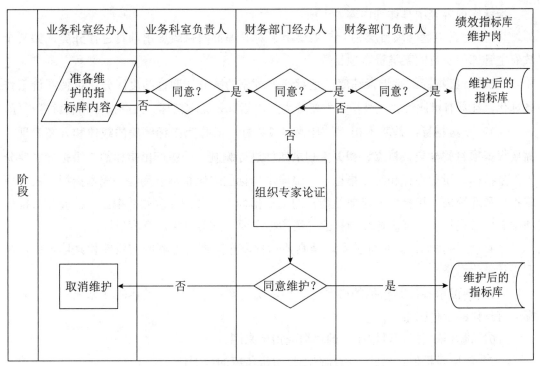

图 3.1 绩效指标库管理流程

3) 绩效指标库主要内容

绩效指标库内容,如表 3.8 所示。

表 3.8 指标库内容表

资金用途	指标名称			指标含义		指标参考值		指标取值		其他	
	一级指标	二级指标	三级指标	内涵解释	设置依据	年度目标值	实施期目标值	计算公式或方法	评分标准	指标属性	检索关键词
高校提升办学水平专项	产出指标	数量指标	建设"高峰""高原"学科数量	反映建设"高峰""高原"学科情况	《福建省人民政府关于建设一流大学和一流学科的实施意见》(闽政〔2017〕11号)	≥100(个)	≥100(个)	统计法	达到或超过目标得100,未达到目标值的,(完成数量/目标数量)×100	核心	高峰、高原
高校提升办学水平专项	产出指标	数量指标	建设高校网络思想政治教育品牌项目数量	反映建设高校网络思想政治教育品牌项目情况	《福建省中长期教育改革和发展规划纲要(2010—2020年)》	≥3(个)	≥3(个)	统计法	达到或超过目标得100,未达到目标值的,(完成数量/目标数量)×100	非核心	高校网络思想政治教育

指标库内容表中具体列内容如下所示。

（1）资金用途（项目类别）：主要用于对要评价的财政支出项目进行分类，如某个政府主管部门负责的某类资金项目等。

（2）一级指标：是指标纬度，是对评价对象的区分。通过纬度区分，可使评价工作条理化，且具有可比性。一级指标主要分为产出指标、成本指标、效益指标和满意度指标。

（3）二级指标：是基本指标，是中间段指标。其作为指标纬度的载体和外在表现，需要根据项目的种类、特点、相关度和隶属性进行编制。一级产出指标的二级指标主要分为数量指标、质量指标和时效指标。一级成本指标的二级指标分为经济成本指标、社会成本指标和环境成本指标。一级效益指标的二级指标主要分为经济效益指标、社会效益指标和生态效益指标。一级满意度指标的二级指标主要为服务对象满意度指标。

（4）三级指标：是指标要素，是具体指标，作为评价内容的实质性和具体表现，需要进行量化考量。

（5）内涵解释：是指标的必要解释和说明，客观指标应有具体的计算规则，主观指标应有具体的量化因素。

（6）设置依据：指设置指标的根据或指标来源。

（7）年度目标值：指此项指标在项目申报年度的数据值。

（8）实施期目标值：指此项指标在项目实施期的数据值，一般针对中长期项目。

（9）计算公式或方法：指根据绩效指标具体数值（情况）的特点、来源等明确取值方式，也称为绩效指标完成值取值方式。一般包括直接证明法、情况统计法、情况说明法、问卷调查法、趋势判断法等。

（10）评分标准：指标目前考核执行的计算标准，指标得分的计算标准。

（11）指标属性：以项目评价为例，项目评价指标一般分为共性指标和个性指标。共性指标指和项目投入、过程管理有关的评价指标，如项目立项规范性、预算执行率等，项目共性指标适用于各类评价项目；个性指标指和项目产出、效益有关的指标，不同项目的个性指标不一样。由于各类项目个性指标较多，不同个性指标关注点不一样，为保证评价工作的客观性、可比性，在个性指标中选择一部分能反映项目关键情况的指标作为核心指标。核心指标一般是填写项目绩效目标时必填的绩效指标。此处指标属性分为核心指标、非核心指标。

（12）检索关键词：指为方便查找设定的关键词。

在一个具体项目的评分上，结合大量项目评价实践和专家经验分析，一般共性指标占30分，产出、成本和效益指标占60分，满意度指标占10分，具体项目可以结合实际情况对各部分所占分值的权重进行调整。

2. 绩效目标管理流程

绩效目标指财政预算资金计划在一定期限内达到的产出和效果。绩效目标是编制部门预算、实施项目库管理、开展绩效监控、绩效评价、绩效考核等的重要基础和依据。

绩效目标是项目入库的前置条件，原则上，指定类型的项目未按要求设定绩效目标或绩效目标审核未通过的项目不得纳入项目库。对于新出台的重大政策所对应的项目需要开展事前绩效评估，评估结果作为申请入库的必要条件。

对项目绩效目标填报和审核，使用项目库管理系统，绩效系统将重点处理部门绩效目标填报、汇总、审核、上报。

1）部门绩效目标管理流程

部门绩效目标管理流程，如图 3.2 所示。

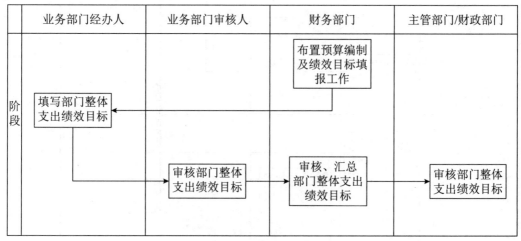

图 3.2　部门绩效目标管理流程

2）流程描述

单位财务部门在布置预算编制工作时，应明确项目绩效目标及各部门整体支出绩效目标的填报要求，项目绩效目标填报在项目库系统进行，部门整体支出绩效目标填报在绩效管理系统进行。

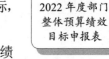

扩展阅读 3.1

2022 年度部门整体预算绩效目标申报表

各业务部门经办人填写部门整体支出绩效目标后，经业务部门负责人审核并上报到财务部门，财务部门汇总各业务部门的部门整体支出绩效目标，经审核后上报到主管部门和财政部门。

3）涉及预算部门财务处、预算部门归口部门、预算单位的项目绩效目标合并需求（以省级农科院为例）

（1）财务部门确定上报财政的专项后，将在院内各处室进行项目分解。各处室对负责的专项，将在院内的各研究所进行分解。

（2）财务部门在给财政上报项目数据时，各研究所作为基层预算单位，向省财政厅系统上报负责的具体财政专项信息，包括绩效目标、绩效监控和绩效自评信息。

（3）院财务处向省财政厅系统上报负责的具体财政专项信息，包括绩效目标、绩效监控和绩效自评信息。

具体项目合并需求流程描述，如图 3.3 所示。

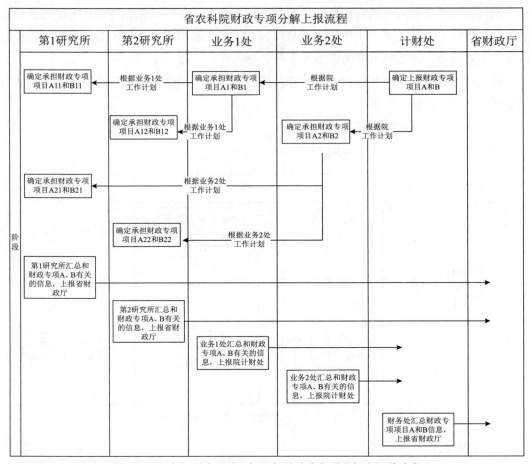

图 3.3 计财处、业务处室、各研究所财政专项分解和汇总流程

3. 事前绩效评估流程

1) 事前绩效评估流程

事前绩效评估流程，如图 3.4 所示。

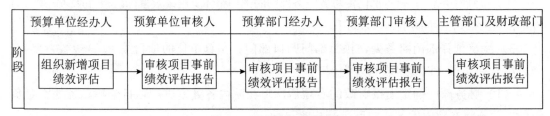

图 3.4 事前绩效评估流程

2) 流程描述

预算单位或预算部门按照财政部门有关规定，对新增重大项目等开展事前绩效评估，评估报告经预算部门审核（基建投资项目需经投资主管部门审核），报送财政部门。

4. 单位绩效监控流程

1) 单位绩效监控流程

单位绩效监控流程，如图 3.5 所示。

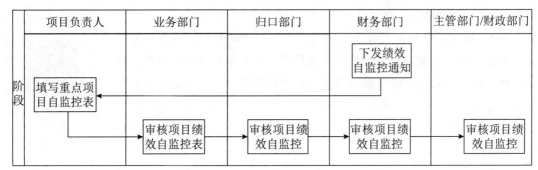

图 3.5 单位绩效监控流程

2）流程描述

（1）财务部门：根据上级主管部门或财政部门安排，开展单位绩效自监控工作，向单位内各部门下发绩效自监控通知。

（2）具体项目负责人收到财务部门绩效自监控通知后，根据批复的项目绩效目标，收集项目绩效目标实现程度、预算执行情况等资料，在绩效管理模块填报绩效自监控表。如果财务部门要求填写重点项目监控报告，则在绩效管理系统中填写、生成重点项目监控报告。

（3）项目所属业务部门负责人在绩效管理系统中审核项目绩效自监控表。

（4）如果项目有归口部门，则根据工作流设置，归口部门负责人在绩效管理系统中审核项目绩效自监控表。

（5）财务部门在系统中审核各项目绩效自监控表，根据项目情况，可对多个项目汇总，生成汇总项目的项目绩效自监控表。

（6）财务部门把项目绩效自监控表上报给主管部门或财政部门。

5. 单位绩效自评流程

1）单位绩效自评流程

单位绩效自评流程，如图 3.6 所示。

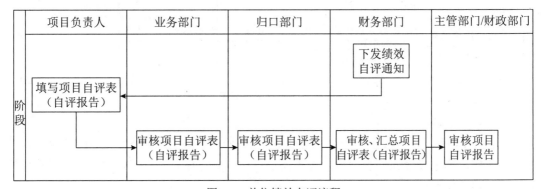

图 3.6 单位绩效自评流程

2）流程描述

（1）财务部门：根据上级主管部门或财政部门安排，开展单位绩效自评工作，向单位内各部门下发绩效自评通知。

（2）具体项目负责人收到财务部门绩效自评通知后，根据批复的项目绩效目标，收集项目绩效目标实现程度、预算执行情况等资料，在单位预算绩效一体化系统绩效管理模块填报项目自评表。如果财务部门要求填写项目自评报告，则在绩效管理系统中填写、生成项目自评报告。

扩展阅读 3.4

项目单位自评表

（3）项目所属业务部门负责人在绩效管理系统审核项目自评表（项目自评报告）。

扩展阅读 3.5

部门项目单位自评总结报告

（4）如果项目有归口部门，则根据工作流设置，归口部门负责人在绩效管理系统审核项目自评表（项目自评报告）。

（5）财务部门在系统中审核各项目自评表（项目自评报告），生成项目自评汇总表。根据项目情况，可对多个项目汇总，生成汇总项目的项目自评报告。

扩展阅读 3.6

项目单位自评汇总表

（6）财务部门把项目自评报告上报给主管部门或财政部门。

6. 部门绩效评价流程

1）部门绩效评价流程

部门绩效评价流程，如图 3.7 所示。

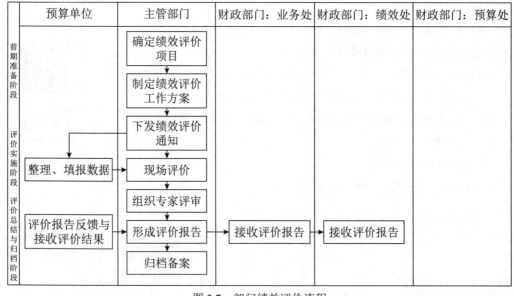

图 3.7　部门绩效评价流程

2）流程描述

（1）主管部门评价准备：根据上级主管部门或财政部门安排，主管部门开展单位绩效评价工作，确定绩效评价的项目，选择评价机构，制定绩效评价工作方案，向预算单位下发绩效评价通知。

（2）评价工作实施。

①预算单位收集、上报数据：预算单位收到主管部门绩效评价通知后，收集预算执行情况、项目产出等资料，在绩效管理模块填报项目具体产出信息。

②现场评价：主管部门评价人员或由第三方评价机构人员，根据收集的项目资料进行项目现场调研等，组织专家评审会，开展现场评价工作。

③撰写项目评价报告。

④评价工作总结与归档：预算单位对项目评价报告反馈意见，接收评价结果；主管部门把项目评价报告上报给主管部门或财政部门；主管部门对评价资料归档。

3.8 预算综合分析

1. 校内常规预算综合分析

各业务部门预算管理员可在系统中查询各单位往年预算的批复数、执行数，查看各单位经费执行情况，生成预算分析表，并根据实际需求自行定义不同层次人员的查阅权限。

2. 财政专项预算综合分析

1）财政专项预算执行明细表

根据预算批复情况，对接财务核算系统，实时抓取数据，生成财政专项预算执行明细表。

2）财政专项资金执行进度表

根据上述财政专项预算执行明细表，汇总形成财政专项资金执行进度表。

3）学院财政专项执行进度表

根据上述财政专项预算执行明细表，汇总形成学院财政专项执行进度表。

4）财政专项预算执行月度报表

财政专项预算执行分析模块中上述 3 张表均需生成月度表并导出 excel，分月显示，不覆盖上月数据。

3.9 数据接口和操作权限

1. 预算绩效一体化系统与财务核算系统数据衔接

预算绩效一体化系统将需要提供的项目预算信息等提供到数据中台，为财务核算系统提供预算执行控制信息；财务核算系统把预算执行信息提供到数据中台，为预算绩效一体化系统提供预算执行信息。

2. 使用系统的相关角色和权限

（1）财务处系统管理员：负责预算审核，后台表单自定义设置、维护等。

（2）业务部门预算填报员：各单位由指定的人员在开通相应申报权限后负责预算填报。

（3）业务部门预算审核人：由各党政服务机构主要负责人、学院党委负责人、学院行政负责人担任此角色，开通查看、审核本单位预算的权限。

（4）业务部门分管校领导预算审核人：开通查看、审核分管单位预算的权限。

（5）经费归口管理部门预算审核人：审核各单位提交的预算信息。

第4章 预算绩效一体化软件操作

4.1 预算管理

4.1.1 基本预算编报

以普通高校预算编制为例,校内基本预算编报总体流程,如图 4.1 所示。

图 4.1 基本预算编报总体流程

流程说明:

(1)经办人填报:经办人填写相关表信息并提交。

(2)预审:支出数据中包括采购数据的表一起推送至采购和计财处进行预审。支出数据中不包括采购数据的表只推送至计财处进行预审(根据单位预算管理实际情况,在审核工作流设置中,也可以取消预审环节)。

(3)单位负责人审核:院长、书记同时审核不分先后顺序。

(4)采购办审核:支出数据中包括采购数据表的采购先进行审核。

(5)财务处审核:审核重点为计财处审核。

具体的操作系统账号信息如表 4.1 所示。

表 4.1 操作系统账号信息

账号/密码	部门	说明
ys1/123456	综合办公室	经办人
ys2/123456	综合办公室	院长
ys3/123456	综合办公室	书记
ys4/123456	综合办公室	采购办
ys5/123456	计划财务处	财务处

1. 申报人申报

申报人登录系统填报项目信息，单击"校内预算申报"按钮，进行预算表申报，测试账号为 ys1，密码为 123456，如图 4.2 所示。

图 4.2　校内预算申报菜单

申报人进入路径："校内预算申报"—"基本数据表"，如图 4.3 所示。

图 4.3　校内预算申报界面 1

单击加号按钮，出现需要填写的信息，根据内容进行填写，如图 4.4 所示。

图 4.4　校内预算申报界面 2

填写完信息,单击"保存"按钮可保存,单击"保存并新增"按钮可继续新增项目信息,单击"保存并送审"按钮,即可完成项目送审,单击"打印"按钮可直接打印项目申报书,如图4.5所示。

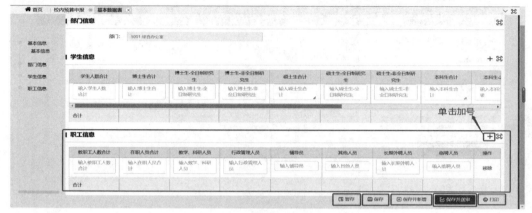

图4.5 校内预算申报界面3

单击"基本数据表"按钮,查看项目明细,如图4.6和图4.7所示。

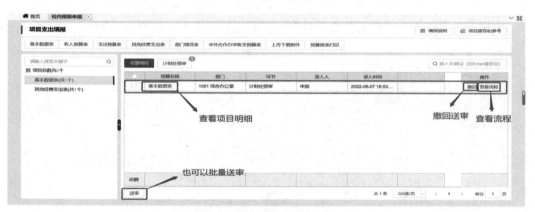

图4.6 校内预算申报界面4

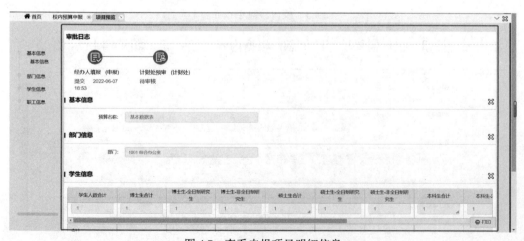

图4.7 查看申报项目明细信息

单击"查看流程"按钮,弹出审核流程图,查看项目审核进度,如图4.8所示。

图4.8 查看申报项目审核流程

选择"流程状态"选项,查看项目状态,如图4.9所示。

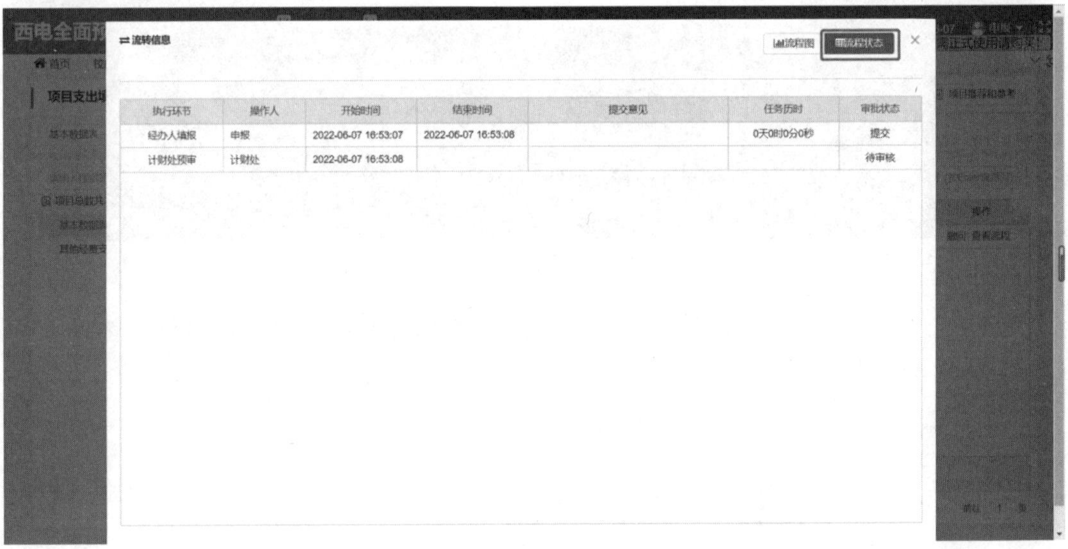

图4.9 查看申报项目审核状态

2. 预审

采购办和计财处登录系统审核项目信息,单击"校内预算审核"按钮,进入校内预算审核。采购办账号为ys4,密码为123456;计财处账号为ys5,密码为123456。

审核人进入路径:"校内预算审核"—"待审核"选项,单击"审核"按钮,弹出单据审批,填写意见,没有意见可不用填写,单击"审核通过"按钮,如图4.10和图4.11所示。

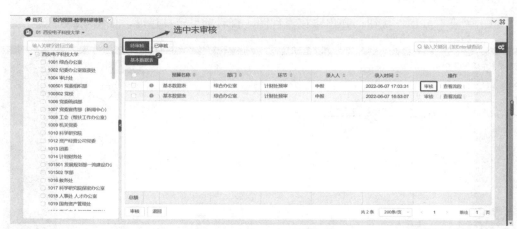

图 4.10　校内预算审核界面 1

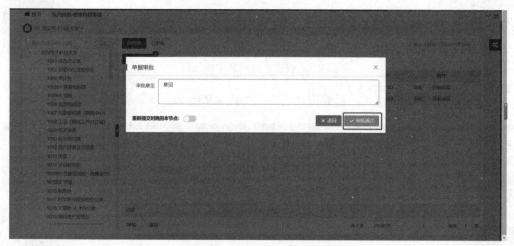

图 4.11　校内预算审核界面 2

审核通过后，选择"已审核"选项，出现刚审核通过的项目，单击"撤回"按钮即可销审，如图 4.12 所示。

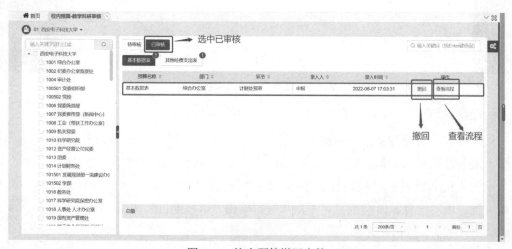

图 4.12　校内预算撤回审核

单击"查看流程"按钮,选择"流程图"选项,查看当前项目的审核进度流程图,如图 4.13 所示。

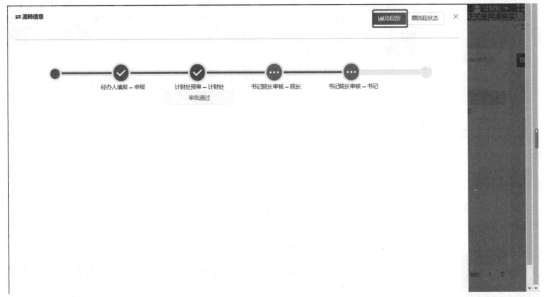

图 4.13　申报项目审核流程

选择"流程状态"选项,查看项目状态的流程状态,如图 4.14 所示。

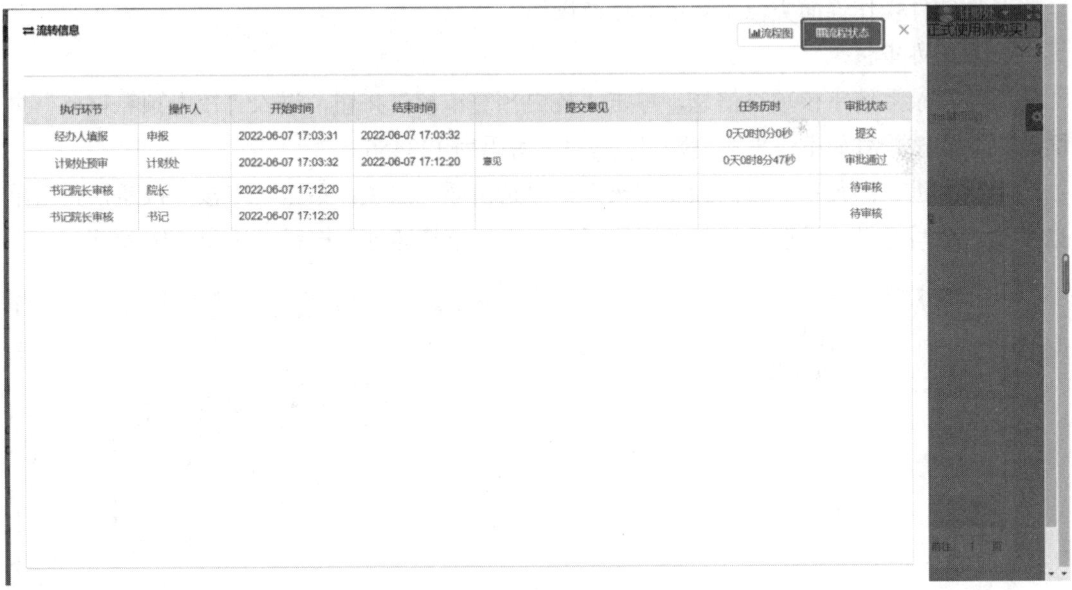

图 4.14　申报项目审核状态

3. 单位负责人审核

院长和书记登录系统审核项目信息,单击"校内预算审核"按钮,进入"校内预算审核"页面。学院和书记测试账号如下:院长账号为 ys2,密码为 123456;书记账号为 ys3,密码为 123456。

审核人进入路径："校内预算审核"—"待审核"选项，单击"审核"按钮，弹出单据审批，填写意见，没有意见可不用填写，单击"审核通过"按钮，如图4.15所示。

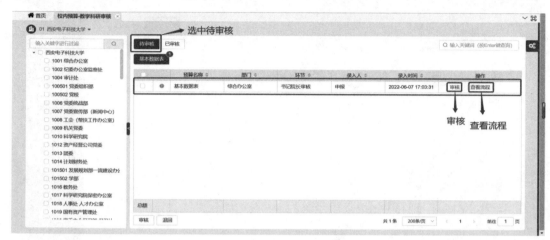

图4.15　单位负责人审核项目

审核通过后，选择"已审核"选项，显示刚审核通过的项目，单击"撤回"按钮即可销审。

单击"查看流程"按钮选择"流程图"选项，查看当前项目审核进度流程图。

选择"流程状态"选项，查看项目状态。

具体软件操作界面类似"预审"环节操作。

4. 采购办审核

采购登录系统审核项目信息，单击"校内预算审核"按钮，进入"校内预算审核"页面。采购测试账号如下：采购办账号为ys4，密码为123456。

审核人进入路径："校内预算审核"—"待审核"选项，单击"审核"按钮，弹出单据审批，填写意见，没有意见可不用填写，单击"审核通过"按钮，如图4.16所示。

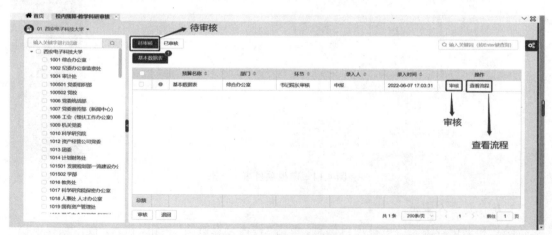

图4.16　采购办审核项目

审核通过后，选择"已审核"选项，显示刚审核通过的项目，单击"撤回"按钮即可销审。

单击"查看流程"按钮选择"流程图"选项，查看当前项目审核进度流程图。

选择"流程状态"选项，查看项目状态。

具体软件操作界面类似"预审"环节操作。

5. 计财处审核

计财处登录系统审核项目信息，单击"校内预算审核"按钮，进入"校内预算审核"页面。采购测试账号如下：计财处账号为 ys5，密码为 123456。

登录计财处的账号，选择"待审核状态"选项，单击"审核"按钮，弹出单据审批，填写意见，没有意见可不用填写，单击"审核通过"按钮，如图 4.17 所示。

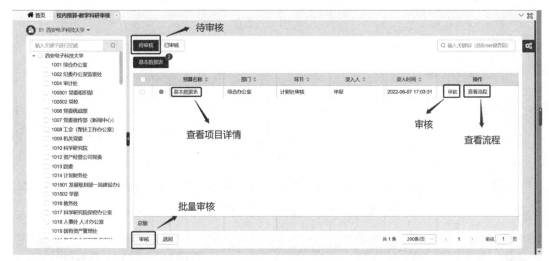

图 4.17　计财处审核项目

审核通过后，选择"已审核"选项，显示刚审核通过的项目，单击"撤回"按钮即可销审。

单击"查看流程"按钮选择"流程图"选项，查看当前项目审核进度流程图。

选择"流程状态"选项，查看项目状态。

具体软件操作界面类似"预审"环节操作。

4.1.2　财政专项预算编报

财政专项预算总体流程，如图 4.18 所示。

图 4.18　财政专项预算编报总体流程

1. 经办人申报

经办人登录系统填报项目信息，单击"财政专项申报"按钮，进行预算申报，账号为

zx01,密码为123456。

经办人登录系统申报预算,带星号的选项为必填项,进入路径:"财政专项申报"—"基本科研业务费",如图4.19所示。

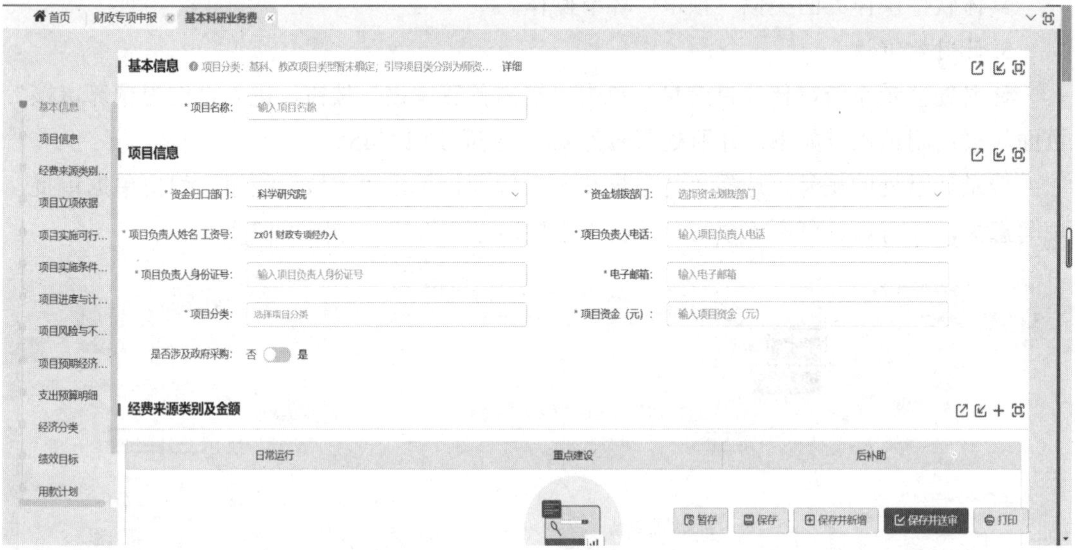

图 4.19　财政专项申报界面

系统支持导入导出功能,单击"导出"按钮进行模板导出,在模板中填写好数据保存,单击"导入"按钮,上传模板文件单击"确定"按钮导入即可,如图4.20所示。

图 4.20　财政专项申报项目数据导入导出

注:导入模板格式不可以随意修改,否则不能导入成功。

单击"新增"按钮,显示需要填写的信息,根据内容进行填写,如图4.21和图4.22所示。

图 4.21 财政专项申报数据录入界面 1

图 4.22 财政专项申报数据录入界面 2

单击"明细"按钮，弹出新增分类的弹框，根据弹框内容填写，单击"移除"按钮，删除该条信息，如图 4.23 所示。

图 4.23 财政专项申报数据编辑 1

单击"新增"按钮，根据实际情况填写经济科目，填完之后，单击"确认"按钮，即可完成新增。

单击"修改"按钮，弹出绩效目标的弹窗，按照绩效指标进行填报，单击"确认"按钮即可，如图 4.24 所示。

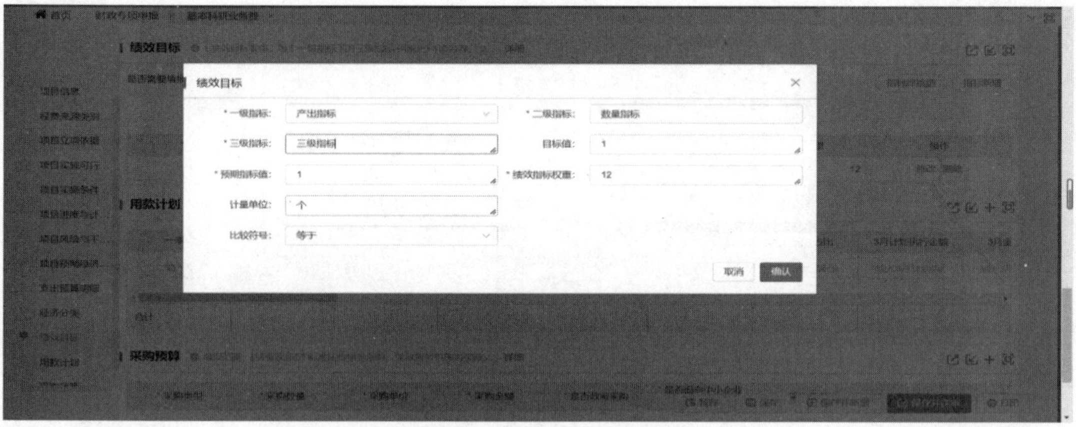

图 4.24　财政专项申报数据编辑 2

填写完信息，单击"保存"按钮，或单击"保存并新增"按钮，可继续新增项目信息；单击"保存并送审"按钮，即可完成项目送审；单击"打印"按钮，可直接打印项目申报书，如图 4.25 所示。

图 4.25　财政专项申报数据编辑 3

保存后单击"财政专项申报"按钮，显示申报完成的项目，如图 4.26 所示。

图 4.26 财政专项申报数据查看

单击"查看流程"按钮,弹出审核流程图,可查看项目审核进度,如图 4.27 所示。

图 4.27 财政专项审核流程

选择"流程状态"选项,可查看项目状态,如图 4.28 所示。

图 4.28 财政专项审核状态

2. 部门负责人审核

输入账号为 zx02，密码为 123456。进入路径选择"财政专项审核"选择，单击"审核"按钮，如图 4.29 所示。

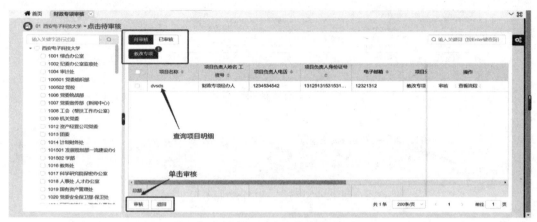

图 4.29　部门负责人审核财政专项

审核完成后单击"查看流程"按钮，弹出审核流程图，可查看项目审批进度。

选择"流程状态"选项，可查看项目状态。

具体软件操作界面和操作步骤类似"预审"环节操作。

3. 资金划拨部门审核

对于只设"归口部门"，不设"资金划拨部门"的单位，可以取消"资金划拨部门审核"操作。

输入账号为 zx03，密码为 123456。进入路径：选择"财政专项审核"选项，单击"审核"按钮，如图 4.30 所示。

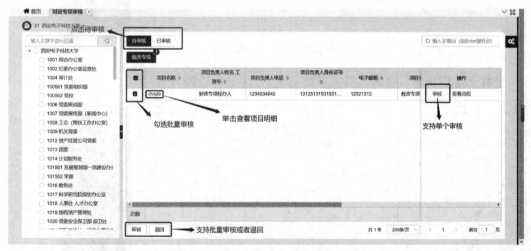

图 4.30　资金划拨部门审核财政专项

单击"审核"按钮，弹出单据审批窗口，单击"审核通过"按钮，即可审核完成。

选择"已审核"选项，显示已审核的项目，可对已审核的项目进行撤回或退回，单击"确定"按钮，即可完成操作。

审核完成后,单击"查看流程"按钮,查看审核流程图和项目审核进度。

选择"流程状态"选项,查看项目状态。

具体软件操作界面和操作步骤类似"预审"环节操作。

4. 资金归口部门审核

输入账号为 zx04,密码为 123456。进入路径:选择"财政专项审核"选项,单击"审核"按钮,如图 4.31 所示。

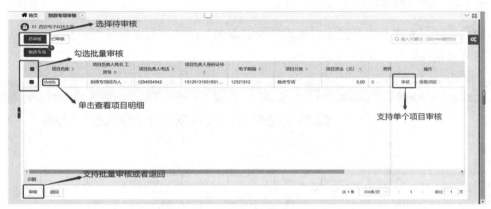

图 4.31　资金归口部门审核界面

单击"审核"按钮,弹出单据审批窗口,单击"审核通过"按钮,即可审核完成。

选择"已审核"选项,显示已审核的项目,项目审核后也可对已审核的项目进行撤回或退回,单击"确定"按钮,即可完成操作。

审核完成后,单击"查看流程"按钮,弹出项目的审核流程图,查看项目审核进度。

选择"流程状态"选项,查看项目状态。

具体软件操作界面和操作步骤类似"预审"环节操作。

5. 计财处审核

输入账号为 zx05,密码为 123456。进入路径:选择"财政专项审核"选项,单击"审核"按钮,如图 4.32 所示。

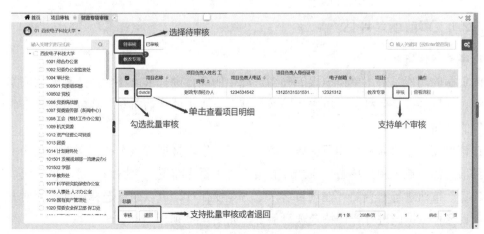

图 4.32　计财处审核界面

单击"审核"按钮，弹出单据审批窗口，单击"审核通过"按钮，项目审核后也可对已审核的项目进行撤回或退回。

审核完成后，单击"查看流程"按钮，弹出项目的审核流程图，查看项目审核进度。

选择"流程状态"选项，查看项目状态。

具体软件操作界面和操作步骤类似"预审"环节操作。

4.1.3 预算报表

校内各部门完成校内经费和财政专项预算编报，经过全部审核环节审核后，可以打印输出各预算报表，如图4.33所示。

图 4.33 各部门预算报表

4.2 绩效管理

4.2.1 事前绩效评估

1. 事前评估布置

此页面的功能是对本单位申报库和备选库中的项目进行事前评估，选择专家或第三方机构对该项目进行评估打分。单击"绩效管理"—"事前评估布置"选项进入"事前评估布置"的页面。

在该页面将项目名称、项目编码、评估方式等以表格形式展示在页面上，页面上显示的项目信息都是通过用户单击"备选库布置""申报库布置""财政下发项目"或"学校新增项目"按钮进行布置的；在项目展示上方是操作行，可以通过选择年度、评估方式或输入项目名称或编码进行查询特定项目信息，如图4.34所示。

图 4.34　事前评估布置页面

单击"备选库布置""申报库布置""财政下发项目"和"学校新增项目"按钮后，弹出对应的弹窗页面，如图 4.35 所示，在该页面选择"项目"进行布置，布置操作是将该项目信息发送至事前评估布置页面。

图 4.35　申报库布置页面

如果选择的评估方式是专家评估，则会弹出第三方机构库页面，如图 4.36 所示，选择一个或多个第三方机构后，单击"下发"按钮给第三方机构操作，则评估下发成功。

图 4.36　第三方机构库页面

2. 事前评估

此页面的功能是对事前评估布置后的项目进行评估导入或查看评估情况。单击"绩效管理"—"事前评估"按钮进入"事前评估"的页面。

在该页面将项目名称、项目编码、评估方式等以表格形式展示在页面上；项目展示上方为操作行，可选择"年度"选项，输入"项目名称"或"编码"查询特定项目信息，如图4.37所示。

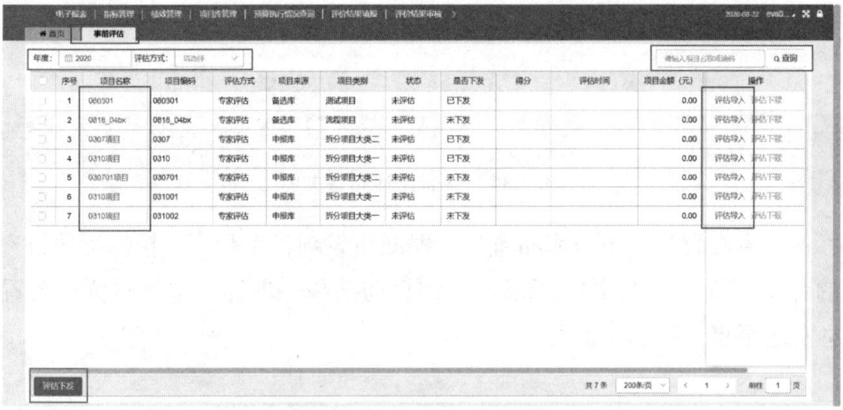

图4.37 事前评估页面

用户进入该页面后，操作栏显示"评估导入""评估下载"和"评估情况"3个选项，单击"评估情况"按钮后，弹出下发评估信息弹窗，显示专家或第三方机构的评估信息，单击"评估下载"按钮，将评估信息下载下来。

3. 学校新增项目

此功能为学校新增项目大类的项目。单击"绩效管理"—"学校新增项目"按钮进入"学校新增项目"的页面。

在该页面将项目名称、项目编码、评估方式等以表格形式展示在页面上；项目展示上方为操作行，如图4.38所示。

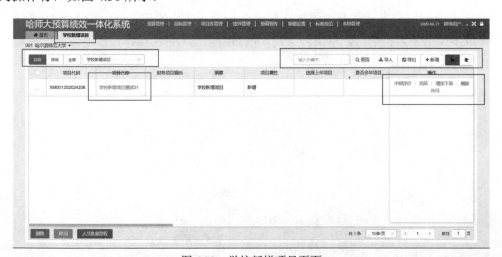

图4.38 学校新增项目页面

在操作行输入关键字查询特定项目信息;选择"启用""停用"或"全部"按钮,可查询相应状态的项目信息;选择需要导出的项目单击"导出"按钮,将该项目导出为一个 xls 文件;选择正确格式的 xls 文件进行导入,导入成功后,文件中的项目信息将显示在页面上;选择"新增"选项,弹出"新增项目"页面,输入项目的详细信息后单击"保存"按钮,即成功创建项目,单击"暂存"按钮,将填写的信息保存在新增页面上但并未创建项目,供下次直接使用;"打印"选项是将该项目信息通过打印机打印出来,如图 4.39 所示;单击"项目名称"按钮,进入"项目详情"页面,显示项目的详细信息,如图 4.40 所示。

图 4.39　学校新增项目页面

图 4.40　学校项目详情页面

在每条项目的操作栏,显示"中期评价""完结""增加下级""删除"和"停用"

选项,单击"中期评价"则会调到"绩效自评布置"页面,如图 4.41 所示,在该页面对正在执行中或已完结的项目进行绩效自评;单击"完结"按钮,则会将该项目变为已完结的项目,出现在完结库中;单击"增加下级"按钮,则会将弹出"项目新增"页面,新增的项目会成为该项目的下级项目,单击"删除"按钮,则会删除该项目;单击"停用"按钮,则会将该项目变为停用状态。

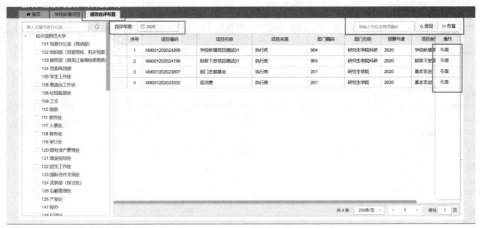

图 4.41　绩效自评布置页面

4.2.2　绩效目标管理

1. 绩效目标填报

项目申报需要在"系统管理"—"菜单管理"找到对应的项目申报菜单,单击"编辑"按钮,在菜单参数中设置需要申报的项目大类的编码,单击"项目库管理"—"项目申报"按钮,可查看设置好的项目大类的申报项目列表,"新增"按钮是在当前配置的项目大类下新增项目,单击"保存"或"保存送审"按钮,功能和预算申报的新增项目一样,如图 4.42~图 4.44 所示。

图 4.42　菜单管理设置菜单参数

图 4.43　项目申报页面

图 4.44　新增项目页面

2. 绩效目标审核

单击"项目库管理"—"部门负责人审核"进入"部门负责人审核"页面，此页面用于对走流程的单据进行审核操作，左侧列表为部门数，可根据部门筛选所属项目，右侧列表分为待审核和已审核的单据，单击具体项目大类，可查看对应项目大类下的当前登录人的待审核或待已审核单据，待审核单据可进行审核、退回、查看等操作，已审核单据可进行销审、撤回等操作，如图 4.45 所示。

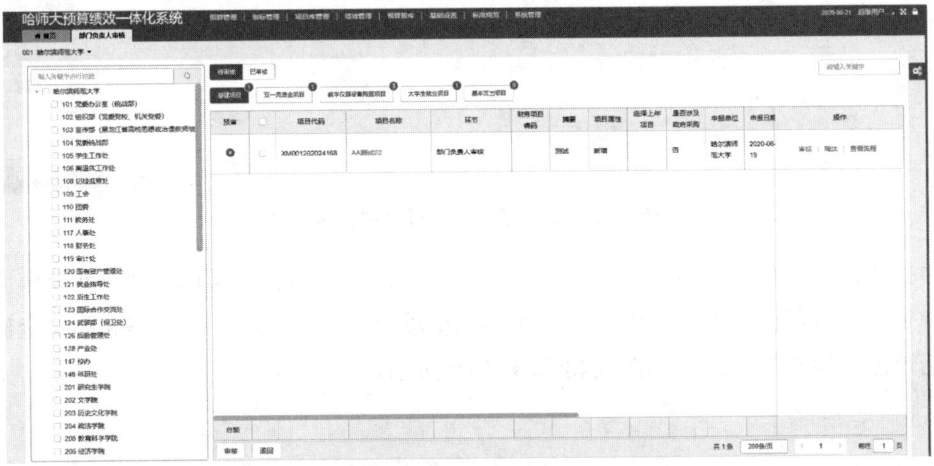

图 4.45　部门负责人审核页面

3. 部门整体支出目标填报

此页面的功能是对本单位的支出目标进行填报，由归口部门和财务处进行审核。单击"绩效管理"—"部门整体支出目标填报"按钮，进入"部门整体支出目标填报"的页面。

在该页面输入单位的基本信息、年度预算安排、年度总体目标、年度履职目标和年度绩效指标，最后单击"保存"按钮即保存本次输入信息；单击"保存并送审"按钮后则将该单位目标填报信息送审，如图 4.46 和图 4.47 所示。

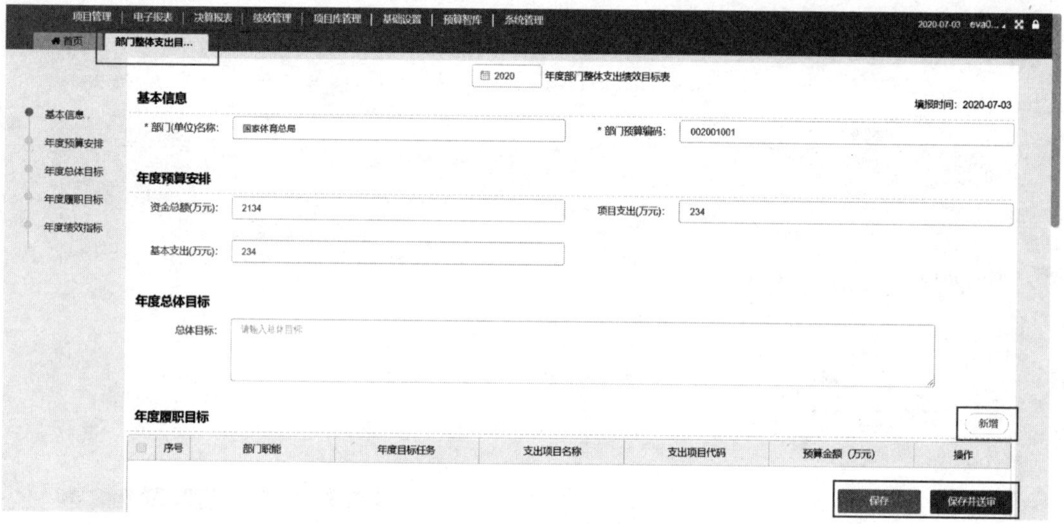

图 4.46　部门整体支出目标填报页面 1

图 4.47　部门整体支出目标填报页面 2

单击"部门整体支出目标"按钮进行年度履职目标中的新增操作，弹出新增年度履职目标弹窗，输入部门职能、年度目标任务、支出项目名称、支出项目代码和预算金额这些信息后单击"保存"按钮，如图 4.48 和图 4.49 所示。

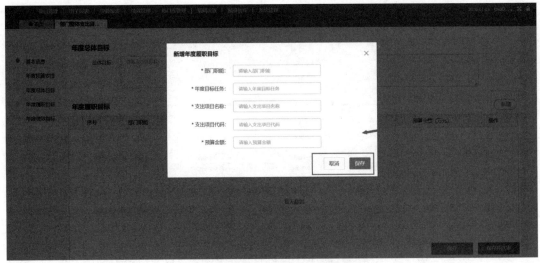

图 4.48　新增年度履职目标页面 1

图 4.49　新增年度履职目标页面 2

4. 部门整体支出目标审核

此页面是对本单位支出目标填报信息进行审核，单击"绩效目标"—"部门整体支出目标审核"按钮进入"部门整体支出目标审核"的页面。

如果是发起填报的用户即第一岗用户打开本页面，可对页面中除了部门（单位）名称和部门预算编码之外的信息进行修改；单击"审核"按钮以后，弹出项目审核弹窗，用户执行审核下一岗用户的审核或退回操作，如图 4.50 和图 4.51 所示。

图 4.50　部门整体支出目标审核页面 1

图 4.51　部门整体支出目标审核页面 2

第一岗用户单击"审核通过"按钮，可执行撤回操作，若执行撤回操作可将审核通过的支出目标信息在本岗重新进行审核，如图 4.52 所示。

图 4.52　部门整体支出目标审核页面 3

在终岗对该目标信息进行"审核"操作，"退回"则在上一岗重新审核；"审核通过"则该信息审核状态变为审核通过，且无法再执行审核和撤回操作，如图 4.53 所示。

图 4.53　部门整体支出目标审核页面——终岗（审核通过）

5. 绩效目标查询

此页面为查看本单位部门下项目的绩效目标,可查看该项目的审批流程以及项目详情,单击"绩效管理"—"绩效目标查询"按钮进入"绩效目标查询"的页面,如图4.54所示。

图 4.54　绩效目标查询页面

系统将正在送审项目通过表单的形式显示出来,通过部门树进行分类查询;可单击"项目名称"按钮进入"项目详情"页面,查看项目的审批日志、项目概况和绩效目标等,如图4.55和图4.56所示;单击"查看流程"按钮,可查看该项目流转信息,如图4.57所示。

图 4.55　项目详情页面1

图 4.56　项目详情页面 2

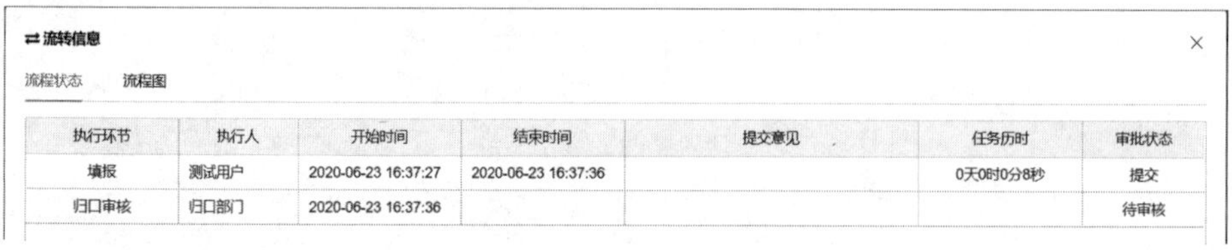

图 4.57　查看流程页面——流程状态

4.2.3　绩效监控

1. 工作布置

此页面是对本单位部门下进行的项目进行监控布置,形成待绩效监控填报的任务;适用监控正在进行中的项目目标和完成情况及资金情况等,单击"绩效管理"—"工作布置"按钮进入"工作布置"的页面。

系统将正在进行中的项目通过表单的形式显示出来,通过部门树进行分类查询;通过"待选项目"和"已选项目"按钮区分展示已监控和未监控的项目;提供模糊查询、布置监控操作;通过选择每条项目的监控操作进行布置或选中多条项目信息单击"布置监控"按钮进行批量布置;监控布置成功后的项目会在单击"已选项目"按钮下显示,如图 4.58 所示。

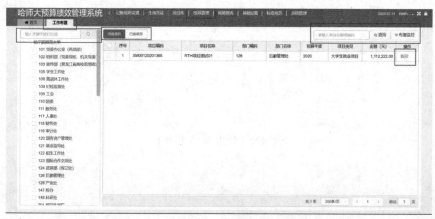

图 4.58　工作布置页面

2. 监控填报

此页面是对已被监控的部门项目进行填报录入后送审，单击"绩效管理"—"监控填报"按钮进入"监控填报"的页面，默认选中未录入操作。

系统将被监控的项目通过表单的形式显示出来，通过选择"监控年度"选项进行分类查询；提供模糊查询、录入操作；操作栏下有查看流程、录入操作，可进行查看流程和监控填报录入，在未录入操作下的页面中无法单击"查看流程"按钮，如图4.59所示。

图4.59 监控填报页面

选择"监控填报"页面的"录入"选项进入"监控填报录入"页面的第一阶段内容确认，如图4.60所示；选择"项目周期"选项，填写项目概况、实际完成情况，可修改项目单位和评价机构；完成后单击"下一步"按钮，进入"评价指标"页面，如图4.61所示，包括推荐设置、智能推荐、指标库挑选、使用案例、指标新增、指标删除操作。

图4.60 监控填报录入页面——内容确认

单击"推荐设置"按钮，弹出"推荐设置"页面，可设置指标推荐数量，如图4.62所示；单击"智能推荐"按钮，则通过算法自动配置指标；单击"指标库选择"按钮，弹出"指标库"页面，选择合适的指标；单击"指标新增"按钮，弹出"指标新增"页面，输入选项内容添加新的指标；通过选中指标单击"指标删除"按钮进行指标的批量删除，单击"上一步"按钮将返回上一阶段。

图 4.61　监控填报录入页面——评价指标

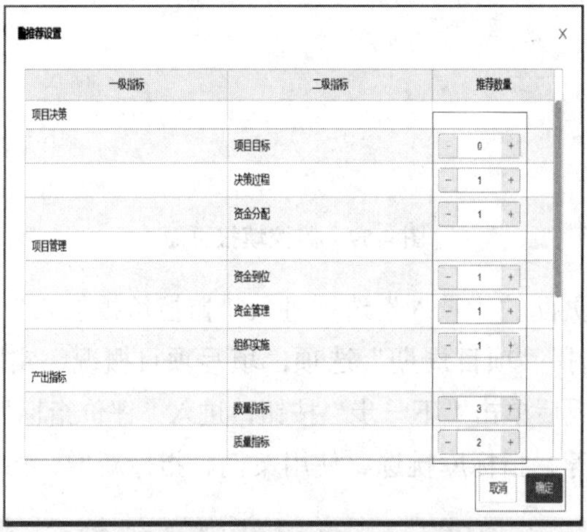

图 4.62　推荐数量设置

完成评价指标后单击"下一步"按钮进入下一阶段资金管理情况，如图 4.63 所示，根据项目具体情况输入不同性质资金的预算金额、支出金额和预算执行率，单击"下一步"按钮进入绩效目标预期完成情况阶段，单击"上一步"按钮将返回上一阶段。

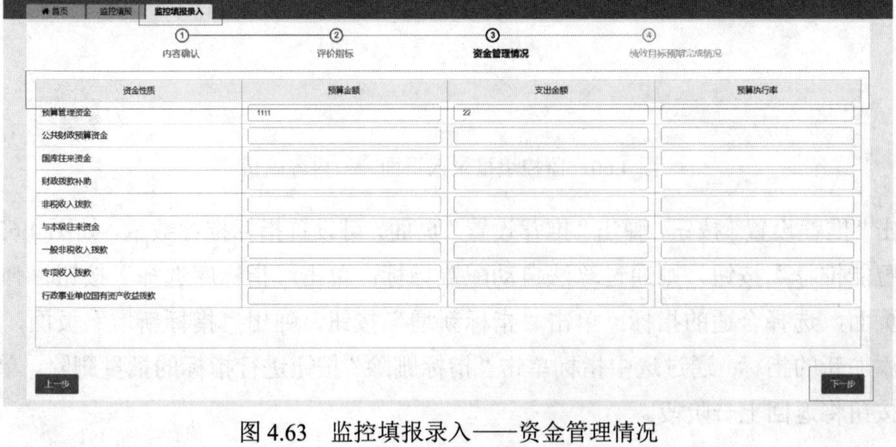

图 4.63　监控填报录入——资金管理情况

完成后进入资金管理情阶段，如图 4.64 所示，此部分有评分说明及计算过程、指标查看操作，单击"评分说明及计算过程"按钮，可查看该项目评分的计算过程及说明；选择一条三级指标后单击"指标查看"按钮，弹出显示该指标详细内容的弹窗；在佐证材料栏单击"采集"按钮上传佐证材料，通过预览操作进行查看，单击"上一步"按钮将返回上一阶段。

图 4.64　监控填报录入——绩效目标预期完成情况

最后单击"保存"按钮，保存记录本次监控填报录入的内容；单击"保存并送审"按钮，将本次填报内容保存并送到下一岗进行审核，且这两个按钮都无法再选中。

返回"监控填报"页面后，保存并送审的项目信息将在选中已录入按钮的页面下显示，操作栏有查看流程和录入操作，如图 4.65 所示，单击"查看流程"按钮，弹出流程状态页面，如图 4.66 和图 4.67 所示；单击"录入"按钮，弹出该项目正在审核中的页面，无法再次录入，只有审核被退回的项目才能再次录入送审。

图 4.65　监控填报——已录入

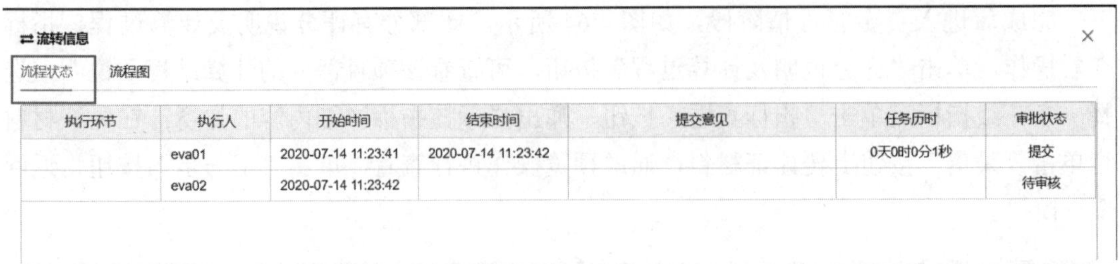

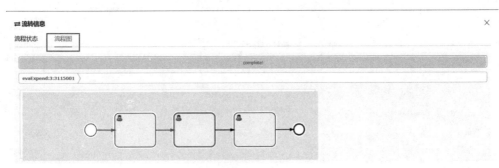

图 4.66 流转信息页面——流程状态

图 4.67 流转信息页面——流程

3. 监控审核

单击"绩效管理"—"监控审核"按钮进入"监控审核"页面,该页面是对保存送审的项目进行审核操作。项目信息以表格的形式显示出来,通过部门树进行分类查询,选择"监控年度"选项显示符合年度的项目信息,使用模糊查询搜索项目,如图4.68所示。

图 4.68 监控审核页面——待审核

打开页面默认选中"待审核"按钮,单击该按钮显示未被审核的项目信息,操作栏有审核、撤回、查看流程操作,撤回操作被禁用,单击"审核"按钮,弹出项目要审核弹窗,如图4.69所示,单击"查看流程"按钮,弹出流转信息页面,如图4.70所示。

在项目审核页面输入审核意见后,单击"退回"按钮,该项目信息显示在初始岗的监控填报已录入操作下的页面中,单击"录入"按钮,可单击修改后至最后一步的"保存"

或"保存并送审"按钮,进行重新送审;单击"审核通过"按钮,该项目审核状态变为审核通过,单击监控审核页面下的"已审核"按钮,如图 4.73 所示。

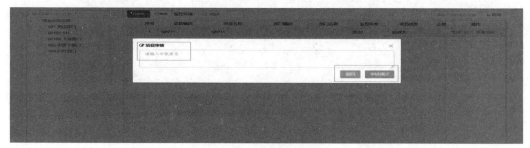

图 4.69　项目审核页面

在流转信息页面,默认选择"流程状态"选项,显示该项目的审核流程,包括每一阶段的执行人、提交意见等,如图 4.70 所示,单击"流程图"按钮,以流程图的形式将该项目的工作流程展示出来,如图 4.71 所示。

图 4.70　流转信息页面——流程状态

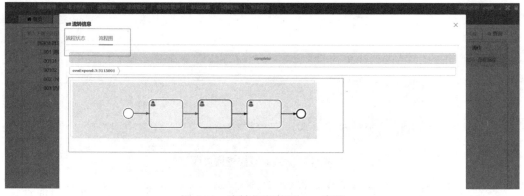

图 4.71　流转信息页面——流程

在监控审核页面单击"已审核"按钮,显示已审核完成的项目信息并以表格形式显示出来,操作栏包括撤回和查看流程操作,审核操作被禁用,选择"撤回"选项,则该项目从上一级返回到该级,如图 4.72 所示。

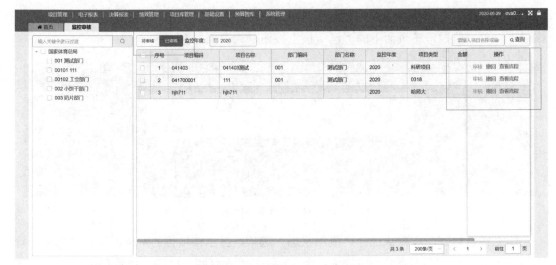

图 4.72　项目审核页面——已审核

4. 绩效监控查询

单击"绩效管理"—"绩效监控查询"按钮进入到"绩效监控查询"页面,该页面适用查看所有已被布置的项目监控审核流程。

该页面将项目信息以表格的形式显示出来,通过部门树进行分类查询,选择"监控年度"选项,显示符合年度的项目信息,可查询到所有已布置项目的目前进度状态,所使用的监控方式和目前的监控阶段,用模糊查询搜索项目即可,如图 4.73 所示。

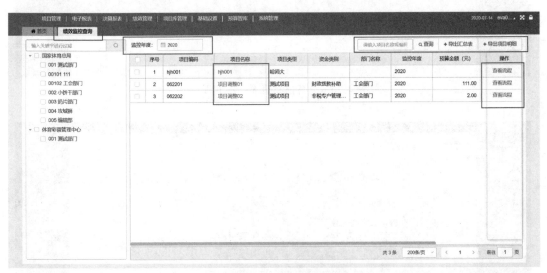

图 4.73　绩效监控查询页面

单击项目信息中的"项目名称"按钮,进入对应"项目详情"页面,在该页面查看项目管理情况的具体信息,无法修改;查看资金管理情况,可对其进行修改;查看绩效目标预期完成情况,可对每条指标的佐证材料进行采集和预览操作;查看绩效监控情况,无法对其中的信息进行修改;查看审核列表,无法修改,如图 4.74～图 4.77 所示。

图 4.74　绩效监控查询详情页面——项目管理情况、资金管理情况

图 4.75　绩效监控查询详情页面——绩效目标预期完成情况

图 4.76　绩效监控查询详情页面——绩效监控情况

图 4.77　绩效监控查询详情页面——审核列表

单击项目操作栏的"查看流程"按钮，会弹出对应流转信息页面，显示该项目的审核流程，包括每一阶段的执行人、提交意见等。在流转信息页面，默认选择"流程状态"选项，将该项目工作流程的各个信息以表格的形式显示出来，如图 4.78 所示，单击"流程图"按钮，可用流程图的形式将该项目的审核流程展示出来，如图 4.79 所示。

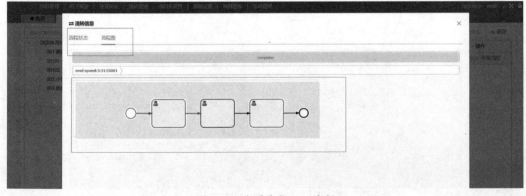

图 4.78　查看流程——流程状态

图 4.79　查看流程——流程

4.2.4 绩效自评

1. 绩效自评布置

单击"绩效管理"—"绩效自评布置"按钮进入"绩效自评布置"页面，此页面用于显示完结库和执行库中的项目列表，主要功能为布置需要进行绩效自评的项目，将布置后的项目发送到绩效自评填报页面，使其可以进行项目的自评。

该页面可以使用左侧部门树进行部门分类查询，或在自评年度输入年份查找对应年份的项目信息，以及在搜索框中输入项目名称和编号等进行模糊查询。单击单条项目后的"布置"按钮，或选中单条或多条项目单击搜索框上的"布置"按钮都可以对项目进行布置操作，如图 4.80 所示。

图 4.80　绩效自评布置页面

2. 绩效自评填报

单击"绩效管理"—"绩效自评填报"按钮进入"绩效自评填报"页面，该页面用于对已布置的项目进行绩效自评，在此页面显示待评价的项目和已评价的项目。

进入页面默认选择"待评价"选项下的项目信息，在"绩效自评布置"页面布置的项目都会发送到"待评价"选项下展示出来。"已评价"选项显示的项目信息为进行过评价操作后完成分数保存或生成报告后的项目信息，如图 4.81 所示。

图 4.81　绩效自评填报页面——待评价

单击项目操作栏下的"评价"按钮,进入"内容确认"页面进行项目的自评,显示项目名称、项目周期、项目单位等信息,除项目名称外都可进行修改。修改完成后单击"下一步"按钮,进入"评价指标"页面,如图 4.82 所示。

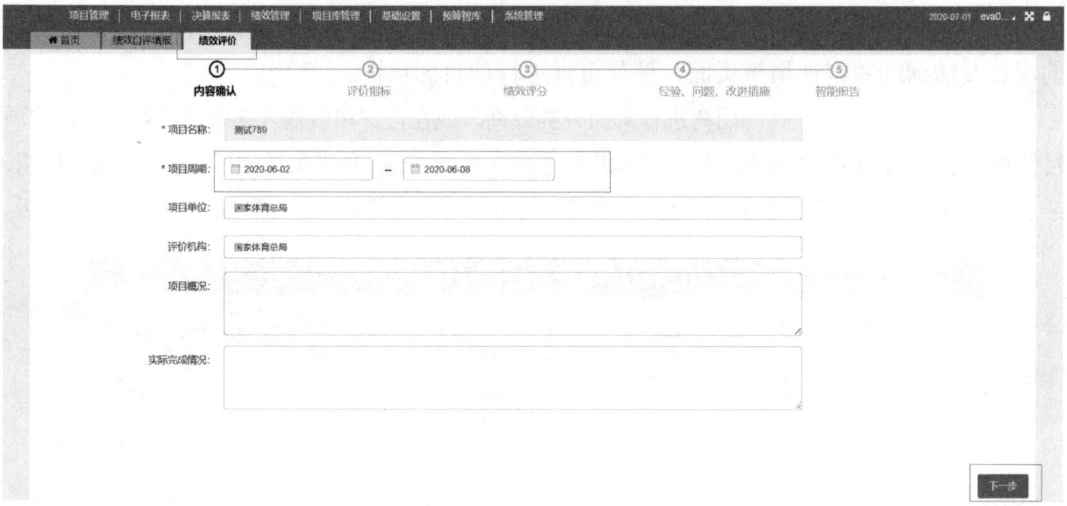

图 4.82 绩效评价页面——内容确认

在内容确认阶段单击"下一步"按钮,进入"评价指标"页面,对项目进行指标选择,功能栏包括推荐设置、智能推荐、指标库挑选、使用案例、指标新增和指标删除操作,可对指标进行不同方式的指标添加或删除,参考监控填报录入页面的指标选择。完成指标选择后单击"下一步"按钮,进入"绩效评分"页面,如图 4.83 所示。

图 4.83 绩效评价页面——评价指标

在评价指标阶段单击"下一步"按钮,如图 4.84 所示,进入"绩效评分"页面,针对指标的选择,在指标信息的"实际值"栏中输入实际分值及选择合适的评分公式得到分值,单击"保存"按钮,将该分数保存在该项目信息中。

图 4.84 绩效评价页面——评价指标

在未完成原因和改进措施栏中的输入框内输入原因；在佐证材料栏可对证明材料进行采集或预览后进入"绩效评分"页面；单击"评分说明"及"计算过程"按钮，可查看评分说明和计算过程，选中任意一条指标后单击"指标查看"按钮，弹出"我的指标"页面，显示该指标的详细信息，如图 4.85 所示。

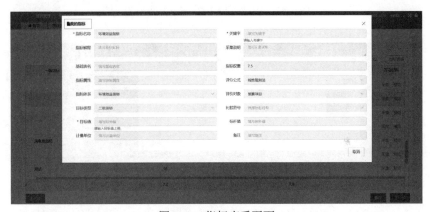

图 4.85 指标查看页面

在绩效评分阶段单击"下一步"按钮，进入"经验、问题、改进措施"页面，在该页面可填写主要经验及做法、存在的问题、建议和改进措施，如图 4.86 所示。

图 4.86 绩效评价页面——经验、问题、改进措施

在"经验、问题、改进措施"页面单击"下一步"按钮，进入"智能报告"页面，显示该页面已提前内置的自评报告模板和评价工作底稿模板，单击"完成"或"自评报告智能生成"按钮，根据模板及前阶段的指标和得分生成报告。选择"自评报告模板"和"评价工作底稿模板"选项，可上传新的模板，如图 4.87 所示；单击"自评报告内容下载"按钮，可将该报告下载在本地计算机，如图 4.88 所示。

图 4.87 绩效评价页面——智能报告

图 4.88 自评报告模板内容下载

在项目评价完成后，该条项目会显示在绩效自评填报的"已评价"按钮下，单击"项目名称"按钮，显示项目的所有评价信息及报告的页面，可对信息进行修改保存，如图 4.89～图 4.91 所示。

图 4.89 绩效自评填报页面——已评价

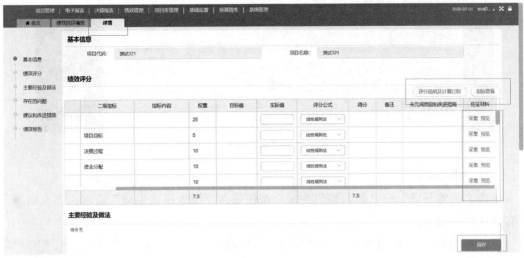

图 4.90　详情页面 1

图 4.91　详情页面 2

单击"查看流程"按钮，弹出"流转信息"页面，可查看该项目的流转状态及流程图。在"流程状态"页面可查看该项目送审的上级部门的执行人、执行环节、审批状态等信息；在"流程图页面"可查看该项目的流程图，显示该项目执行环节及目前处于的环节，如图 4.92 和图 4.93 所示。

图 4.92　流转信息页面——流程状态

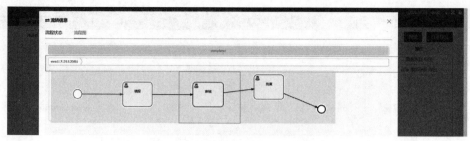

图 4.93　流转信息页面——流程图

3. 绩效报告生成

单击"绩效管理"—"绩效报告生成"按钮进入"绩效报告生成"页面,该页面显示所有已评价的项目。

可通过"搜索"按钮对项目名称和编码进行模糊查询,单击"项目名称"按钮、进入"项目详情"页面,如图 4.94 所示。单击项目操作栏的"生成报告"按钮,进入"绩效自评评价"页面,显示该项目填写过的评价信息,单击"下一步"按钮进入"智能报告"页面,单击"自评报告智能生成"或"完成"按钮生成报告,如图 4.95 和图 4.96 所示。

图 4.94　生成报告页面 1

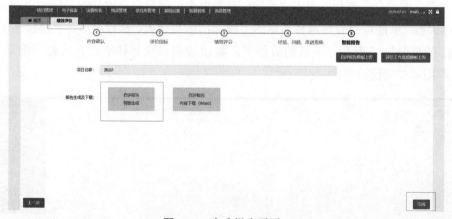

图 4.95　生成报告页面 2

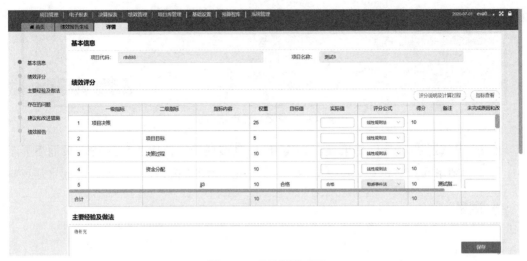

图 4.96　项目详情页面

4. 绩效自评审核

单击"绩效管理"—"绩效自评审核"按钮进入"绩效自评审核"页面，该页面用于审核项目的绩效自评填报的信息。

登录审核该项目的下一岗部门的账号后，进入该页面，该页面默认显示待审核操作下的项目信息，并以表格形式展示。可通过左侧部门树对其进行查询，每条项目都可单击"项目名称"按钮进入"项目自评详情"页面，查看该项目自评信息，如图 4.97 所示。

图 4.97　绩效自评审核页面

选择"项目和评估方式（专家评估）"选项，单击"评估下发"按钮。

如果选择的评估方式是专家评估，将弹出"第三方机构库"页面；选择一个或多个第三方机构后，单击"下发给第三方机构"按钮，则评估下发成功。

单击"审核"按钮，弹出"项目审核"页面，显示审核意见输入框，以及退回和审核通过操作，如图 4.98 所示。

图 4.98　绩效自评审核页面

单击"审核通过"按钮,如果该岗为终审岗,且该项目在该岗的"已审核"页面下显示,操作栏变为销审和查看流程,如图 4.99 所示,单击"销审"按钮,可在该岗进行重新审核。

项目代码	项目名称	项目类型	创建时间	操作
rth888	测试8	财政项目	2018-12-21 01:08:56	销审 ｜ 查看流程

图 4.99　绩效自评审核——已审核(为终审岗)

如果该岗不为终审岗,则该项目在该岗的"已审核"页面下显示,操作栏变为撤回和查看流程,如图 4.100 所示,单击"撤回"按钮,可在该岗进行重新审核。

项目代码	项目名称	项目类型	创建时间	操作
rth888	测试8	财政项目	2018-12-21 01:08:56	撤回 ｜ 查看流程

图 4.100　绩效自评审核——已审核(不为终审岗)

单击"退回"按钮,如果该岗为第一岗审核,则该项目在"绩效自评填报"页面的"已评价"选项下的操作变为送审、重新评价、查看流程、和导出,单击"送审"按钮,则重新送审到下一岗进行审核,如图 4.101 所示。

图 4.101　绩效自评填报——退回(第一岗审核)

单击"退回"按钮,如果该岗不为第一岗审核,则该项目退回至上一岗进行重新审核,如图 4.102 所示。

项目代码	项目名称	项目类型	创建时间	操作
rth888	测试8	财政项目	2018-12-21 01:08:56	审核 ｜ 查看流程

图 4.102　绩效自评审核——退回(不为第一岗审核)

5. 绩效自评查询

单击"绩效管理"—"绩效自评查询"按钮进入"绩效自评查询"页面,该页面用于查询项目的绩效自评结果。

在该页面显示所有已评价的项目信息，如项目名称、项目编号、项目金额等以表格形式将其展示出来，可以通过部门树进行分类查询；使用"查询"按钮进行模糊查询，单击项目名称会出现项目详情页面，如图 4.103 和图 4.104 所示。

图 4.103　绩效自评查询页面

图 4.104　项目详情页面

6. 部门整体支出评价填报

单击"绩效管理"—"部门整体支出评价填报"按钮进入"部门整体支出评价填报"页面，该页面用于对单位整体支出进行填报送审，在页面上输入单位的基本信息、年度总体目标完成情况、财政资金安排和使用情况、年度绩效指标完成情况，如图 4.105 所示。

图 4.105　部门整体支出评价填报页面

如果该单位已经提交审核，则无法对其进行保存或保存并送审。未送审的单位则可以对这些信息进行添加修改。该页面提供"保存"和"保存并送审"选项，"保存"选项只将信息保存在该页面不送审到下一岗，"保存并送审"选项则是将该单位信息送审到下一岗进行审核，如图 4.106 所示。

图 4.106　部门整体支出评价审核页面

单击"保存并送审"按钮，该部门整体支出绩效自评信息会送审到每一岗的"部门整体支出评价审核"页面，在该页面的单位栏中显示已送审或未送审的单位，已送审的单位后会有"审核中"状态。

填报人在"部门整体支出评价审核"页面对审核中的部门整体支出自评信息进行"审核"和"撤回"操作。执行"审核"操作，即在下一岗的"部门整体支出评价审核"页面对该信息进行审核操作；审核完成后，可使用"撤回"操作从下一岗中返回到这一岗，进行重新审核，如图 4.107 所示。

图 4.107 部门整体支出评价审核页面——撤回

在终审岗的"部门整体支出评价审核"页面,选中该单位,对其部门整体支出评价信息进行审核,审核通过后,左侧单位栏中的该单位会变成绿色并从"审核中"状态改为"审核通过"状态,如图 4.108 所示。

图 4.108 部门整体支出评价审核页面——终审

4.2.5 重点项目评价

1. 下发绩效评价项目

单击"绩效管理"—"下发绩效评价项目"按钮进入"下发绩效评价项目"页面,该页面用于对展示下发的绩效评价项目,在页面上显示项目的项目编码、项目名称、委托方式等。

项目展示列上方为操作行,可以选择评价类型、委托方式、下发状态和评价年份进行项目查询,输入项目名称可进行模糊查询,单击"新增"按钮可添加该项目,选中多个项目单击"删除"按钮可进行批量删除。项目展示列的操作栏中包括修改、删除和查看操作,单击"修改"按钮进入"项目详情"页面,可修改项目信息、重点项目和下发机构等;单击"删除"按钮可删除此项目,如图 4.109 所示。

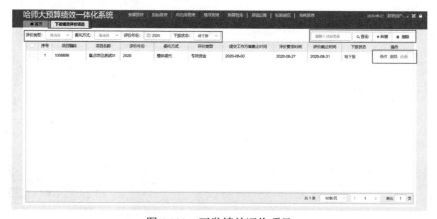

图 4.109 下发绩效评价项目

单击"新增"按钮,弹出"项目新增"页面,在该页面项目概况中填写项目信息;在重点项目列表中,单击"添加完结库项目"或"添加执行库项目"按钮,可添加该库中的项目到重点项目列表中,如图 4.110 和图 4.111 所示;在中介机构列表中选择"下发中介机构"按钮,弹出第三方机构页面,在该页面选择第三方机构进行下发,如图 4.112 所示。

图 4.110　新增项目页面 1

图 4.111　新增项目页面 2

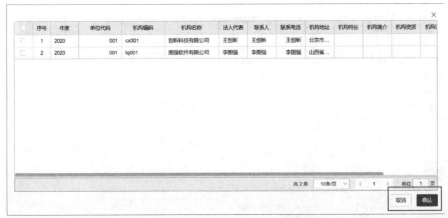

图 4.112　第三方机构页面

2. 重点项目评价

单击"绩效管理"—"重点项目评价"按钮进入"重点项目评价"页面，该页面用于对下发的重点项目进行审核，在页面上显示项目的项目编码、项目名称、委托方式等，如图 4.113 所示。

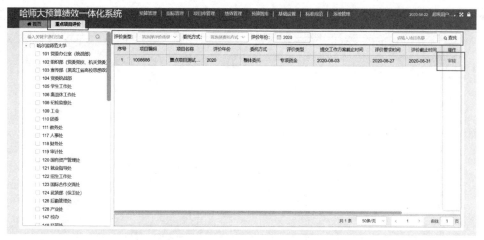

图 4.113　重点项目评价页面

在该页面操作行选择评价类型、委托方式和评价年份可以查找出指定项目，在输入框中输入项目名称可进行模糊查询；在项目列的操作栏中有审核操作，单击该操作进入"审核"页面，如图 4.114 所示，展示该项目的信息；单击该页面的"审核"按钮，弹出"项目审核"页面，如图 4.115 所示，输入审核意见后保存意见即可。

图 4.114　审核意见页面

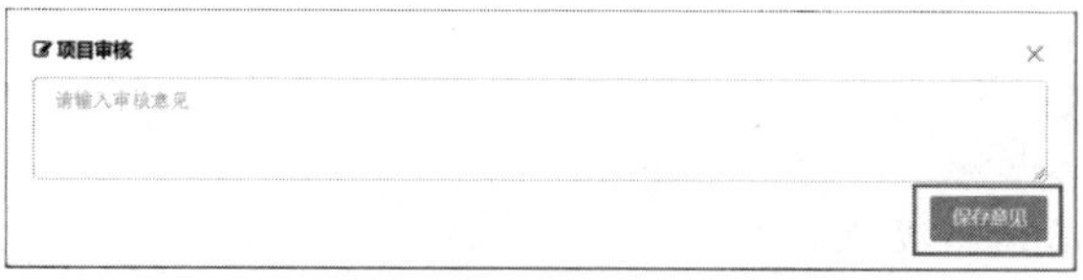

图 4.115　项目审核页面

3. 重点项目查询

单击"绩效管理"—"重点项目查询"按钮进入"重点项目查询"页面，该页面用于对下发的重点项目进行审核，在页面上显示项目的项目编码、项目名称、委托方式等，如图 4.116 所示。

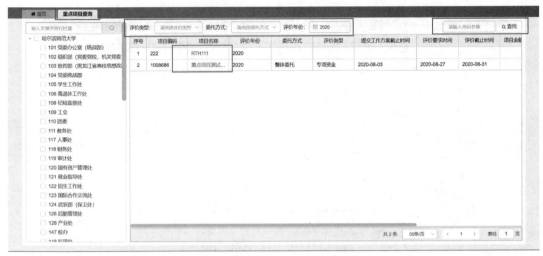

图 4.116　重点项目查询页面

在该页面操作行选择评价类型、委托方式和评价年份可以查找出指定项目，在输入框中输入项目名称进行模糊查询；单击"项目名称"按钮，进入"重点项目详情"页面，可查看项目详细信息，如图 4.117 所示。

图 4.117　重点项目详情页面

4.2.6　结果应用

1. 预算绩效管理工作情况表

单击"绩效管理"—"预算绩效管理工作情况表"按钮进入"预算绩效管理工作情况

表"页面，在该页面显示所有工作事项的完成情况，如工作事项、涉及部门数量、项目数量、涉及金额等信息并以表格形式展示出来，左侧"部门树"和"年度"选项可以进行分类查询，如图 4.118 所示。

图 4.118　预算绩效管理工作情况表页面

2. 过程监督应用

单击"绩效管理"—"过程监督应用"按钮进入"过程监督应用"页面，在该页面显示各项目的绩效完成情况，如项目编码、项目名称、金额、单位编码、阶段状态、执行过程预警等并以表格的形式展示出来，选择"部门树"和"年度"选项进行分类查询，用"模糊查询"对项目名称进行查询，如图 4.119 所示。

图 4.119　过程监督应用页面

3. 绩效评价统计表

单击"绩效管理"—"绩效评价统计表"按钮进入"绩效评价统计表"页面，在该页面显示项目绩效评价的比例,通过"部门树"和"年度"选项进行分类查询,项目绩效评价的比例按照项目的数量和金额进行划分,如图4.120所示。

图 4.120　绩效评价统计表界面

4. 评价结果填报

单击"绩效管理"—"评价结果填报"按钮进入"评价结果填报"页面,在该页面显示评价结果页面下发的部门信息,如图4.121和图4.122所示。

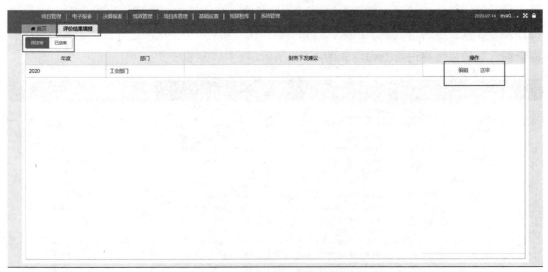

图 4.121　评价结果填报

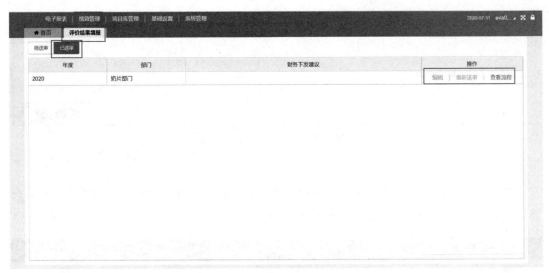

图 4.122　评价结果填报——已送审

进入该页面，默认选择待送审操作，显示下发的部门信息，如年度、部门、财务下发建议、问题总结和后续改进措施。操作栏中包括编辑和送审操作，单击"编辑"按钮进入"编辑"页面，如图 4.123 和图 4.124 所示，在该页面可修改财务下发建议；单击"送审"按钮，将该部门信息发送至下一岗的"评价结果审核"页面，单击"已送审"按钮，显示已送审的部门信息，操作栏包括编辑、重新送审和查看流程，已送审的部门信息无法选择"编辑"和"重新送审"选项，单击"查看流程"按钮，可查看该部门信息的审批流程；审核退回来的部门信息可进行编辑后重新送审。

图 4.123　评价工作完成情况编辑页面 1

图 4.124　评价工作完成情况编辑页面 2

5. 评价结果审核

单击"绩效管理"—"评价结果审核页面"按钮进入"评价结果审核页面"页面，在该页面显示送审过来的部门信息，如图 4.125 所示。

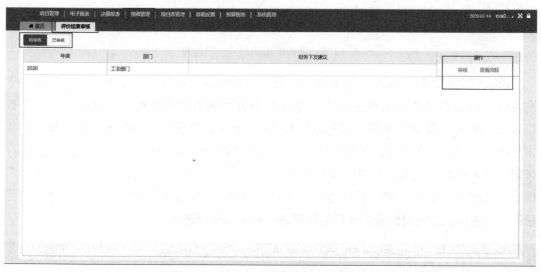

图 4.125　评价结果审核页面——待审核

在该页面对送审过来的部门信息进行操作，操作栏中包括审核和查看流程操作，单击"审核"按钮，弹出"项目审核"窗口，如图 4.126 所示，在该页面输入意见批示、预算奖惩结论和对政策调整的意见后，单击"退回"按钮，将该信息退回至上一岗，单击"送审"按钮，将该信息送审至下一岗，无论是"退回"还是"审核通过"的部门信息都会显示在第二岗的"已审核"选项的页面中，在"已审核"页面，如图 4.127 所示，部门信息的操作栏包括撤回和查看流程操作，该岗将部门信息送审至下一岗后，才能单击"撤回"按钮，否则"置灰"无法被单击；单击"查看流程"按钮，可查看该部门信息送审流程，如图 4.128 和图 4.129 所示。

图 4.126 项目审核页面

图 4.127 评价结果审核页面——已审核

图 4.128 流转信息页面——流程状态

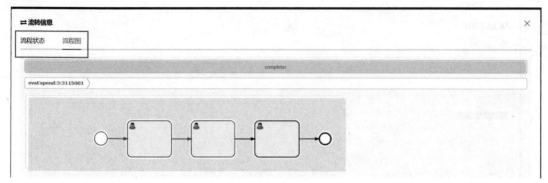

图 4.129　流转信息页面——流程

在最后一岗的"评价结果审核"页面，送审过来的部门信息经审核通过后，该部门信息显示在"已审核"页面中，操作栏中包括终审撤回和查看流程操作；单击"终审撤回"按钮，将该部门信息撤回至上一岗重新送审，单击"查看流程"按钮，可查看送审流程，如图 4.130 所示。

图 4.130　评价结果审核页面——已审核（终审）

6. 绩效评价应用

单击"绩效管理"—"绩效评价应用"按钮进入"绩效评价应用"页面，在该页面显示每个项目的自评结果和自评报告。在绩效自评填报页面进行评价后的项目信息会在此页面进行显示。通过"部门树"和"自评年度"进行分类查询；对项目名称进行模糊查询操作；每条项目信息可单击"下载"按钮，将自评报告下载到本地计算机，如图 4.131 所示。

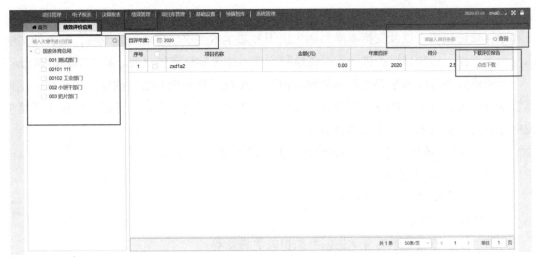

图 4.131　绩效评价应用页面

实践题

1. 财政专项预算申报资料

1）专项名称

材料科学与工程一级学科建设专项。

2）项目立项依据

材料科学与工程学科建设涵盖范围广，内容体系庞大，是高等教育事业发展的核心和关键。在 2017 年全国第四轮学科评估中，A 校的材料科学与工程学科位列 C+ 档。因此，为全面贯彻落实党的十九大精神，认真学习国务院颁布的《统筹推进世界一流大学和一流学科建设总体方案》和 A 校第十二次党代会精神，以及持续推进本学科的内涵式发展，加快材料科学与工程学科向世界一流学科建设的进程，提升学院科技创新能力；同时，也为支撑 A 校"三个一流"建设总体方案，并结合学院当前学科建设和发展较为薄弱的实际情况，经研究亟须设立该项目。

该项目的有效实施，将驱动本学科在师资队伍建设、拔尖创新人才培养、提升学科自主创新和服务社会能力，以及文化传承创新和学科国际化等方面有量化指标的产出，从而形成学科建设、人才培养、服务社会和文化传承的良性循环，并有力促进我国高等教育事业的发展。

3）项目实施可行性分析

材料科学与工程学科以"建设成世界一流学科"为总体目标，以"大平台、大团队、大项目、大成果、大服务"为建设方向。它主要通过机制体制改革，激发内生动力；加强人才引进，重点培育、扶持青年人才及创新团队；购买先进实验仪器，推进科研平台建设；促进技术转移与成果转化；坚持"请进来，走出去"，搭建国际交流与合作平台；改善教学、科研办公环境，提高工作效率等方面开展。

本项目的专项资金用于支持学科软环境建设、学科交流和学科文化建设，包括：人才队伍建设、承办或参加学科发展密切相关的论坛或会议，开展学科建设相关调研及咨询论证和学科宣传交流，以及支持本学科师生出国参加学术会议、申请国际专利、发表外文学术专著等工作。该项目旨在进一步凝练学科方向、加强学科宣传交流、扩大学科影响力。

专项资金预算经本学科论证和调研，按照《A校预算管理办法（试行）》和《A校预算管理办法实施细则（试行）》进行详细预算，各项支出明细合理、规范，符合《高等学校财务制度》和A校各项财务管理规定。

4）项目实施条件、项目实施建设的主要内容及整体预算情况

（1）拔尖创新人才培养。

子活动：支持学生参与学科竞赛。

预算金额：2万元。

开展工作：遴选若干优秀学生，参加相关学科竞赛。

预算测算：竞赛相关仪器设备及书籍资料购置1万元，交通补贴等费用1万元，合计2万元。

（2）实验室安全运行维护。

子活动1：设备购置。

预算金额：3万元。

开展工作：实验室设备购置。

预算测算：各类设备采购共计3万元。

子活动2：设备维护。

预算金额：2万元。

开展工作：实验室设备维护。

预算测算：各类耗材采购1万元，工程师检测维修费1万元，合计2万元。

子活动3：实验室改造。

预算金额：3万元。

开展工作：实验室改造建设。

预算测算：各类改造耗材采购1万元，建设费用2万，合计3万元。

子活动4：实验材料。

预算金额：2万元。

开展工作：实验中所需材料耗材。

预算测算：实验所需材料共计2万元。

（3）学科建设与专业建设。

预算金额：5万元。

开展工作：学科建设及专业建设。

预算测算：组织专家评审及咨询费3.5万元；相关资料打印、装订费1.5万元。

（4）文化传承创新。

子活动：本学科文化软环境建设。

预算金额：3 万元。

开展工作：进行学科文化建设，加强对外宣传；组织师生活动，营造良好学科文化氛围；改善工作环境，提升工作效率。

预算测算：学院网站建设及日常运营维护 0.4 万元，新媒体建设及日常运营维护 0.1 万元，小计 0.5 万元；制作文化墙、对外宣传材料 0.5 万元；开展师生文体活动 2 次，每次 0.5 万元，小计 1 万元；改善工作环境，购置必要办公设备 0.5 万元，教师及行政办公室空调等设备维修 0.5 万元，小计 1 万元。

5）项目进度与计划安排

项目各子活动将按照实际情况于全年内实施，计划于 2022 年 6 月底执行完成 50% 经费，9 月底执行完成 75% 经费，12 月底执行完成 100% 经费。

6）项目风险与不确定性分析

本项目从培养拔尖创新人才、学科建设及评估、文化传承创新、实验室平台维护升级 4 个方面开展工作。大部分工作具有成熟的规章制度和操作流程，前期准备较为充分，基本不存在风险。针对可能会出现未达到预期成果的情况，学院将加强项目管理和引导工作，最大限度提高项目完成度，保障项目完成质量。为确保项目顺利实施，达到预期效果，学院将定期进行项目中期检查，并根据检查结果及时调整经费使用计划。

7）项目预期经济社会效益

（1）学院科研能力显著增强。

（2）通过改善办学环境，资助学生国际交流与合作，进一步提高人才培养质量。

（3）材料科学与工程学科基本科学指标数据库（essential science indicators，ESI）排名阈值提升至 70%。

（4）发表美国《科学引文索引》（science citation index，SCI）论文不少于 30 篇，其中 1 区文章不少于 4 篇，影响因子大于 10 的文章不少于 2 篇。

（5）申请/授权专利不少于 10 项。

8）支出预算明细

支出事项描述	任务描述	数量/频率	价格标准/元	计划支出金额/元
人才培养	支持学生参与学科竞赛	2	5 000.00	10 000.00
人才培养	学科培养方案修订评审费	20	500.00	10 000.00
实验室安全运行维护	设备购置	3	10 000.00	30 000.00
实验室安全运行维护	实验室改造	2	15 000.00	30 000.00
实验室安全运行维护	实验耗材	4	5 000.00	20 000.00
实验室安全运行维护	维修费	2	10 000.00	20 000.00
学科建设及专业建设	其他交通费：市内交通费	10	500.00	5 000.00
学科建设及专业建设	印刷费、装订费	10	1 000.00	10 000.00
学科建设及专业建设	劳务费	10	500.00	5 000.00
学科建设及专业建设	评审费	10	3 000.00	30 000.00
本学科文化软环境建设	学院网站建设及日常运营维护	1	4 000.00	4 000.00

续表

支出事项描述	任务描述	数量/频率	价格标准/元	计划支出金额/元
本学科文化软环境建设	新媒体建设及日常运营维护	1	1 000.00	1 000.00
本学科文化软环境建设	文化墙建设及宣传材料印发	2	2 500.00	5 000.00
本学科文化软环境建设	师生文化活动	2	5 000.00	10 000.00
本学科文化软环境建设	办公费：用于购置正常运行办公用品	2	2 500.00	5 000.00
本学科文化软环境建设	办公环境改善及设备维修费	1	5 000.00	5 000.00

9）绩效目标

围绕国家发展战略、区域发展、产业需求的需要进一步凝练学科方向，打造出有区域特色和产业支撑的学科建设格局，在区域重点产业细分领域形成学科特色。

（1）学科体系进一步优化，特色与优势进一步凸显，学科评估进入 B 序列。

（2）实现 SCI 论文发表 ≥ 30 篇。

（3）新增中外合作办学项目 1 个。

（4）新增国家级人才。

（5）财政资金使用序时完成。

2. 财政专项预算申报操作

（1）财政专项申报人单击"财政专项申报"按钮，在申报项目中填写项目申报信息，包括项目名称、项目负责人、专项类型、支预算项、支出经济分类、项目绩效目标等。

项目名称：材料科学与工程一级学科建设专项。

项目金额：20 万元。其中，31003 专用设备购置费 3 万元。

项目负责人身份证号：120104********1518。

（2）按审核工作流，由分管处室、财务处分别审核。

3. 绩效管理操作

2021 年"材料科学与工程一级学科建设专项"被执行后，2022 年 4 月份，对专项资金绩效情况进行自评。

（1）单击"绩效管理"—"绩效自评布置"按钮，选择"材料科学与工程一级学科建设专项"选项，单击"布置"按钮（该专项在预算批复后，需要在指标管理系统生成项目预算指标）。

（2）单击"绩效管理"—"绩效自评填报"按钮，选择"材料科学与工程一级学科建设专项"选项，单击"评价"按钮，按系统提示输入绩效评分、经验总结等内容，完成绩效自评报告。

第四部分
报销、核算、归档一体化篇

报销、核算、归档一体化篇以北方市中医院为例,介绍具体财务报销、会计核算、会计档案归档一体化应用方案和软件操作。

第5章 报销、核算、归档一体化应用方案

在完成预算编制后,系统会确定各项支出的预算指标,通过预算指标管理系统实现对预算指标的增加、修改、删除等编辑工作。预算指标直接控制预算执行环节的财务报销、会计核算。在财务报销环节,对会议费、差旅费、咨询费等各类型的费用,可设定是否需要费用申请。如果需要费用申请,则费用申请被批准后,办理费用报销;如果不需要费用申请,则直接进行费用报销。

费用报销单通过审核后,由财务处审核会计在报销系统生成记账凭证。在账务处理系统进行审核、记账、查询;在电子报表系统生成资产负债表;在电子会计档案系统进行会计档案归档。

5.1 政府会计概述

根据国际会计准则委员会的规定,政府会计指用于确认、计量、记录和报告政府和事业单位财务收支活动及其受托责任履行情况的会计体系。它是一门用于确认、计量、记录政府受人民委托管理国家公共事务和国家资源、国有资产的情况,报告政府公共财务资源管理的业绩及履行受托责任情况的专门会计。

政府会计内容包括三部分,概括起来为"一项制度,两个体系"。即政府会计准则体系、政府会计制度体系和政府财务报告制度。

政府会计有3个特征。一是政府单位执行统一规范的政府会计准则和会计制度。即无论是政府的行政部门、非行政部门或其构成实体等,执行的准则和制度是统一的,不是分类的。另外,所有政府单位使用的政府性资金和管理的政府性资产,所有的政府活动形成的财政资源和财政责任,都要纳入政府会计的核算和管理。二是实行政府财务报告制度。政府财务报告制度全面、系统地反映财政预算执行和政府单位的财务活动及财务状况,综合披露政府及政府单位的资产、负债和净资产的真实信息。三是提供科学有效的政府会计信息。政府会计全面、系统、准确地反映政府资产负债状况、政府预算执行情况及政府的各类经济活动状况,这些科学有效的信息有利于立法机关对政府的监督,有利于强化政府的会计责任，有利于政府自身的科学民主决策，有利于推进宏观经济管理。

2014年，《国务院关于批转财政部权责发生制政府综合财务报告制度改革方案的通知》（国发〔2014〕63号）（以下简称《改革方案》）发布后，财政部加快推进政府会计标准体系建设，先后发布了《政府会计准则——基本准则》（以下简称《基本准则》）和若干具体准则、《政府会计制度》等一系列准则制度，政府会计准则制度体系基本完善，自2019年1月1日起正式施行。

1. 新会计制度的变化与创新

新会计制度继承了多年来我国行政事业单位会计改革的有益经验，反映了当前政府会计改革发展的内在需要和发展方向，相对于现行制度有以下重大变化与创新。

1）重构了政府会计核算模式

在系统总结和分析传统单系统预算会计体系的利弊基础上，新会计制度按照《改革方案》和《基本准则》的要求，构建了"财务会计和预算会计适度分离并相互衔接"的会计核算模式。所谓"适度分离"，指适度分离政府预算会计和财务会计功能、决算报告和财务报告功能，全面反映政府会计主体的预算执行信息和财务信息。主要体现在3个方面：一是"双功能"，在同一会计核算系统中实现财务会计和预算会计双重功能，通过资产、负债、净资产、收入、费用5个要素进行财务会计核算，通过预算收入、预算支出和预算结余3个要素进行预算会计核算。二是"双基础"，财务会计采用权责发生制，预算会计采用收付实现制，国务院另有规定的，依照其规定。三是"双报告"，通过财务会计核算形成财务报告，通过预算会计核算形成决算报告。所谓"相互衔接"，指在同一会计核算系统中，政府预算会计要素和相关财务会计要素相互协调，决算报告和财务报告相互补充，共同反映政府会计主体的预算执行信息和财务信息。主要体现在：一是对纳入部门预算管理的现金收支进行"平行记账"。对于纳入部门预算管理的现金收支业务，在进行财务会计核算的同时也应当进行预算会计核算。对于其他业务，仅需要进行财务会计核算。二是财务报表与预算会计报表之间存在勾稽关系。通过编制"本期预算结余与本期盈余差异调节表"并在附注中进行披露，反映单位财务会计和预算会计因核算基础和核算范围不同所产生的本年盈余数（即本年收入与费用之间的差额）与本年预算结余数（本年预算收入与预算支出的差额）之间的差异，从而揭示财务会计和预算会计的内在联系。这种会计核算模式既兼顾现行部门决算报告制度的需要，又满足部门编制权责发生制财务报告的要求，对规范政府会计行为、夯实政府会计主体预算和财务管理基础、强化政府绩效管理具有深远的影响。

2）统一了现行各项单位会计制度

新会计制度有机整合了《行政单位会计制度》《事业单位会计制度》和医院、基层医疗卫生机构、高等院校、中小学校、科学事业单位、彩票机构、地勘单位、测绘单位、林业（苗圃）等行业事业单位会计制度的内容。在科目设置、科目和报表项目说明中，一般情况下，不再区分行政和事业单位，也不再区分行业事业单位；在核算内容方面，基本保留了现行各项制度中的通用业务和事项，同时根据改革需要增加了各级各类行政事业单位的共性业务和事项；在会计政策方面，对同类业务尽可能做出同样的处理规定。会计制度的统一，大大提高了政府各部门、各单位会计信息的可比性，为合并单位、部门财务报表和逐级汇总编制部门决算奠定了坚实的制度基础，如图 5.1 所示。

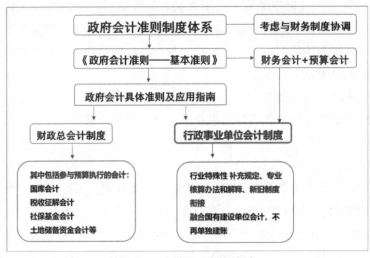

图 5.1　政府会计制度体系

3）强化财务会计功能

新会计制度在财务会计核算中全面引入了权责发生制，在会计科目设置和账务处理说明中着力强化财务会计功能。例如：增加了收入和费用两个财务会计要素的核算内容，并在原则上要求按照权责发生制进行核算；增加了应收款项和应付款项的核算内容，对长期股权投资采用权益法核算，确认自行开发形成无形资产的成本，要求对固定资产、公共基础设施、保障性住房和无形资产计提折旧或摊销，引入坏账准备等减值概念，确认预计负债、待摊费用和预提费用等。在政府会计核算中强化财务会计功能，对科学编制权责发生制政府财务报告及准确反映单位财务状况和运行成本等情况具有重要的意义，如图 5.2 所示。

图 5.2　新制度强化的财务会计功能

4）扩大政府资产负债核算范围

新会计制度在现行制度基础上，扩大了资产负债的核算范围。除按照权责发生制核算原则增加有关往来账款的核算内容外，在资产方面，增加了公共基础设施、政府储备物资、文物文化资产、保障性住房和受托代理资产的核算内容，以全面核算单位控制的各类资产，增加了"研发支出"科目，以准确反映单位自行开发无形资产的成本。在负债方面，增加了预计负债、受托代理负债等核算内容，以全面反映单位所承担的现时义务。此外，为了准确反映单位资产扣除负债之后的净资产状况，新会计制度立足单位会计核算需要及借鉴国际公共部门会计准则的相关规定，将净资产按照主要来源分为累计盈余和专用基金，并根据净资产其他来源设置了权益法调整、无偿调拨净资产等会计科目。资产负债核算范围的扩大，有利于全面规范政府单位各项经济业务和事项的会计处理，准确反映政府"家底"信息，为相关决策提供更加有用的信息。

5）改进预算会计功能

根据《改革方案》要求，新会计制度对预算会计科目及其核算内容进行了调整和优化，以进一步完善预算会计功能。在核算内容上，预算会计仅需核算预算收入、预算支出和预算结余。在核算基础上，预算会计除按《中华人民共和国预算法》（以下简称《预算法》）要求的权责发生制事项外，均采用收付实现制核算，有利于避免现行制度下存在的虚列预算收支的问题。在核算范围上，为了体现新《预算法》的精神和部门综合预算的要求，新会计制度将依法纳入部门预算管理的现金收支均纳入预算会计核算范围，如增设债务预算收入、债务还本支出、投资支出等。调整完善后的预算会计，能够更好贯彻落实《预算法》的相关规定，更加准确反映部门和单位预算收支情况，更能满足部门、单位预算和决算管理的需要。

6）整合基建会计核算

按照我国现行制度规定，单位对基本建设投资的会计核算除遵循相关会计制度规定外，还应按照国家有关基本建设会计核算的规定单独建账、单独核算，同时应将基建账务相关数据按期并入单位"大账"。新会计制度依据《基本建设财务规则》和相关预算管理规定，在充分吸收《国有建设单位会计制度》合理内容的基础上对单位建设项目会计核算进行了规定。单位对基本建设投资按照本制度规定统一进行会计核算，不再单独建账，大大简化了单位基本建设业务的会计核算，有利于提高单位会计信息的完整性。

7）完善报表体系和结构

新会计制度将报表分为预算会计报表和财务报表两大类。预算会计报表由预算收入表、预算结转结余变动表和财政拨款预算收入支出表组成，是编制部门决算报表的基础。财务报表由会计报表和附注构成，会计报表由资产负债表、收入费用表、净资产变动表和现金流量表组成，其中，单位可自行选择编制现金流量表。此外，新会计制度针对新的核算内容和要求对报表结构进行了调整和优化，对报表附注应当披露的内容进行了细化，对会计报表重要项目说明提供了可参考的披露格式，如要求按经济分类披露费用信息、要求披露本年预算结余和本年盈余的差异调节过程等。调整完善后的报表体系，对于全面反映单位财务信息和预算执行信息，提高部门、单位会计信息的透明度和决策实用性，具有重要的意义。

8）增强制度的可操作性

新会计制度在附录中采用列表方式，以新会计制度中规定的会计科目使用说明为依据，按照会计科目顺序对单位通用业务或共性业务及事项的账务处理进行了举例说明。在举例说明时，对同一项业务或事项，在表格中列出财务会计分录的同时，平行列出相对应的预算会计分录（如果有）。通过对经济业务和事项举例说明，能够充分反映新会计制度所要求的财务会计和预算会计"平行记账"的核算要求，便于会计人员学习和理解政府会计八要素的记账规则，也有利于单位会计核算信息系统的开发或升级改造。

2. 实现"5+3"会计要素

在新政府会计制度总说明中明确指出，财务会计和预算会计须适度分离，财务会计采用权责发生制，预算会计采用收付实现制，具有"双基础""双功能"。会计要素采用"5+3"方式。

预置政府会计科目体系，引入"5+3"的会计要素。财务会计5个会计要素，分别为资产类、负债类、净资产类、收入类、费用类；预算会计3个会计要素，分别为预算收入类、预算支出类、预算结余类，如图5.3所示。

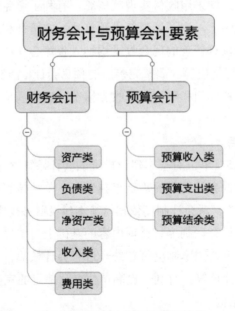

图 5.3　财务会计和预算会计要素

因新制度自 2019 年 1 月 1 日正式施行，在此之前需要按现行会计制度执行。因此，要求系统能够同时满足现行事业单位会计制度所需的会计科目体系，并且要求同一系统能够兼顾新旧会计制度体系。

因新制度遵循归并统一原则，在"5+3"会计要素中，103 个会计科目覆盖了所有行政事业单位需应用到的科目，行政单位和事业单位性质不同，所需使用到的科目不同。系统应能够根据单位性质自动识别需使用的科目，并进行推荐。

"5+3"会计要素的特点：双体系，相互独立，要求能够保证双体系的会计恒等式自平衡，能够支持两个恒等式；相互衔接，科目间的关联关系需要对应。

3. 双会计核算基础

会计核算软件适应新会计制度要求，符合"重构的政府会计核算体系，适度分离又相互衔接"的核算要求，系统设计需确保规范、易用，在会计科目设置、核算口径和方法、计量标准、账务处理设计、报表设计和填制等方面，力求做到方便操作、简便易行。降低使用者的学习成本，降低新旧制度的衔接难度，如图 5.4 所示。

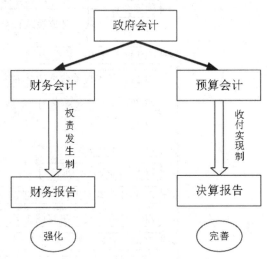

图 5.4　重构的会计核算体系

同一会计核算系统中实现"双功能""双基础"，即自动实现财务会计和预算会计"双重"功能，财务会计采用权责发生制与预算会计采用收付实现制的"双基础"功能。

4. 实现"双报告"要求

新会计制度要求会计核算系统对财务报表的编制主要以权责发生制为基础，预算会计报表的编制主要以收付实现制为基础，系统能够满足"双报告"要求。即基于"一套"单位会计核算数据，可以生成财务会计核算的财务报告，也可以生成预算会计核算的决算报告。新会计制度要求系统能够支撑这两类报告的自动生成，同时要求会计核算系统能够对数据进行充分细化，采用多维核算模式，如图 5.5 所示。

5. 实现"备查簿"要求

"备查簿"指对某些在序时账簿和分类账簿中未能记载或记载不全的经济业务进行补充登记的账簿；在新会计制度中要求单位应该依法按照实际需要来设置备查簿。备查簿对完善会计核算、加强内部管理、强化重要经济事项的监督、明确会计交接责任、准确填列财务会计报告附注内容等具有重要意义。

新会计制度共出现备查簿18次，共涉及各类备查簿12种，其中事业单位专用的有4种，其他 8 种所有单位均需使用，如图 5.6 所示。

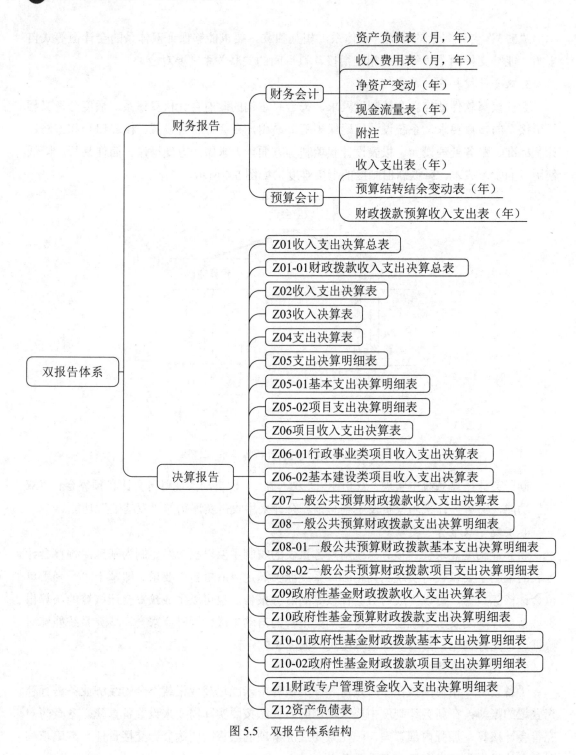

图 5.5 双报告体系结构

图 5.6　新会计制度要求的备查簿管理列表

备查簿应该能够在单位业务发生时、凭证记账时,及时补充登记要求的备查信息,同时能够满足备查查询的追溯及关联查询。

6. 支持往来业务功能

新会计制度在原有预算会计的基础上更加强化财务会计功能,增加了应收款项和应付款项的核算内容,引入坏账准备等减值概念。针对政府会计制度对往来业务的处理要求,增加往来款管理功能,强化往来业务及应收应付票据备查功能。同时,往来款管理应能够方便部门财务报告的合并报表所需的抵销合并要求。

因此,需要在单位科目体系规划上区分往来单位的类型,以便进行相关事项的合并抵销。例如,需要将往来单位分为部门内部单位、本部门以外同级政府单位、本部门以外非同级政府单位、其他单位等内容,以便在后续报表编制、合并系统、附注表编制时根据相应类别进行提取。

往来业务功能主要解决的问题有:供应商或客户的往来款余额是多少?如何将每笔回款对应到正确的应收款?有多少超期账款需要回收?月末对账时怎么快速核对与其他公司的往来业务?

往来业务管理往往以凭证中记录的相关科目的往来明细数据为基础,并补充相应的往来信息。单位发生应收账款时,按照应收未收金额:

借:应收账款
　　贷:事业收入

收回应收账款时,按照实际收到的金额:

借:银行存款
　　贷:应收账款

通过往来核销功能对单位与供应商(客户)往来款的信息进行核对,从方式上,核销分为自动往来核销和手工核销。通过往来核销找出未能即时处理的数据,比对数据进行分析,形成账龄分析表。

年末，对相关往来数据进行分析，确认核销的应收应付数据是否需要进行坏账处理，同时记录相关备查簿：

借：坏账准备
　　贷：应收账款

7. 支持支出经济分类科目改革

为了贯彻落实《预算法》，推动建立全面规范、公开透明的预算制度，财政部在2016年10月发布的《支出经济分类科目改革试行方案》（财预〔2016〕135号）基础上，经修改完善，制定了《支出经济分类科目改革方案》（财预〔2017〕98号）（以下简称《方案》），自2018年1月1日起正式全面实施。改革后的支出经济分类科目，与当前预算管理改革与发展的实际紧密结合。支出经济分类科目改革涉及财务管理各个方面，需要单位按照《方案》要求，认真做好改革后的预算编制、预算执行、会计核算和决算等管理工作。

《方案》根据政府和部门预算管理的不同特点和管理需求，完善现有支出经济分类科目，同时新增政府预算支出经济分类科目，两套科目之间保持相互对应关系。

改革后，在预算编制、执行、决算编制环节的主要变化如下。

1）预算编制环节

预算单位按照部门预算经济分类和对应的政府预算经济分类编制部门预算（应细分至"款"级或"款"级以下科目）并报财政部门，财政部门按照政府预算经济分类编制本级政府预算上报同级人民代表大会批准后，在按原有部门预算经济分类批复部门预算的基础上，将政府预算经济分类作为部门经费来源和申请款项的控制科目一并批复。

2）预算执行环节

（1）预算执行中办理预算调整或追加，必须分到政府预算和部门预算经济分类的"款"级科目。预算执行中如需要对政府预算经济分类科目的"类"级科目调剂的，以及涉及"三公"经费、会议费、培训费政府预算经济分类科目的"款"级科目调增的，应当报财政部门批准，部门（单位）不得自行办理，并由财政部门在预算指标管理系统中进行相应操作；需要对涉及"三公"经费、会议费、培训费政府预算经济分类科目的"款"级科目调减的，以及需要对除涉及"三公"经费、会议费、培训费外的政府预算经济分类科目调剂的，由各部门（单位）自行审批（各部门必须制定相应的办法规范经济分类科目调剂的管理程序）并报财政部门备案，由财政部门在预算指标管理系统中进行相应操作。

（2）用款计划和支付指令按照政府预算支出经济分类填制，财政总预算会计按支付指令中记录的政府预算经济分类科目记账。若用款计划或支付指令中，政府预算经济分类科目与预算指标的政府预算经济分类科目不能完全匹配，必须先按规定程序调整预算指标中的政府预算经济分类科目，使得完全匹配后才能通过并审核。

（3）部门（单位）预算会计核算使用部门预算经济分类科目记账，部门（单位）预算会计核算涉及的部门预算支出经济分类科目，要与支付指令中使用的政府预算支出经济分类科目保持严格的对应关系。

3）决算编制环节

部门决算编制使用部门预算经济分类，以部门（单位）预算会计核算数据为基础生成；政府决算编制使用政府预算经济分类，以财政总预算会计数据为基础生成。

4）会计核算环节

会计核算细化核算使用部门预算经济分类，以核算产生的数据作为决算编制的基础。根据改革要求，系统中应预置最新的、符合支出经济分类改革要求的政府预算经济分类和部门预算经济分类两大科目，并可在每年发生变化时及时调整。

8. 实现"平行记账"功能

"平行记账"是政府财务会计和预算会计功能适度分离又相互衔接核算模式的典型特征，相对于现行行政事业单位会计制度中"双分录"核算模式，能更全面、准确反映行政事业单位的财务信息和预算执行信息，满足单位在一个会计信息系统中同时进行财务会计和预算会计核算的需要。实现"平行记账"的功能，即对纳入部门预算管理的现金收支（库存现金、银行存款、其他货币资金、零余额账户用款额度、财政拨款等），在采用财务会计核算的同时进行预算会计核算。

凭证编制过程中，需要支持在同一个凭证编制界面上同时编制财务会计凭证和预算会计凭证，并可随时切换。在录入过程中，通过会计体系选择不同的会计科目。凭证借贷平衡需要不同会计体系各自平衡。会计恒等式表示为

财务会计：

$$资产 = 净资产 + 负债$$
$$资产 + 费用 = 净资产 + 负债 + 收入$$

预算会计：

$$预算收入 - 预算支出 = 预算结余$$

在平行记账时，因其反映的是同一业务，需要将财务会计和预算会计记录在同一张会计凭证中，具有相同的凭证日期、凭证编号、制单人等信息，以便于后续凭证的装订归档。针对平行记账业务需要做两层判断，注重预算会计和财务会计凭证分录完整性检查及提醒，保证业务关联的预算会计、财务会计凭证办理状态的同步；系统应能够根据经济业务事项智能判断所需要的会计凭证分录。

9. 会计科目智能提醒要求

参照制度"主要业务账务处理说明"，按业务内容预置财务会计及预算会计账务处理。系统能够按单位实际发生业务进行平行记账的模板记忆，丰富单位财务凭证模板库。

新会计制度由正文和附录组成，其中第二部分为会计科目名称和编号，主要列出了财务会计和预算会计两类科目表，共计103个一级会计科目。其中，财务会计中资产、负债、净资产、收入和费用5个要素共77个一级科目，预算会计中预算收入、预算支出和预算结余3个要素共26个一级科目。如何正确使用103个会计科目，对财务人员有较高要求。会计科目的核算内容、明细核算要求、主要账务处理等详细规定，内容多，财务人员短期内难以全部掌握，系统应该能够提供方便财务人员查询会计科目使用的说明。系统应预置

会计科目说明描述性信息，用户编制凭证时，可方便实时显示该科目的使用说明，辅助提高准确率和工作效率。

10. 会计凭证智能编制功能

用户选择当前所发生的业务场景，系统应提供与场景相匹配的财务会计及预算会计凭证，并提供新增、覆盖、追加分录 3 种方式，提高用户编制凭证的质量。

因新会计制度中涉及场景众多，采用单一模式很难支撑全部业务要求，因此只有通过模板预置、对应关系、智能推荐等多种模式，才能满足不同业务模式下凭证编制的要求。

通过业务模板能够解决大部分业务凭证编制的规范性问题。同时还需要通过更加智能的分析感知模式，即通过统一的智能感知功能，在编制凭证时，根据录入的摘要和会计科目自动扫描业务规则库，提取关键要素，实现"自学习"，再次录入凭证时，系统可提示并根据确认的具体规则自动完成预算会计和财务会计分录的装载，完成平衡性校验。

因此，通过多种方法解决单位会计凭证编制，尤其是预算会计凭证的自动形成，为此次制度改革需要解决的核心问题，如图 5.7 所示。

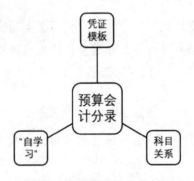

图 5.7　预算会计的生成方式

11. 支持两种凭证编制模式

系统应能够根据不同岗位、不同场景的适用要求，设置不同的凭证查看模式，并做到实时切换。例如，在凭证审核时适用于双凭证模式；在凭证编制时，因需要快速录入、全键盘操作等要求，适用于单凭证模式。

凭证编制模式能够切换方便，操作简单。

按照新制度的要求，对纳入部门预算管理的现金收支业务要进行平行记账，要求在凭证编制时既要录入财务会计的凭证分录，又要录入预算会计的分录。因此在凭证编制功能设计时需要满足平行记账要求。

5.2　预算指标管理

预算指标管理是部门预算的延续，是整个预算执行业务的起点。系统衔接财政预算批复数据，医院内部预算数据，对单位指标进行全面科学地管理、细化与调整，为支出提供依据。预算指标管理主要包括预算指标细化、调整及预算执行控制,由单位财务部门来进行管理。

根据《行政事业单位内部控制规范(试行)》(财会〔2012〕21号)的要求,预算指标管理应当重点关注:是否按照批复的额度和开支范围执行预算;进度是否合理;是否存在无预算、超预算支出等问题。预算控制方法要:强化对经济活动的预算约束,使预算指标管理贯穿于单位经济活动的全过程。

1. 预算指标管理总体业务流程

预算指标管理总体业务流程如图5.8所示。

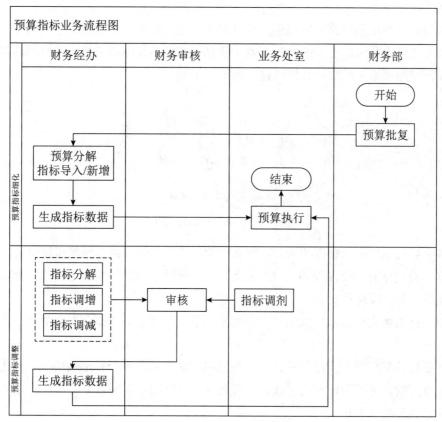

图5.8 预算指标管理总体业务流程

2. 预算指标细化管理

预算指标细化管理指财政批复预算后,将批复后的预算导入系统并分解到各个使用业务科室的过程。在预算细化过程中,需要将财政批复的预算和单位其他组织收入的来源进行统一管理,实现北方市中医院预算指标的全面管理,如图5.9所示。

图5.9 预算指标细化管理流程

为保障年初业务的正常开展，可以考虑在财政预算批复前，先导入"二上"数据（基本支出预算和部分项目支出预算）形成预算指标来满足业务的使用。

预算指标细化一般有 3 种情况（可组合使用）：把预算指标细化到具体的内部机构；对项目进行细化拆分；细化部门预算经济分类。

单位其他组织收入的来源可以通过 excel 导入或手工方式录入形成非财政资金预算指标。非财政资金预算指标同样可以根据实际业务需要进行细化和调整。

预算指标细化完成后，可以通过工作流配置是否需要进行审核和发布后才可能使用的操作。

3. 预算指标调整

预算指标调整在预算执行过程中，可以对各个使用业务科室的预算进行调整，以更好的实现北方市中医院内部资源的合理配置。预算调整包括部门间调整、项目间调整、科目间调整及预算的调增、调减和其他调整，如图 5.10 所示。

图 5.10　预算指标调整类型

对细化后的预算指标进行调减时，默认把调减的资金收回到原预算指标中。

预算指标调整有时会涉及多条（3 条及以上）预算之间互相调整平衡的问题，系统需要能够支持方便的操作模式。

预算指标调整完成后，可以通过工作流配置是否需要进行审核和发布后才可能使用的操作。

预算指标调整应做到全过程可追溯。系统应记录预算指标所有活动的操作日志，确保指标的脉络清晰，对指标调整全过程做到可追踪、可反馈，实现数据可控、管理规范。

4. 预算指标控制管理

预算指标控制管理需要建立起各个使用业务科室的预算控制体系，在预算执行过程中，实时反映预算执行情况，并对超预算或执行进度缓慢等异常情况进行预警监控，如图 5.11 所示。

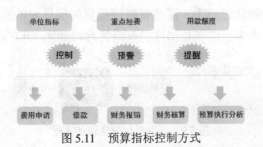

图 5.11　预算指标控制方式

预算控制的业务包括各类费用申请、各类财务报销、借款和支出核算等，系统可以对每一类业务设定控制的要求，同时能够通过特殊控制规则的设定来支撑更细化的管理要求。

预算控制根据业务需要应支持多种方式：控制业务不允许发生；在业务发生时给予警告；通过消息对相关人员进行提醒。

在预算控制的基础上，还可以选择启用重点经费（"三公"经费）总额控制、用款额度控制等辅助控制。

5. 预算执行分析

系统能够实时掌握业务科室预算执行情况，能够提供单位预算执行分析所需的报表。

（1）预算执行分析主要实现：根据不同的数据权限，查询核算账号的预算情况、收支情况、结余情况等，提供单位整体预算、收支结余情况的分析。

（2）支持使用科室在系统中填报预算执行计划，根据医院要求，通过字段点选生成需要的预算执行计划表，并可通过相应节点控制进行填报限制或提醒，通过模块向医院各科室批复预算，支持 excel 导入导出。

（3）从银行账户对账信息中获取医院各科室预算执行数和预算支出经济分类"款"级科目的支出数，并在预算执行管理和绩效管理模块中生成通报用电子数据表，支持 excel 导入导出。

（4）支持国库外围平台导出的相关数据原始表、自制表格（基本支出直接支付及调整数据）直接导入系统通报用电子数据表，并进行数据合并，最后生成完整的预算执行电子信息数据等。

（5）各种数据表可以根据工作需要进行多种图形转换。

（6）支持在系统内发送消息或文件，并通过微信发送至单位财务部门负责人查收。

预算执行管理是对行政事业单位一定时期内的收入和支出，进行预算计划编制、执行审核审批、分析监督等经济活动的管理。预算执行管理贯穿于行政事业单位财务管理的各个过程当中，是行政事业单位进行财务活动的重要依据。

预算执行分析是预算执行管理的一个重要环节，指在预算执行管理的过程中，对预算执行情况，包括对预算目标的完成情况、预算资金执行进度、预算控制情况等内容的分析及评价。

预算执行分析是加强预算收支管理、促进预算收支目标任务全面完成的重要手段。

通过加强预算执行分析，可以有效地对预算执行工作中存在的问题进行研究和解决，提高资金的有效利用率，促进单位主体责任的落地。预算执行分析还可以为领导决策提供重要的依据，体现财务工作的质量和水平，确保资金合理利用。

预算执行中会对各经济事项按照政府收支分类科目进行明细核算，确保会计核算满足预算执行分析对基础数据的需求；实现由简单的数据汇总向全方位、多层次、多角度的管理深入，实现部门预算与执行分析的有机结合；分析形成的结论，同时作为下一年度预算编制测算、确认的参考依据。

预算执行分析将围绕"把握三点""跟踪两点"的路径来达成"反馈三点"的目标，

简称为"323 路径",如图 5.12 所示。

图 5.12　预算执行分析"323 路径"

5.3　财务报销管理

1. 报销管理总体流程

报销人员的办事流程包括 5 个步骤,如图 5.13 所示。

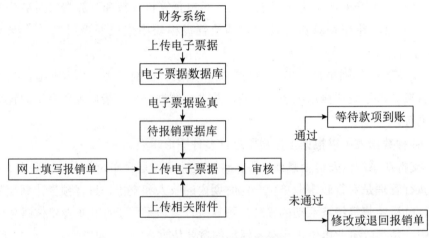

图 5.13　报销人员操作流程

(1)上传验证发票。报销人员通过账号登录医院门户网站进入财务系统,在电子票据存储端口上传纸质发票图片或电子发票,将保存到个人"电子票据数据库"中。

(2)电子票据验真。上传后的发票将自动验证真伪,若验证通过,验真后的电子票据保存在"待报销票据库"中。

(3)网上填写报销单。报销人员在网上自助报销端口填写项目名称、用途及金额等相关报销信息,填写后单击"上传电子票据"按钮,从"待报销票据库"中选择与此次报销相关的电子票据,系统将通过发票的号码、代码等数据自动验证电子票据的唯一性,保证发票不会重复报销,再单击"上传相关附件"按钮,上传与此次报销相关的明细、合同等附件,最后选择付款方式,待所有信息都填写完毕后选择"提交报销单"选项,并生成接单序号,作为今后修改或查找凭证的依据,至此所有网上填报流程全部完成。

(4)在就近的投单机投递与此次报销相关的所有发票和附件,作为日后纸质凭证存档,待会计电子档案系统成功普及后则不再需要留存纸质凭证，届时将取消此步骤。

（5）等待财务人员在后台进行账务处理。如果票据出现问题，工作人员会通过网上或电话提出修改意见，修改后可继续报销，报销成功后 2～3 个工作日即可收到款项及到账提醒短信，完成此次报销全部流程。

投递成功的报销单及电子票据将由财务人员在后台系统进行审核制单，如图 5.14 所示。

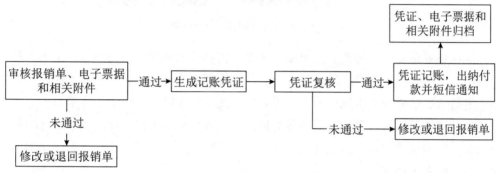

图 5.14　财务人员制单流程

具体流程如下。

（1）审核票据。审核人员审核原始票据及附件的合规性和相关性，核对纸质票据与电子票据是否完全匹配，审核通过后进入制单环节，若不通过则联系报销人修改或退单。

（2）生成记账凭证。审核通过的报销单将自动生成财务分录与预算分录相匹配的记账凭证，审核人员再次核对两套分录的准确性和规范性，核对通过后保存记账凭证。

（3）记账凭证由领导复核后进行凭证记账，交由出纳网银付款，并通过短信告知报销人员，完成报销全部流程。如果凭证复核不通过，则由财务人员修改记账凭证或退回报销单环节，由经办人修改。

（4）凭证、电子票据及附件归档。财务部门在根据会计凭证记账后，定期对凭证、电子票据及附件进行归档。

2. 具体报销业务分析

行政事业单位报销具有涉及人员多、人员知识结构水平不一、业务类型多、审批流程和人员权限严要求、关联规章制度多、原始单据多、关联的前后端业务系统多、进度实效要求高、资金支付安全性要求高等特点。报销管理既要嵌入内控管理要求，智能化管理，又要能方便报销人员快速简便完成报账事务处理。

财务报销系统面向的用户群体广泛，系统应有统一友好的操作界面；因报销种类繁多业务复杂，应尽量操作简单、便捷使用，并提供操作说明；为了确保多用户并发使用系统时仍然持续稳定的运行，应注重系统的稳定性。

为了方便以后扩充业务做准备，系统需要有很好的可扩展性；出于安全性考虑，对不同用户的角色权限要严格控制，金额计算时一定要保证数据的准确性，如图 5.15 所示。

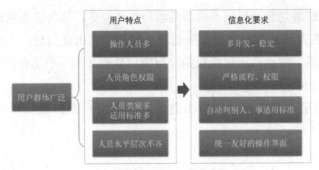

图 5.15　报销用户特点与信息化要求

医院报销业务复杂，种类多，单据样式多，需要按照单位管理特点进行定制，每类业务流程不一，审批要求不一；每类业务关联的制度要求不一；每类业务要求的原始附件信息不一等特点。部分业务审批环节多，需要线上线下同步管理；报销业务多与预算、费用申请、借款等相关联，需要与前端业务对接；领导审批权责如何划分，领导审批时是否清晰审什么、检查哪些事项、承担什么责任。这些应用特点，均需要信息化系统能够给予很好的设计，如图 5.16 所示。

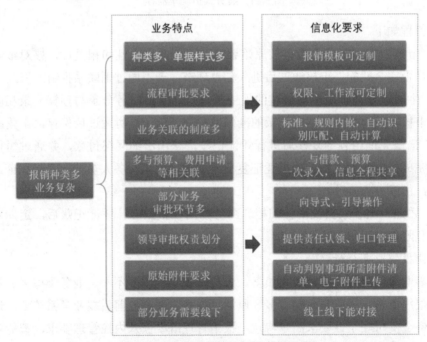

图 5.16　报销业务特点与信息化要求

此外，报销业务量大，对报销的录入、打印、定位审批、快速查询等效率提出更高要求，如图 5.17 所示。

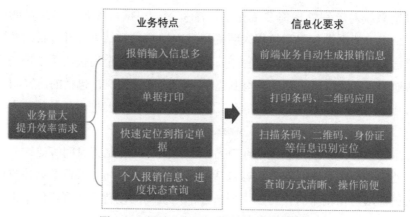

图 5.17　报销业务处理效率与信息化要求

针对各个业务科室报销业务管理特点进行设计，完善政府部门各类经费管理。财务报销系统应支持借款、报销、退款、余额查询等日常业务，提供审核流程管理、催报中心、移动办公提醒等功能，方便报销人员随时通过网页或办事大厅提交费用借款、报销申请，领导可以随时随地进行审批，实现单位报销管理的轻松化、智能化。

财务报销系统应包含各类费用的管理，并支持借款、报销、退款、余额查询等日常业务；报销流程支持线上和线下相结合的方式，领导签批保留纸质签批的流程，业务科室填报报销单后，打印成纸质签批单，走线下审批流程。审批结束后，出纳人员根据线上的报销单及领导签批的纸质单据核对无误后，支付报销款项及自动生成核算凭证。

（1）业务经办报销时提供相关业务及制度的关联查询，以达到在同一页面完成所有工作内容的目标，对相关业务的经办流程及时提醒。

报销系统应提供费用类型管理，并预置常用费用类型。系统需要提供多种费用类型的报销，如会议费、培训费、出国费、接待费、差旅费、劳务费、一般经费等；根据《党政机关厉行节约反对浪费条例》（中发〔2013〕13号）的精神，为进一步规范会议费、培训费、因公临时出国经费等的管理，财政部门制定了相应的管理办法。

单位应当严格会议费预算管理，控制会议费预算规模。会议费预算应当细化到具体会议项目，执行中不得突破。年度会议计划一经批准，原则上不得调整。应当严格控制会议会期和会议规模。

培训费指医院各科室开展培训直接发生的各项费用支出，包括师资费、住宿费、伙食费、培训场地费、培训资料费、交通费及其他费用。年度培训计划一经批准，原则上不得调整。

因公临时出国经费应当全部纳入预算管理，单位要严格控制因公临时出国经费总额。出访团组应当事先填报《因公临时出国任务和预算审批意见表》，由单位外事和财务部门分别出具审签意见，明确审核责任。出国任务、出国经费预算未通过审核的，不得安排出访团组。因公临时出国经费包括国际旅费、国外城市间交通费、住宿费、伙食费、公杂费和其他费用。

（2）财务报销系统应充分考虑内控要求，通过对报销单的登记、审批、记账、核算等过程的管理，实现单位经费支出的细化管理要求。

财务报销系统对流程管理需要依托工作流引擎，根据流程定义和配置推动流程的流转；根据系统定义的审批权限和流程来明确记录审批信息及结果，并能根据实际数据情况自动判断流程分支和路径；在审批过程中，能够清晰展现每个岗位所需审批的重点内容；用户能够清晰明了的查看从申请的填写到当前环节的审批情况，包括的内容如下。

①当前环节的基本信息：记录内容包括环节编号、环节名称、环节处理人、开始时间等信息。

②流程流转日志：记录内容包括环节名称、开始时间、结束时间等信息。

③相关处理人操作日志：记录内容包括处理人、处理时间、处理意见等信息。

经办人员在填写报销单时，可以根据自己部门机构的设置来选择部门审批环节的审批人，也可以自动提交给系统后台配置的审批人。

在报销审批过程中，各岗位审批人对审批职责进行责任认领。系统应提供审批智能化、图像化关联业务查询及提醒功能，为业务部门及分管领导进行审核审批提供审批依据。

（3）财务报销系统与预算指标管理系统进行数据衔接，并实时反馈指标可用额度，将预算余额控制、支出范围控制、归口管理要求的规则内置在单据之中。

报销与预算控制对接。系统需要提供针对不同的费用进行预算控制的功能，严格按照批准的预算控制各项支出，报销过程中可自动提示预算剩余数额与比例，超预算时系统会自动报警或禁止。系统提供两种控制模式：细化指标模式和重点经费模式。

①细化指标模式。年初上报预算时按照部门职能上报预算，将下发预算再细分为若干小项目，每个小项目落实到具体部门，部门报销经费由部门决定开支什么项目，走什么预算，报销受部门预算控制，部门支出不能超过部门预算，若经费不足必须先调整预算。

②重点经费模式。某些重点费用（如出国费、会议费、接待费等）给各个部门分配一个额度（重点经费），并没有具体分配到某个项目或功能科目，各部门报销受重点经费的控制，部门支出不能超过部门的重点经费。

（4）标准计算：涉及标准计算的应自动计算，并给予制度和规范要求的提醒。

系统提供报销控制标准维护，预置相关的开支标准，可在此基础上根据实际情况进行修改，作为报销控制标准。

例如，会议费开支范围包括会议住宿费、伙食费、会议场地租金、交通费、文件印刷费、医药费等。会议费开支实行综合定额控制，各项费用之间可以调剂使用。

除师资费外，培训费实行分类综合定额标准，分项核定、总额控制，各项费用之间可以调剂使用。

综合定额标准是相关费用开支的上限。医院各科室应在综合定额标准以内结算报销。30天以内的培训按照综合定额标准控制；超过30天的培训，超过天数按照综合定额标准的70%控制。师资费在综合定额标准外单独核算。

差旅费指工作人员临时到常驻地以外地区公务出差所发生的城市间交通费、住宿费、伙食补助费和市内交通费。城市间交通费指工作人员因公到常驻地以外地区出差乘坐火车、轮船、飞机等交通工具所发生的费用。出差人员应当按规定等级乘坐交通工具。

伙食补助费指工作人员因公出差期间被给予的伙食补助费用，按出差自然天数计算，按规定标准包干使用。市内交通费指工作人员因公出差期间发生的市内交通费用，按出差自然天数计算，如每人每天 80 元包干使用。

系统应对单位设定的费用标准预置，如根据《中央和国家机关工作人员赴地方差旅住宿费标准明细表》，并能按执行的标准自动识别适用的标准，自动计算。

（5）报销清单：经办人完成本次申请后，应列示报销时必须提交与本次报销的相关附件清单，系统提供附件上传功能，图像等附件可在线预览。

（6）借款管理：各部门业务人员在经办过程中应考虑相关事项的借款。根据实际业务需要，系统还需要提供借款申请功能，用户提交借款申请并交由部门领导和财务部门进行审批，审批通过之后进行支付和记账，按照内控制度和预算要求进行控制，"前款不清后款不借"。

（7）报销管理：根据不同的业务类别，系统提供对应报销管理功能和业务要求，并受预算及资金申请单据控制。贯穿服务理念，向导式操作，充分考虑业务经办填写过程中的易用性要求。

报销申请填写时，业务经办人员可以自己填写报销申请，也可以为他人代办申请。经办人员在填写报销申请时，系统需要提供不同类型报销申请的填写格式；系统能够提供相关业务及制度的关联查询，对经办流程予以及时提醒，并列示本次报销必须提交的相关附件清单，提供附件上传、在线预览功能；充分考虑易用性要求，系统可以通过资金申请单自动产生费用报销单，并提供向导式操作，减少业务经办过程中的二次录入，提高工作效率；提供催报、移动办公提醒。系统在提交审批过程中会自动发邮件、短信等提醒相关领导。

（8）报销审批：报销审批过程中，各岗位审批人应对相应审批职责进行责任认领，系统提供费用归口审批控制、审批要素控制功能。

（9）系统提供审批智能化、图像化关联业务查询及提醒功能，为业务部门及分管领导进行审核审批提供审批依据。

（10）报销流程支持线上和线下相结合的方式，领导签批保留纸质签批的流程，业务科室填报报销单后，打印成纸质签批单，走线下审批流程。审批结束后，出纳人员根据线上的报销单及领导签批的纸质单据核对无误后，支付报销款项及自动生成核算凭证。

（11）报销支付：出纳对推送的报销单与申请人提供原始单据核对无误后予以支付。能实现现金、汇款、支票、公务卡等各种结算方式的报销；能实现报销单与借款单的关联及核销功能。

（12）生成凭证：系统中的借款、报销等单据都能够根据设定的记账规则从医院账务系统中自动生成会计凭证。

（13）报销单打印：打印的每张报销单上都有对应的条形码，财务人员审核报销单时，只需要扫描条形码就可以将该笔报销单调出来进行审核。

（14）查询统计：由于报销单据的数量庞大，系统需要提供便捷、多样性的查询统计方式，使得用户能够清晰快速地进行数据查询，系统应为财务人员、部门负责人、报销人等不同角色用户提供不同维度的查询。例如：每个业务人员可以查到不同状态下与自己有关的申请单，随时掌握单据的审批情况，快速定位；领导可以查看到审批过的单据情况。

5.4 账务处理

会计核算业务流程如图 5.18 所示。

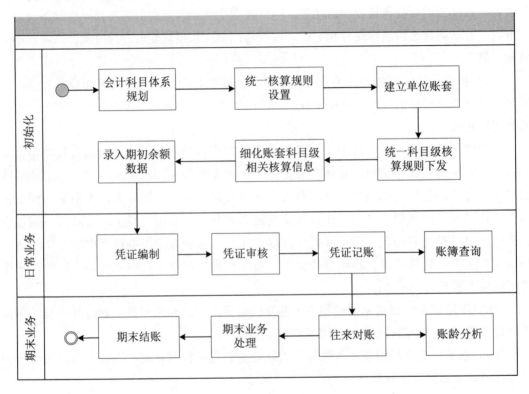

图 5.18 会计核算业务流程

1. 初始化

系统使用前需要对整个部门的会计科目体系进行统一规划，设置满足本部门业务需求的统一会计科目和多维辅助核算信息，设置统一的账套规则，如期末结转的规则等。

系统统一的规范管理，可提升单位业务的规范性，方便数据利用。

设置完成科目后，单位或系统管理员可建立单位账套信息，根据单位性质建立各单位的核算账套，并将统一规划的科目体系规范下发到单位中。

单位账套建立完成后，各个单位在统一规范的基础上，再根据自身的管理要求进行细化处理，如增加明细科目、设置项目信息等。设置完相关信息后，录入科目期初数据。完成单位数据的初始化工作。

2. 日常业务

系统的日常工作主要集中在对凭证的处理和相关账簿的查询上。通过凭证编制功能完成日常凭证的编制，通过凭证管理功能对相关凭证进行审核、记账等工作。完成业财一体化衔接后，可通过业务系统或外部单位进行衔接，通过自动化方式进行凭证的编制。通过配置凭证的生成规则，自动生成会计凭证。

通过账簿查询，查询科目余额、科目明细账。对应进行多维核算科目，系统可同时查询多维核算的相关账目情况，以便对单位的财务状况及预算执行情况进行及时跟踪。

3. 期末处理

期末，日常工作处理完毕，需要完成往来科目的对账及核销业务，并进行往来账龄分析。对于其他期末处理的业务，如汇兑损益、费用分摊、收入费用结转等业务，需要对相关科目进行期末转账及结转工作，通过期末处理，对相关业务处理完成后方可进行期末结账。

5.5 报表管理

报表管理是反映财务管理成果的重要工具，在用户全面掌握财务数据、领导决策提供依据方面发挥重要作用。

通过财务报表系统实现全系统的数据采集，并提供灵活方便的用户报表自定义功能，用户可根据需要制定各种财务、业务报表，定义报表中的公式，自动生成需要的财务报表，包括各使用单位的汇总报表、统计分析表等，能够提供报表编辑的界面，具有较强大的数据报送、汇总和分析功能，如图 5.19 所示。

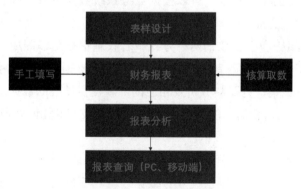

图 5.19 报表处理流程

财务报表系统要能够与账务核算系统、资产系统、工资系统等进行关联取数。

财务报表系统实现通过用户自定义的格式进行取数，实现各种财务业务报表的统一定义、统一下发，有效满足主管部门及所属单位财务管理的要求。

根据政府会计制度改革的要求，财务报表的编制主要以权责发生制为基础，预算会计报表的编制主要以收付实现制为基础，满足"双报告"要求，两者均以单位会计核算生成的数据为准。

5.6 出纳管理

出纳工作是管理货币资金、票据、有价证券进出的一项工作。具体来讲，出纳是按照有关规定和制度，办理本单位的现金收付、银行结算及有关账务，保管库存现金、有价证券、财务印章及有关票据等工作的总称。出纳管理是帮助单位及时了解掌握某期间或某时间范围的现金收支记录和银行存款、零余额账户收支情况，并做到日清月结，随时查询、打印有关出纳报表。

出纳管理包括银行信息管理、付款管理、现金盘点、银行对账、账表查询等相关业务的管理。

5.7 应收应付款管理

系统能够管理到每一个内部职工和外部单位及其每一笔往来业务。提供账龄分析、应收应付分析等功能。所有往来账支持自动、手工逐笔或批量核销。

1. 应收管理系统

应收管理系统主要提供应收单录入、客户收款处理、应收单与对应收款单核销处理及应收账龄分析和查询等功能。

（1）支持定义多种应收单、收款单的单据类型及单据样式，根据医院实际管理情况，灵活定义所需类型。

（2）与业务系统的无缝集成，可以根据业务系统数据生成应收款，也可以在应收系统录入相应的应收款。支持预收款单据录入。

（3）提供自动核销和手工核销两种方式。若收款单据是参照应收单据生成，或应收单据参照预收款单据生成，则两者可以自动核销。手工核销指由用户手动进行应收款与收款之间的匹配。通过核销，为账龄分析及相应的催款提供精准的数据。

（4）支持个人因公借款信息的登记、申请、审批、支付、凭证处理等流程化业务管理，支持个人往来款项的自动和人工核销。

（5）系统支持应收账龄分析查询、应收余额表等报表查询。

（6）与账务系统衔接，可以根据业务数据设置相应规则，自动生成凭证到账务中，实现业务与账务数据同步。

2. 应付管理系统

应付管理系统主要提供应付单、预付款单的录入、供应商付款的处理、单据核销处理等功能，并提供应付及付款常用报表的查询分析。

（1）支持定义多种应付单、付款单的单据类型及单据样式，根据医院实际管理情况，灵活定义所需类型。

（2）与其他业务系统无缝衔接，可以通过物资系统业务信息、合同系统业务信息自动生成应付款、预付款单据信息，也支持单据手工录入。

（3）应付账款支持自动和人工核销，如果付款单直接参照相应的应付款单生成、应付单参照相应预付款单生成，则单据之间可以自动核销；手工核销则是用户人工对单据进行匹配核销；支持单笔核销和批量核销处理。

（4）支持应付账龄分析、应付余额表、明细表等报表统计查询。

（5）与账务系统衔接，可以根据业务数据设置相应规则，自动生成凭证到账务中，实现业务与账务数据同步。

5.8 电子会计档案管理

电子会计档案系统实现了对电子档案的数据采集接收、档案整理归档、档案利用查阅、档案日常管理、档案移交管理等业务处理，可以满足医院包括电子发票在内的各类电子凭证、记账凭证、会计账簿、财务会计报告、其他会计资料、纸质凭证影像文件等管理要求。

1. 电子档案整理

通过设定数据采集任务，定时自动接收电子发票、医疗电子票据、记账凭证等档案。

2. 电子档案归档

系统支持档案管理员对采集的信息进行检查、数据整理，将检查通过的业务数据分类整理入卷，自动生成版式文件并创建文件索引。数据整理结束后，档案管理员发起归档申请，流程审核通过后，档案正式归档。正式归档的电子票据，进行电子签名，进入电子档案柜保管。在电子档案柜中可以查阅电子档案文件。

3. 电子档案利用

针对传统档案查阅不方便的问题，该系统提供了检索、借阅等方式，通过目录检索、综合检索、模糊检索、全文检索，实现档案信息快速定位查询。

4. 电子档案移交

系统支持档案管理员进行档案查询、数据检索及档案的日常维护；系统根据入卷时选择的过期时间自动生成档案鉴定列表，档案管理员进行档案鉴定；对于需要销毁的档案数据由档案管理员发起销毁申请，申请通过后系统进行档案销毁处理。

第6章
报销、核算、归档一体化软件操作

6.1 预算指标管理

6.1.1 业务设置

1. 定义指标要素

依次单击菜单"指标管理"—"定义指标要素"按钮,进入"定义指标要素"界面。此功能用于完成单位指标由哪些要素构成及各要素相关设置等,提供功能如下:要素是否启用(启用哪些要素)、是否允许为空、是否显示要素代码、要素级次、启用要素排列顺序等。系统管理员根据所实施项目的实际情况勾选设定(注:无"保存"按钮,勾选即生效),如图 6.1 所示。

图 6.1 指标要素定义

2. 预算控制规则

依次单击菜单"指标管理"—"预算控制规则"按钮,进入"预算控制规则"界面。此功能用于完成指标系统与各业务系统间的关联、控制关系(各业务系统间的关联、控制关系），提供控制业务、控制级别等功能。系统管理员根据实施项目的实际情况勾选设定（注：无"保存"按钮，勾选即生效），如图6.2所示。

图 6.2　预算控制规则

3. 指标管理规则

依次单击菜单"指标管理"—"指标管理规则"按钮，进入"指标管理规则"界面。此功能用于设定"指标管理"菜单下各功能的"附件清单""业务规则"使用规则。系统管理员根据实施项目的实际情况勾选设定（注：无"保存"按钮，勾选即生效），如图6.3和图6.4所示。

图 6.3　指标管理规则——附件清单

图 6.4　指标管理规则——业务规则

4. 审批流程定义

依次单击菜单"指标管理"—"审批流程定义"按钮，进入"审批流程定义"界面。此功能用于完成指标管理流程的制作和指定。提供的功能包括选择流程和修改。系统管理员根据实施项目的实际情况勾选流程，单击"保存"按钮保存，如图 6.5 所示。

图 6.5　审批流程定义

若需要流程修改，单击"修改流程"按钮，进入"流程设计"页面，单击"编辑"按钮，进入"流程编辑"界面，进行相应的修改，如图 6.6 和图 6.7 所示。

图 6.6　流程修改

图 6.7　流程编辑

进入"流程编辑"页面，页面左侧为工具列表（流程开始节点、中间节点、借宿节点、条件分支节点等），根据实施项目情况，选择对应的工具，修改流程。流程修改完毕后，单击"保存"按钮，如图6.8和图6.9所示（注：修改后的流程必须进行重新部署才生效）。

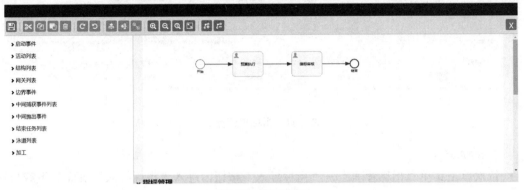

图 6.8 流程编辑

图 6.9 流程部署

6.1.2 业务处理

1. 新增

依次单击菜单"指标管理"—"指标管理"按钮，进入"指标管理"页面。单击"新增"按钮，进行指标录入工作。填写完毕对应的信息项后，选择"添加相应附件"选项，单击"确定"或"确定并提交"按钮，进入指标审核流程，如图6.10所示。

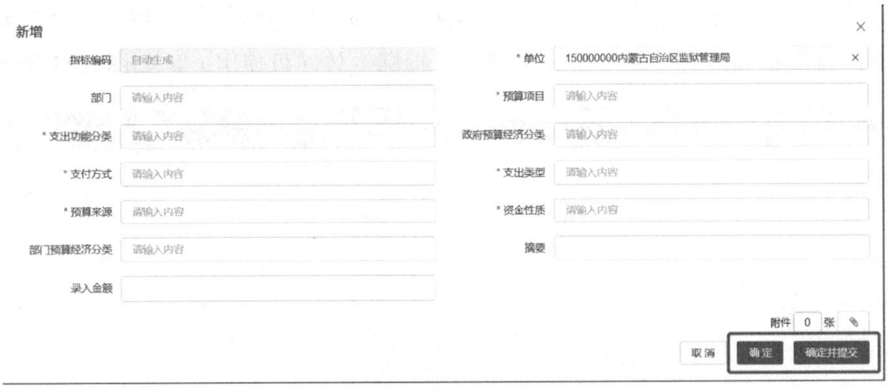

图 6.10 指标新增

指标新增确定后，单击"指标申请提交"按钮，进入"指标申请列表"页面。选中指标，可以对指标进行"送审""修改""删除"等操作，如图6.11所示。

图6.11　指标申请操作

2. 指标导入

依次单击菜单"指标管理"—"指标导入"按钮，进入"指标导入"页面。下载指标导入标准模板并打开。编辑指标项内容，保存后单击"单击导入"按钮，或将整理完毕的指标导入标准模板（excel文件拖拽于指标导入区域），勾选"自动生成不存在的项目"单击"下一步"按钮进行指标导入操作，如图6.12所示。

图6.12　指标导入

3. 审核

登录系统，进入系统首页。在待办事项区域，显示要审核的指标数据。单击要审核的指标数据，查看指标信息，并审核。审核后，指标生效（可使用），如图6.13所示。

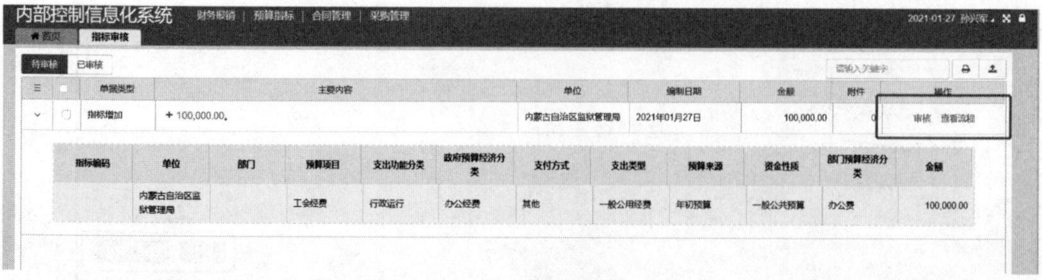

图6.13　指标审核

4. 指标管理

依次单击菜单"指标管理"—"指标管理"按钮,进入"指标管理"页面。此功能用于完成财政批复指标的录入和导入,以及指标调剂调整等工作,提供功能如下:新增、调剂、权限设置、指标分解、调增调减、指标调剂、指标调整等,如图 6.14 所示。

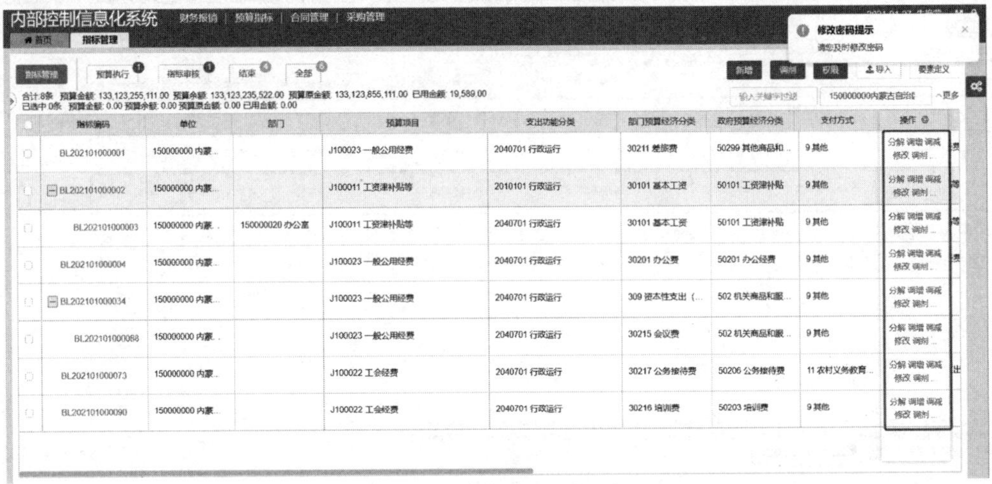

图 6.14 指标管理

"调增""调减"操作是对指标金额做相应的增减,对指标其他要素不会造成影响。单击"调增"或"调减"按钮,填写要调增或调减的金额后,单击"确认并提交"按钮,进入指标审核流程,审核完毕后,指标调增(减)生效,如图 6.15 所示。

图 6.15 指标调增(减)

"调整"操作是将指标的所有要素做调整。单击"调整"按钮,编辑、修改指标要素信息。单击"确认并提交"按钮,进入指标审核流程,审核完毕后,指标调增(减)生效。如图 6.16 所示。

图 6.16 指标调整

指标调剂操作指将两条（多条）指标间的金额做调剂工作。单击"调剂"按钮，进入"指标管理"页面，填写增加、减少的金额后，在页面左下角单击"确认并提交"按钮，进入指标审核流程，审核完毕后，指标调剂生效，如图6.17所示。

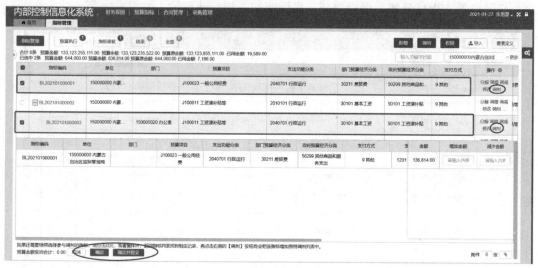

图6.17　指标调剂

6.1.3　报表查询

依次单击菜单"指标管理"—"预算执行情况表"按钮，进入"预算执行情况表"页面。此页面用于查阅、导出单位预算执行情况。勾选要查询的要素，单击"确定"按钮后，单击"查询"按钮，如图6.18所示。

图6.18　预算执行情况表设置要素

预算执行情况表要素设置完毕后，单击"查询"按钮，即可查出用户所需要的数据。根据情况选中导出，如图6.19所示。

图 6.19　预算执行情况表查询、导出

6.2　财务报销

6.2.1　业务设置

1. 审批流程定义

依次单击"财务报销"—"审批流程定义"按钮，进入"审批流程定义"页面。此页面用于选定"事前申请""借款申请"及"报销申请"等业务流程。提供选用流程和修改流程等功能。管理员根据项目情况选用、修改流程。

操作方式见 6.1.1 节。配置界面如图 6.20 所示。

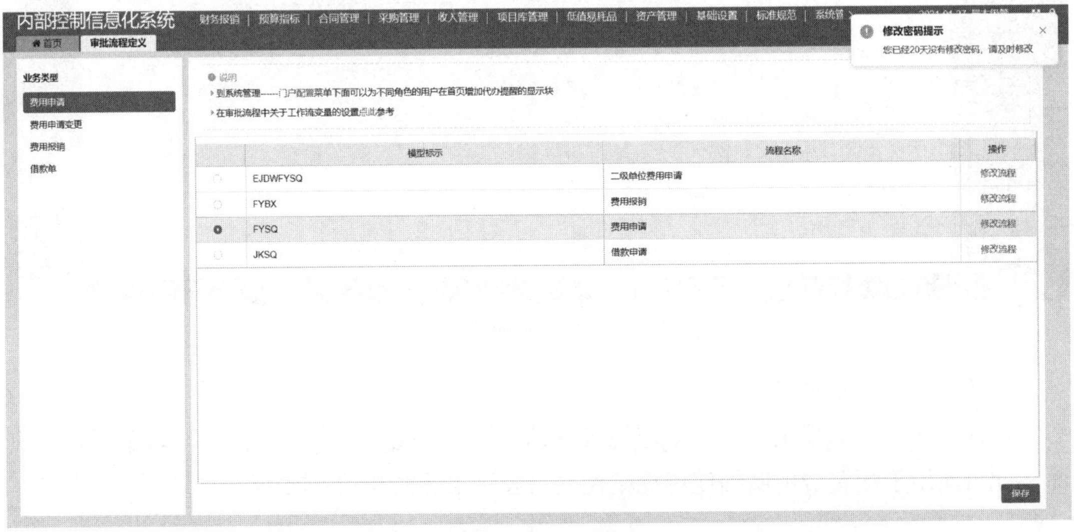

图 6.20　审批流程定义

2. 单据样式配置

依次单击"财务报销"—"单据样式配置"按钮,进入"单据样式配置"页面。此页面用于配置用户填报单据所见内容。支持同一单据在不同角色(岗位)情况下,所见内容相关配置。主界面如图 6.21 所示。

图 6.21　单据样式配置——基本信息

如图 6.21 所示,在单据名称域选中要配置的单据,选择页面左侧角色。单击"修改"按钮,修改单据相应的内容。单击页面右下角"保存"按钮保存。主页面如图 6.22 所示。

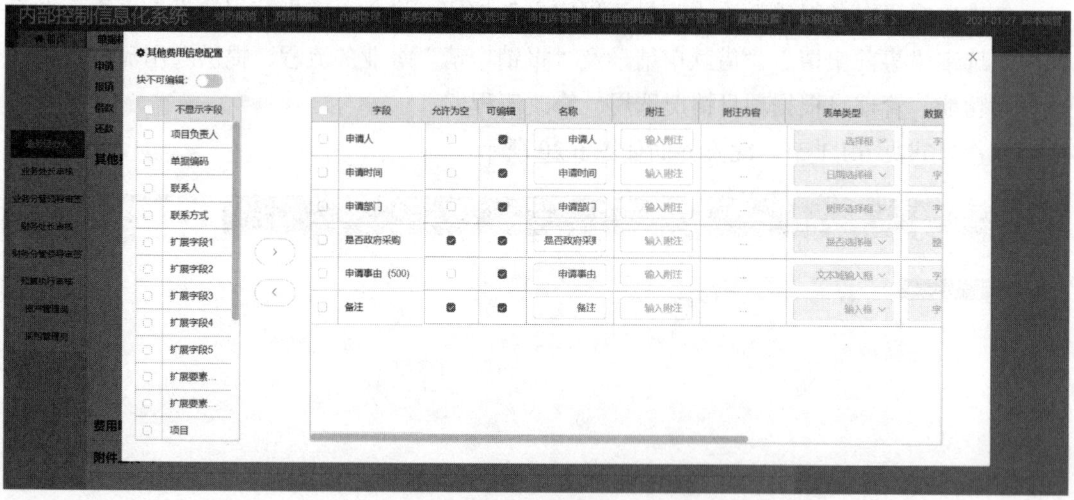

图 6.22　单据样式配置——保存

3. 费用明细辅助设置

依次单击"财务报销"—"费用明细辅助设置"按钮,进入"费用明细辅助设置"页面。此页面用于配置费用明细使用规则相关内容。主界面如图 6.23 所示。

图 6.23　费用明细辅助设置

4. 控制规则设置

依次单击"财务报销"—"控制规则设置"按钮，进入"控制规则设置"页面。此页面用于设置费用类型使用规则。主要包括附件清单、业务规则、支出标准、支出职责、审批规则等规则设置。管理员根据项目实际情况，与用户确认各规则后，进行相应设置。主界面如图 6.24 所示。

图 6.24　控制规则设置

5. 费用类型

依次单击"财务报销"—"费用类型"按钮，进入"费用类型"页面。此页面用于设置经济活动开支的支出内容（支出事项）。功能主页面如图 6.25 所示。

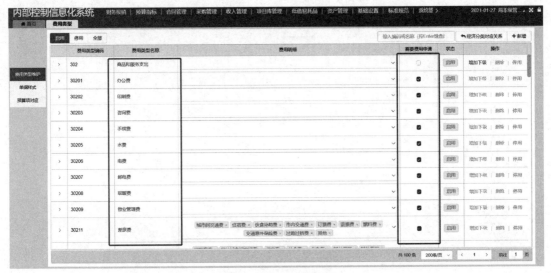

图 6.25 费用类型界面

1）新增

此功能用于新增费用类型。单击"新增"按钮，弹出"费用类型新增"界面。输入相应内容，关联部门经济分类，单击"保存"按钮保存，如图 6.26 所示。

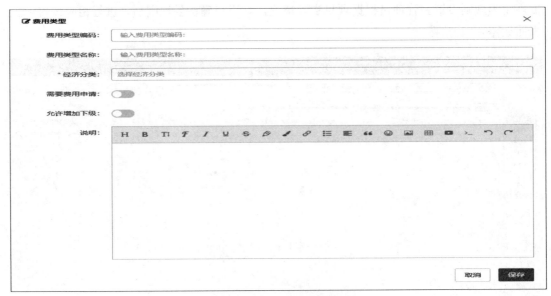

图 6.26 费用类型新增界面

2）单据样式挂接

此功能用于将单据样式（填报申请界面）和费用类型做关联。单击"单据样式"按钮，进入"单据样式挂接"页面。选中页面左侧要做关联的单据样式，在右侧勾选此单据样式要对应的费用类型，如图 6.27 所示。

图 6.27 单据样式挂接

6.2.2 业务处理

依次单击"财务报销"—"业务办理"按钮,进入"业务办理"页面。此页面用于办理日常经济活动,如经费申请(计划申请单)、借款、费用报销等业务。功能主界面如图 6.28 所示。

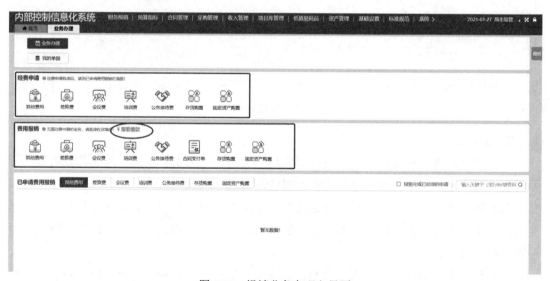

图 6.28 报销业务办理主界面

1. 经费申请

经费申请区域有"差旅费""会议费""培训费""公务接待费""存货购置""固定资产购置""其他费用"等业务申请功能。以下逐一介绍。

1)差旅费

单击"差旅费"按钮,进入"差旅费申请"界面。"差旅费申请"分三部分内容,填写出差事由、填写行程信息、附件清单和制度说明。

"填写出差事由"由出差人、出差类型、出差事由基础项构成。用户根据实际情况填写或选择相应内容。

"填写行程信息"由城市间交通费、其他费用、住宿费等构成。用户根据实际情况填写相应内容。

"附件清单"指差旅费信息、费用明细、附件清单。供领导审批、参阅。

"制度说明"指系统内置有关差旅费的管理办法或制度文件,"费用标准"指系统内置有关超旅费的标准,供经办人查阅、参考。

将以上内容填写完毕后,单击"保存"或"保存并送审"按钮,进入审批流程,如图6.29所示。

图 6.29　差旅费申请

2）会议费

单击"会议费"按钮,进入"会议费申请"页面。"会议费申请"分四部分内容,分别是会议费信息、费用明细、附件清单和制度说明。

"会议费信息"由会议名称、会议类型、申请人、申请部门、会议开始时间、会议结束时间、参会人数、会议场所、召开理由等会议相关基础项构成。用户根据实际情况填写或选择相应内容。

"费用明细"由住宿费、伙食费等会议经费项目构成。用户根据实际情况填写相应内容。

"附件清单"指申请会议费所提供的相关资料、辅助决策等材料。供领导审批、参阅。

"制度说明"指系统内置有关会议费的管理办法或制度文件,供经办人查阅、参考。

将以上内容填写完毕后,单击"保存"或"保存并送审"按钮,进入审批流程,如图6.30所示。

图 6.30 会议费申请

3）培训费

单击"培训费"按钮，进入"培训费申请"页面。"培训费申请"分四部分内容，分别是培训费信息、费用明细、附件清单和制度说明。

"培训费信息"由培训名称、培训类型、培训开始时间、培训结束时间、培训内容、参训人数、培训场所等培训相关基础项构成。用户根据实际情况填写或选择相应内容。

"费用明细"由师资费、综合定额等培训经费项目构成。用户根据实际情况填写相应内容。

"附件清单"指申请培训费所提供的相关资料、辅助决策等材料。供领导审批、参阅。

"制度说明"指系统内置有关培训费的管理办法或制度文件，供经办人查阅、参考。

将以上内容填写完毕后，单击"保存"或"保存并送审"按钮，进入审批流程，如图6.31所示。

图 6.31 培训费申请

4）公务接待费

单击"公务接待费"按钮，进入"公务接待费申请"页面。"公务接待费申请"分四部分内容，接待费信息、费用明细、附件清单和制度说明。

"接待费信息"由申请人、申请时间、申请部门、来宾单位、来宾人数、参陪人姓名、公函号、接待理由、备注等培训相关基础项构成。用户根据实际情况填写或选择相应内容。

"费用明细"由公务接待经费项目构成。用户根据实际情况填写相应内容。

"附件清单"指申请公务接待费所提供的相关资料、辅助决策等材料。供领导审批、参阅。

"制度说明"指系统内置有关公务接待费的管理办法或制度文件，供经办人查阅、参考。

将以上内容填写完毕后，单击"保存"或"保存并送审"按钮，进入审批流程，如图6.32所示。

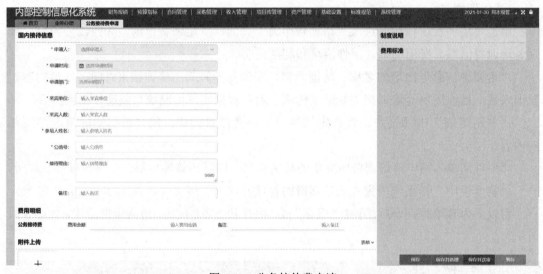

图 6.32 公务接待费申请

5）存货购置

单击"存货购置"按钮，进入"存货购置申请"页面。"存货购置申请"分四部分内容，费用信息、费用明细、附件清单和制度说明。

"费用信息"由申请人、申请时间、申请部门、申请事由、备注等培训相关基础项构成。用户根据实际情况填写或选择相应内容。

"费用明细"由办公费等经费项目构成。用户根据实际情况填写相应内容。

"附件清单"指申请存货购置所提供的相关资料、辅助决策等材料。供领导审批、参阅。

"制度说明"指系统内置有关存货购置的管理办法或制度文件，供经办人查阅、参考。

将以上内容填写完毕后，单击"保存"或"保存并送审"按钮，进入审批流程，如图6.33所示。

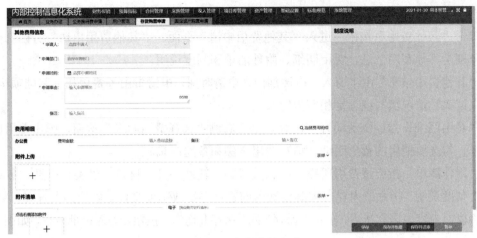

图 6.33 存货购置申请

6）固定资产购置

单击"固定资产购置"按钮,进入"固定资产购置申请"页面。"固定资产购置申请"分四部分内容,分别是费用信息、费用明细、附件清单和制度说明。

"费用信息"由申请人、申请时间、申请部门、申请事由、备注等培训相关基础项构成。用户根据实际情况填写或选择相应内容。

"费用明细"由办公设备构建、专用设备构建等经费项目构成。用户根据实际情况填写相应内容。

"附件清单"指申请固定资产购置所提供的相关资料、辅助决策等材料,供领导审批、参阅。

"制度说明"指系统内置有关固定资产购置的管理办法或制度文件,供经办人查阅、参考。

将以上内容填写完毕后,单击"保存"或"保存并送审"按钮,进入审批流程,如图 6.34 所示。

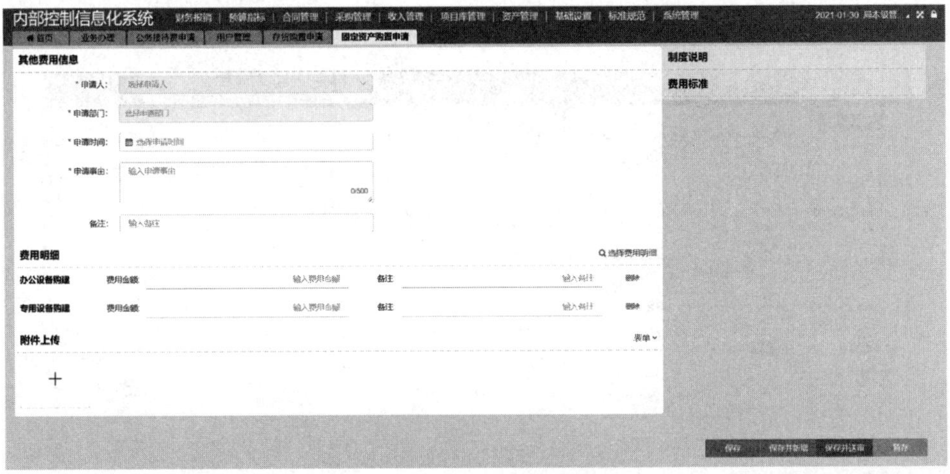

图 6.34 固定资产购置申请

7）其他费用

单击"其他费用"按钮，进入"其他费用申请"页面。"其他费用申请"分四部分内容，分别是其他费用信息、费用明细、附件清单和制度说明。

"其他费用信息"由申请人、申请部门、申请时间、申请事由等费用相关基础项构成。用户根据实际情况填写或选择相应内容。

"费用明细"指经济活动开支内容。单击右侧"选择费用明细"按钮，弹出费用明细选择框，勾选要使用的费用明细，填写费用金额和备注信息。

"附件清单"指申请费用所提供的相关资料、辅助决策等材料，供领导审批、参阅。

"制度说明"指系统内置有关其他费用的管理办法或制度文件，供经办人查阅、参考。

将以上内容填写完毕后，单击"保存"或"保存并送审"按钮，进入审批流程，如图6.35所示。

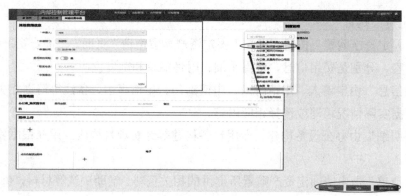

图6.35　其他费用申请

2. 借款

借款分两种业务场景：事前申请后借款和直接借款。做过相应事前申请后借款，则在"已申请费用报销"栏下选择"借款"选项。直接借款单击"费用报销"右侧的"需要借款"按钮进行借款。借款申请审核通过后，在之后的报销中，可以冲销借款（详细内容见下文"3.费用报销"），如图6.36所示。

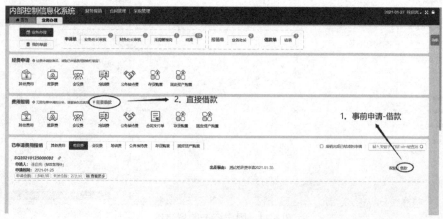

图6.36　借款类型入口

1）事前申请借款

在"已申请费用报销"功能区域下，找出需要借款的申请数据。在右侧操作栏下选择"借款"选项，进入"借款"页面。借款单由四部分内容构成：借款单信息、经费来源、结算方式和制度说明。

"借款单信息"由借款人、借款部门、借款时间、借款金额、借款事由等相关基础项构成。用户根据实际情况填写或选择相应内容。

"经费来源"指经济活动开支内容所用指标，为事前申请单所使用的指标。

"结算方式"指借款由哪种方式结算，系统提供转账和现金结算、支票、公务卡4种方式，默认为汇款转账。用户根据实际内容选择。

"制度说明"指系统内置有关费用的管理办法或制度文件，供经办人查阅、参考。

将以上内容填写完毕后，单击"保存"或"保存并送审"按钮，进入审批流程，如图6.37所示。

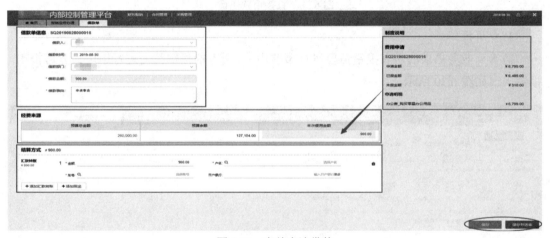

图6.37　事前申请借款

2）直接借款

在"费用报销"功能区域右侧，单击"需要借款"按钮，进入"直接借款申请"页面。直接借款和事前申请转借款一样，由四部分内容构成：借款单信息、经费来源、结算方式和制度说明。

"借款单信息"由借款人、借款部门、借款时间、借款金额、借款事由等相关基础项构成。用户根据实际情况填写或选择相应内容。

"经费来源"指经济活动开支内容所用指标，为事前申请单所使用的指标。

"结算方式"指借款由哪种方式结算，系统提供汇款转账和现金结算两种方式，默认为汇款转账。用户根据实际内容选择。

"制度说明"指系统内置有关费用的管理办法或制度文件，供经办人查阅、参考。

将以上内容填写完毕后，单击"保存"或"保存并送审"按钮，进入审批流程，如图6.38所示。

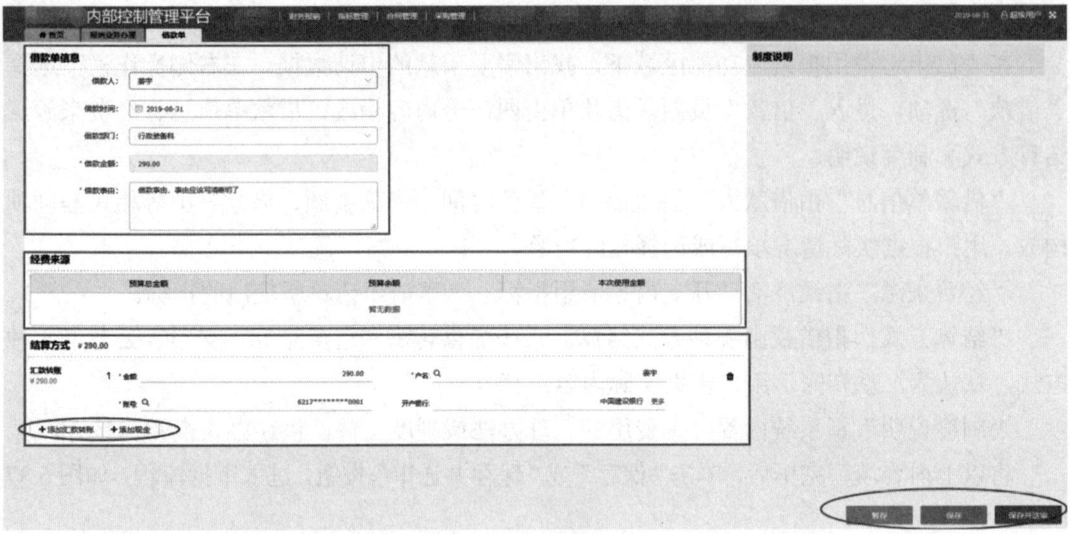

图 6.38　直接借款申请

3. 费用报销

监管局业务需求的所有报销需要进行事前申请,所有的报销都需进行申请后方可报销。报销入口如图 6.39 所示。

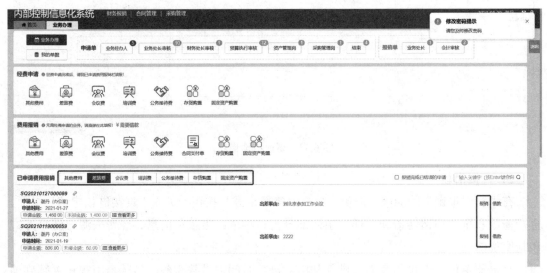

图 6.39　报销入口图

由于不同事项报销所填写的内容不一致,费用报销有"差旅费""会议费""培训费""公务接待费""存货购置""固定资产购置""其他费用"等业务报销功能。以下介绍差旅费报销和其他费用报销(会议费报销、培训费报销、公务接待费报销、存货购置报销、固定资产报销与其他费用报销类似,不再另做详细介绍)。

1) 差旅费报销申请单

单击费用报销区域下的"差旅费"按钮,进入"差旅费报销"页面。差旅费报销单由三部分内容构成:填写出差事由、填写行程信息、确认行程信息。以下针对每一部分填报信息内容进行逐一解释。

（1）填写出差事由。此部分内容较简单，由出差人、出差类型、出差事由、是否有同行人等内容构成。

"出差人"：默认值为当前用户，单击"选择出差人"按钮可以选择出差人（可多选）。如图 6.40 所示。

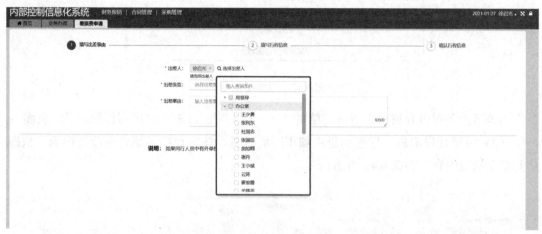

图 6.40　选择出差人

"出差类型"：根据出差业务类型不同，"出差类型"有会议、培训、检查调研及其他、办案、开庭、送达等，用户根据实际情况做相应选择，如图 6.41 所示。

图 6.41　出差类型选择

注：当出差类型为会议和培训时，注意是否提供食宿选项按钮。默认提供食宿；选择提供食宿时，无住宿、餐饮相关费用补助（报销）。

"出差事由"：用户根据实际情况，认真填写出差事由。

"同行人"：若有非本单位同行出差人员（外聘等），可添加同行人。同行人经发生的费用可根据单位实际情况填写，是否由本单位报销，如图 6.42 所示。

图 6.42　添加同行人

出差事由各项内容填写完毕后,单击"下一步"按钮,进入"填写行程信息"页面。

(2) 填写行程信息。行程信息由城市间交通费、住宿费和其他费用项目构成。根据实际情况填写内容,如图 6.43 所示。

图 6.43　填写行程信息

选择交通工具后,填写相应的到达地点、出发/到达日期、票价金额,单击"返程"按钮,填写返程信息,如图 6.44 所示。

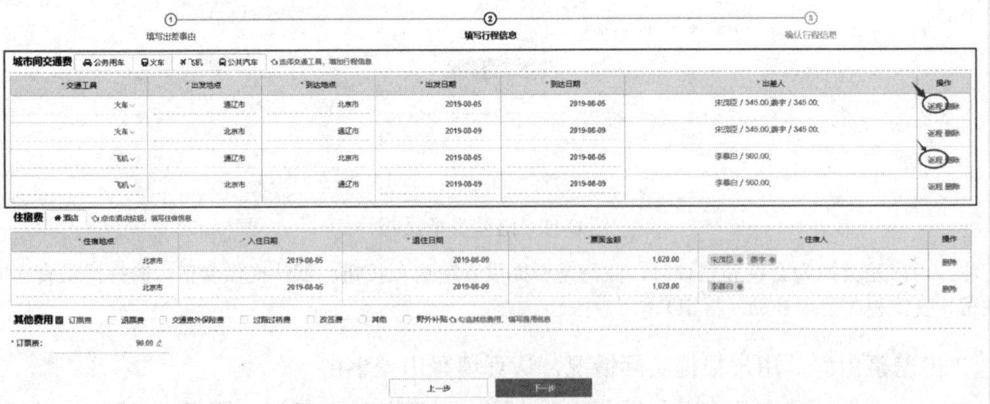

图 6.44　城市间交通费

注:若交通工具选择"公务用车",需要注意公务用车后面的"全程保障"复选框。默认勾选状态。选择全程保障后,没有出差市内交通费补助项。

单击住宿费右侧的"酒店"按钮,填写住宿信息,如图6.45所示。

图6.45 住宿费

(3)确认行程信息。行程信息填写完毕后,单击"下一步"按钮,进入"确认行程信息"页面。在此页面下补充发票张数、结算信息、附件清单等内容,如图6.46和图6.47所示。

图6.46 确认行程信息1

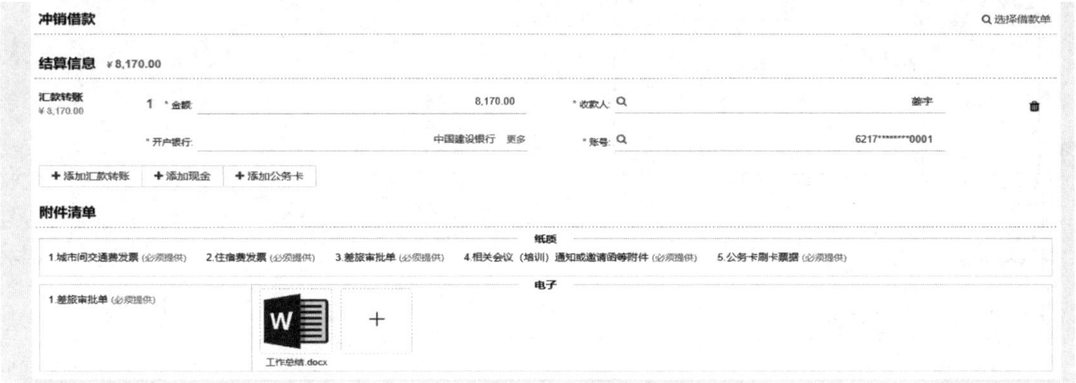

图6.47 确认行程信息2

填写结算信息时,可以冲销之前的借款单,操作如图6.48所示。

图 6.48 冲销单据

2）其他费用报销

单击"其他费用"按钮，进入"其他费用报销"页面。"其他费用报销"分五部分内容，其他费用信息、费用明细、附件清单、结算信息和制度说明。

"其他费用信息"由申请人、申请部门、申请时间、申请事由等费用相关基础项构成。用户根据实际情况填写或选择相应内容。

"费用明细"指经济活动开支内容。单击右侧"选择费用明细"按钮，弹出"费用明细"选择框，勾选要使用的费用明细，填写费用金额和备注信息。

"结算信息"指确定报销结算方式。系统提供汇款转账、公务卡、现金3种结算方式。在填写结算信息时，可以冲销之前的借款。

"附件清单"指申请费用所提供的相关资料、辅助决策等材料。供领导审批、参阅。

"制度说明"指系统内置有关其他费用的管理办法或制度文件，供经办人查阅、参考。

将以上内容填写完毕后，单击"保存"或"保存并送审"按钮，进入审批流程，如图6.49所示。

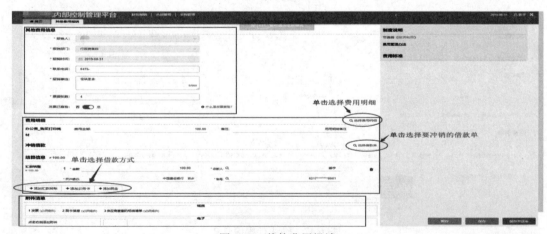

图 6.49 其他费用报销

4. 单据审核

单据申请、借款、报销工作保存送审后，在"我的单据"里，单击"查看流程"按钮可以看到单据审批状态，如图6.50、图6.51所示。

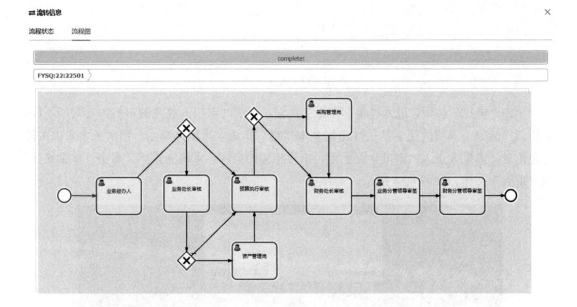

图6.50　我的单据

图6.51　查看审核流程

用有审核权限的用户登录系统，在系统首页待办事项提醒区域可以看到要审核的数据。或是依次单击"财务报销""业务审批"按钮，选择"单据类型"选项，进行审批操作，如图6.52和图6.53所示。

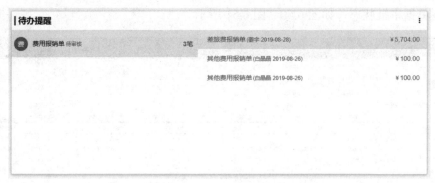

图 6.52　首页待办——审核

单据编号	申请日期	单据类型	单位	申请人	部门	申请金额	申请事由	审批节点	制单人	操作
SQ20210122000075	2021-01-22	公务接待费...	内蒙古自治...	谢丹	办公室	33.00	333333	预算执行审核	谢丹	审批 查看流程 打印 附件
SQ20210122000070	2021-01-22	其他费用申...	内蒙古自治...	谢丹	办公室	12.00	去玩儿	预算执行审核	谢丹	审批 查看流程 打印 附件
SQ20210122000066	2021-01-22	其他费用申...	内蒙古自治...	谢丹	办公室	27.00	27	预算执行审核	谢丹	审批 查看流程 打印 附件
SQ20210122000064	2021-01-22	其他费用申...	内蒙古自治...	谢丹	办公室	88.00	8888888	预算执行审核	谢丹	审批 查看流程 打印 附件
SQ20210122000063	2021-01-22	其他费用申...	内蒙古自治...	谢丹	办公室	99.00	999999	预算执行审核	谢丹	审批 查看流程 打印 附件
SQ20210111000035	2021-01-11	其他费用申...	内蒙古自治...	谢丹	办公室	11.00	测测待办	预算执行审核	谢丹	审批 查看流程 打印 附件
SQ20210108000015	2021-01-08	存货购置申...	内蒙古自治...	谢丹	办公室	200.00	办公用品	预算执行审核	谢丹	审批 查看流程 打印 附件
SQ20210108000014	2021-01-08	培训费申请单	内蒙古自治...	谢丹	办公室	68,000.00		预算执行审核	谢丹	审批 查看流程 打印 附件
SQ20210108000013	2021-01-08	会议费申请单	内蒙古自治...	谢丹	办公室	14,900.00		预算执行审核	谢丹	审批 查看流程 打印 附件
SQ20210108000012	2021-01-08	差旅费申请单	内蒙古自治...	谢丹	办公室	5,000.00	全国系统办公	预算执行审核	谢丹	审批 查看流程 打印 附件

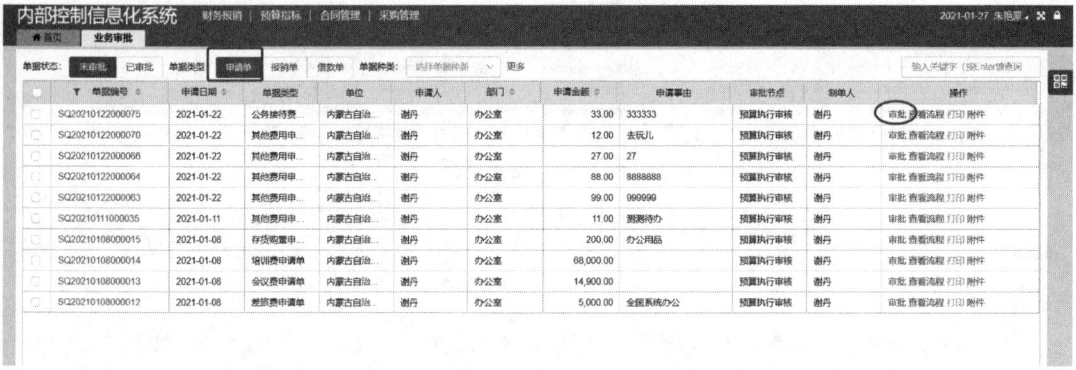

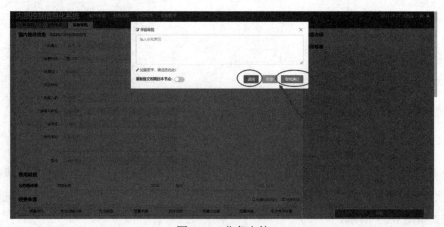

图 6.53　业务审批

单击“审批”按钮，进入“单据审批”页面。不同的审核人关注的审核内容可能不同，如部门（庭室）负责人更多的关注单据基本信息、申请（报销）事由，而财务负责人关注资金信息。审批人进入“审批”页面后，审核相应的内容，审核无误后，单击“审批通过”或“退回”按钮，如图 6.54 所示。

图 6.54　业务审核

做业务审批时，审批内容为“经费来源”的，由于目前预算指标并没有做分解工作，没有分解到具体某一部门，现阶段由财务人员来选择。单击“选择指标”按钮选择相应的指标，如图 6.55 所示。

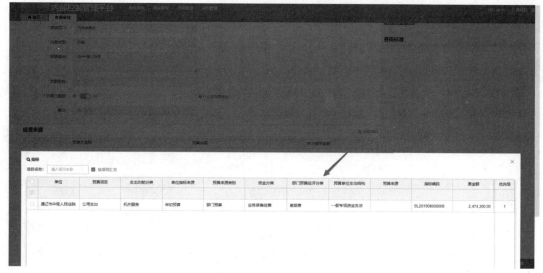

图 6.55　经费来源选择

5. 经费办结

经费办结，指将已申请为报销的费用归还指标的操作。

例如：用于"办公费"支出的指标金额为 1000 元，此指标全单位可用。用户"张三"办理办公费事前申请 200 元，此时，其他用户可用（可申请）办公费为 800 元。用户"张三"用申请的办公费报销了 150 元，剩余 50 元办公费事前申请金额。此时，其他用户可用（可申请）办公费还是 800 元。当用户"张三"将剩余 50 元办公费事前申请做"经费办结"处理后，其他用户可用（可申请）办公费金额为 850 元。

经费申请是将费用申请为自己可用；经费办结是将已申请未使用的申请金额归还指标，以免造成指标浪费。

6.3　账务处理

6.3.1　基础设置

1. 账套设置

1）功能概述

各级单位财务核算根据自身管理需要设置账套的核算规则，设置财务负责人信息，账套是财务核算的基本单位，可在每个账套中设置独立的会计科目等内容。单位账套的建立需要建立在统一规范的基础上，因此单位账套中部分核算规则无法修改，为统一规范控制的内容（系统中已经为各单位预制完成账套和会计科目等信息，各单位人员登录系统以后需要确认单位性质和科目体系是否正确，如有疑问可联系运维人员）。

2）操作介绍

单击"账务处理"—"账套设置"按钮，如图 6.56 所示。

图 6.56 账套设置

新增账簿：单击"建账向导"按钮，弹出"新建账簿"页面，如图 6.57 所示。

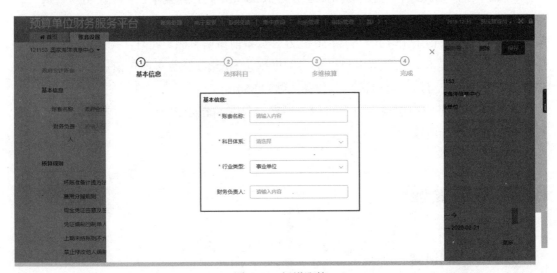

图 6.57 新增账簿

在输入框或下拉框前有星号的为必填项，输入完成后，单击"下一步"按钮，进行会计科目选择，再次单击"下一步"按钮时，选择"启用辅助核算"选项，再次单击"下一步"按钮，完成新建账套。

2. 会计科目

1）功能概述

会计科目指对会计要素的具体内容进行分类核算的项目，会计科目是为了满足会计确认、计量和报告的需要，根据单位内部管理和外部信息的需要，对会计要素进行分类的项目。会计科目是编制记账凭证的基础，会计凭证是确定所发生的经济业务应计入何种会计科目及分门别类登记账簿的凭据。

根据《政府新会计制度》的要求，会计科目按照两个会计体系、八类会计要素管理，该功能设置单位账套中使用的会计科目信息，可对现有科目进行修改，设置科目挂接的辅助核算信息等。

2）操作介绍

此界面可以对会计科目进行增删改查、停用、打印、导出的操作，可查看各个会计科目的明细账，如图 6.58 所示。

图 6.58　会计科目设置

单击"新增"按钮，如图 6.59 所示。

图 6.59　新增会计科目

输入会计科目的基本信息（注意会计科目的编码规则），设置增加辅助核算项及科目说明，单击"保存退出"按钮，新增成功。

单击"选用"按钮,勾选会计科目单击"确认"按钮,即可以选用系统级中已经存在的会计科目,如图 6.60 所示。

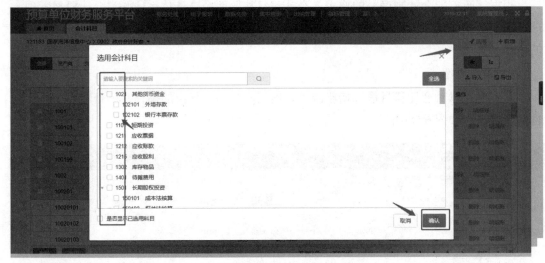

图 6.60　选用会计科目

3. 多维核算

1）功能概述

为了满足账簿查询、相关报表的管理要求,使各类查询更加立体,可在会计科目中挂接各类辅助核算。该功能管理的是单位启用和统一规范中启用的多维核算类别。单位可在此基础上进行调整。

2）操作介绍

该功能可对辅助核算进行增加、停用、查看（单位级）操作。辅助核算项是在要素定义中新增,在多维核算中勾选添加要素名称,单击"确定"按钮,添加成功,如图 6.61 所示。

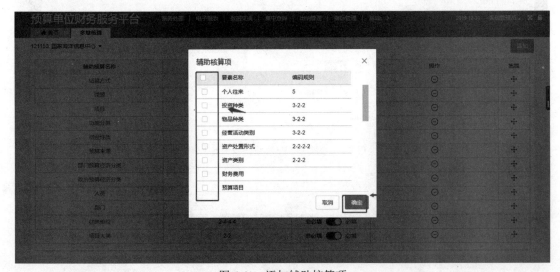

图 6.61　添加辅助核算项

4. 凭证类型

1）功能概述

系统中做记账凭证时，所需凭证类型。可以自行添加。

2）操作介绍

单击"凭证类型"按钮，如图 6.62 所示。

图 6.62　凭证类型菜单

单击"新增"按钮，如图 6.63 所示。

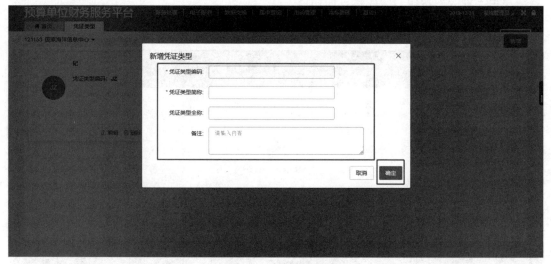

图 6.63　新增凭证类型

6.3.2　期初化

1. 功能概述

系统初始化或年初开账时通过科目期初功能建立当前年度期初余额数据。根据账套中所使用的科目体系及单位会计科目，显示所有会计科目信息，并设置期初，设置完成后进行试算平衡。试算平衡后，单击"确认"—"保存"按钮，进行后续的操作。

为了满足《政府新会计制度》的要求，试算平衡通过两个会计体系进行试算平衡。具有多维辅助的科目可设置具体辅助核算的科目期初余额信息。

2. 操作介绍

对会计科目的期初数进行录入，也可以直接导入、导出，如图 6.64 所示。

图 6.64　会计科目期初数据录入

单击"导入"按钮，完成科目期初导入。

下载模板，如图 6.65 所示。

图 6.65　科目期初导入下载模板

不使用导入功能，手动编辑时，当会计科目中有辅助核算时，双击此会计科目，打开"编辑"页面进行填写，如图 6.66、图 6.67 所示。

图 6.66　科目期初辅助核算录入 1

图 6.67　科目期初辅助核算录入 2

"保存",该功能为保存年初余额信息,不校验平衡公式。

"确认",该功能为保存年初余额信息,检验平衡公式,必须保证借贷平衡才能确认,如图 6.68 所示。

图 6.68　科目期初保存

录入过程中，系统会自动试算平衡，单击"查看详情"按钮，可以查看详细科目试算平衡信息，显示每个会计要素的借贷方期初余额信息。

6.3.3 凭证处理

1. 凭证编制

1）功能概述

会计凭证是整个会计核算系统的主要数据来源，是整个核算系统的基础，会计凭证的正确性将直接影响到整个会计信息系统的真实性、可靠性，因此系统必须保证会计凭证录入数据的正确性。

编制凭证时，根据不同的数据来源，可分为手工新增凭证和从支付系统生成两种方式。

2）操作介绍

单击菜单栏中"财务处理"—"凭证处理"—"凭证编制"按钮，按照实际业务发生制作相应凭证。

新增凭证：如图 6.69 所示。

图 6.69　新增凭证

凭证模板的调用：双击"摘要栏"按钮，按住 Shift+# 键，可带出凭证模板供选择使用，如图 6.70 所示。

图 6.70　调用凭证模板

查询凭证：单击右侧"凭证列表"的"▤"按钮，可以进行查看、插入、复制凭证的操作，如图 6.71 所示。

图 6.71　查询凭证

操作习惯设置：单击右侧"设置（⚙）"按钮，进入"设置"页面，可以对凭证编制进行以下设置。

（1）设置页面布局：分为前后布局、左右布局、上下布局、一体布局（默认和推荐）。

（2）凭证日期：可将编制凭证前的日期设置为工作环境日期或上一张凭证的日期。

（3）默认焦点位置：可将默认焦点设置为凭证日期、附件张数或财务会计首行摘要。

（4）辅助核算中回车跳转位置：可以设置为下一行科目分录或是下一行辅助分录。

（5）科目显示方式：可以设置科目的显示方式。包括代码＋名称、代码＋全称、科目名称、科目全称。

（6）新增辅助分录是否自动复制上一行：可以选择复制或不复制。在编制凭证时，输入一行辅助分录后，若需要再输入一行，应单击分录行左侧的"+"按钮，如果选择复制辅助分录行，则新增的辅助分录行自动复制上一行的数据；如果选择不复制，则添加空白行。

（7）是否开启智能推荐：开启录完财务会计凭证借贷平衡以后会智能推荐可能的预算会计分录；同理，录完预算会计凭证借贷平衡以后会智能推荐可能的财务会计凭证（建议使用预算财务推荐），如图 6.72 所示。

图 6.72　开启凭证智能推荐

凭证智能推荐：录制一张凭证，下方会有蓝色长条出现，单击蓝色长条，即可展现推荐出的一张或多张预算会计凭证，单击选中则预算会计分录中会出现智能推荐出来的科目，财务会计和预算会计确认无误后单击"保存"按钮即可，如图 6.73 所示。

图 6.73　凭证智能推荐

外币录入：录入外币金额和汇率自动计算本位币金额。外币金额和汇率允许为空。外币金额录入存在辅助核算时，需要在辅助核算行上的金额列前面证据外币金额、汇率录入列。

查询余额：录入凭证时，选择科目后查询当前科目的科目余额，若是带有辅助核算的，则查询对应的辅助核算项的余额，该功能在查询借款及付款时比较常用。该功能可通过快捷键 F6 调出，可通过键盘快捷键 Esc 快速关闭，如图 6.74 所示。

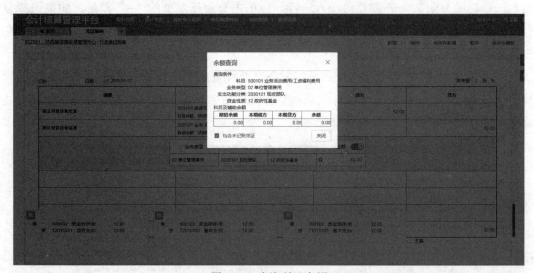

图 6.74　查询科目余额

凭证查询：在凭证编制页面上调用凭证列表，可在凭证列表中进行相关操作，可查看凭证，在当前凭证之前插入凭证，通过复制的方式形成新的会计凭证，如图 6.75 所示。

图 6.75 查询凭证

电子附件上传：在凭证编制页面，可上传电子附件信息，可随时查询凭证的电子附件，并可在系统中对图片等内容实时预览，如图 6.76 所示。

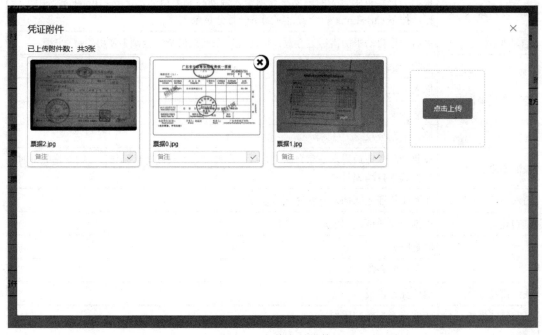

图 6.76 上传电子附件

3）其他功能

凭证编制功能清单如表 6.1 所示。

表 6.1 凭证编制功能清单

功　　能	描　　述
账套切换	当有多个账套时可以切换账套

续表

功　能	描　述
凭证列表	根据凭证列表中的条件带入凭证列表到列表窗口中。可以通过模糊搜索凭证列表中的凭证，并可复制、删除、插入凭证
凭证模板	引入凭证草稿和调用凭证模板功能
全键盘操作	支持全键盘录入模式
计算器	在借贷方可以进行加减乘除运算，单击回车键会自动得出结果
提示差额	凭证录入时系统实时显示借方合计与贷方合计差额，如果为《政府新会计制度》，需要进行两个会计体系的各自平衡
数量金额凭证录入	凭证录入按数量核算的会计科目时，支持由金额和数量自动计算出单价
电子附件上传	支持与上传电子附件并支持附件在线预览
名称切换	支持切换显示会计科目及辅助核算项值模式代码、名称、全称的组合
默认焦点	用户调整默认焦点位置后记录用户的调整，录入新凭证时根据此设置定位焦点位置
默认值日期	根据工作环境带入默认的凭证日期，如果为设置工作环境默认值，则默认当前服务器日期
辅助分录录入	根据会计科目中设置的辅助核算项带入辅助核算类别录入，按下 Enter 键选中下一行，按下 Ctrl+Enter 组合键返回到下一行分录录入
自动平衡	最后一行自动平衡借贷方金额，同时支持在任意借贷方金额中使用"="平衡
凭证分录操作	删除分录
	插入分录
	删除辅助分录
	插入辅助分录
凭证删除	设置删除凭证后提示是否自动进行凭证重排序，如果没有重新排序，则新增凭证时，根据选项自动编号
插入凭证功能	在两张凭证之间插入一张凭证
复制凭证功能	根据当前凭证复制生成一张凭证
联查	联查账表
	查询总账余额
凭证模板	调用凭证模板
另存凭证模板	凭证另存为凭证模板
凭证审核	凭证审核、销审
凭证记账	对已审核的凭证记账
冲红	对现有凭证进行冲红，生成方向相反的凭证
作废	凭证作废、还原
导航	上一张、下一张查看凭证
快捷键	凭证操作快捷键

凭证快捷键操作： 为满足凭证快速录入的要求，除全系统的全键盘操作外，凭证编制页面增加了凭证编制过程中常用的快捷键，如图 6.77 所示。

图 6.77　凭证快捷键操作

2. 业务单据记账

1）功能概述

通过该功能可将支付系统的数据接入本系统中，通过各类业务数据生成会计凭证。实现系统间互联及数据共享，达到数据信息规范统一，减少重复工作，提升工作效率和数据准确性的目标。

2）操作介绍

单击"业务单据记账"按钮，如图 6.78 所示。

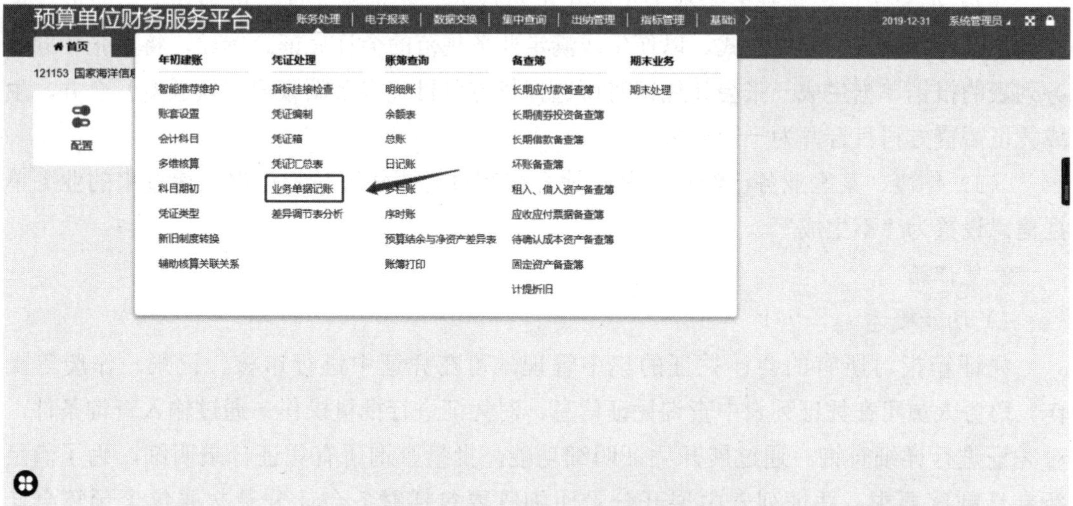

图 6.78　业务单据记账菜单

根据业务单据,自动生成凭证。

选择"业务类型"选项,业务类型右上角会显示该业务类型下的业务单据数量。可以输入查询条件进行查询。单击操作中的"预览生成"按钮,可以预览凭证,可以在预览中进行修改,也可以进行生成、作废、查看原始票据的操作。

页面下方可以批量生成凭证和预览凭证。单击"更多"按钮,可以输入详细的条件,也可以勾选汇总成一张凭证,如图 6.79 所示。

图 6.79 业务单据生成凭证

3)业务逻辑说明

(1)凭证生成,选择业务单据数据后单击"凭证生成"按钮,匹配凭证生成模板将业务单据生成记账凭证,生成凭证包括财务会计分录和预算分录。并可通过"预览生成"功能在生成凭证时先打开凭证进行预览,确认无误后保存生成。

(2)汇总生成,选择多个业务单据可汇总成为一张记账凭证。可选择汇总生成凭证的分录及辅助核算的合并方式。以便生成满足业务规范的会计凭证。例如,将两张相同业务列表的报销单据生成一张会计凭证时可选择贷方科目(零余额账户用款额度)合并,生成凭证后贷方科目合并为一行分录。

(3)作废,某些业务已经通过其他途径编制过记账凭证后,可将传递过来的业务单据信息设置为"不生成"。

3. 凭证箱

1)功能概述

凭证箱指对所有的会计凭证的集中管理,可在凭证中进行审核、记账、作废等操作。财务人员可在凭证列表中查询凭证信息,对凭证进行批量操作。通过输入查询条件,对凭证进行详细查询。通过展开凭证明细功能,批量查询所有凭证分录明细,为了满足新会计制度要求,凭证列表中展开分录明细既要包括财务会计分录又要包含预算会计分录。

2）操作介绍

编制完成的凭证在"凭证列表"中查看，单击菜单栏中"财务处理"—"凭证处理"—"凭证箱"按钮，在该模块下对凭证进行审核、记账等操作。所有凭证，审核之后才能记账，也可进行反记账、销审操作，如图6.80所示。

图6.80 凭证箱图

凭证排序：如果发现凭证断号，可在凭证列表中单击"凭证排序"按钮进行重排序，如图6.81所示。

图6.81 凭证排序

凭证箱还具有查看凭证详情的功能。双击凭证列表中的"凭证"按钮，跳转到"凭证编制"的页面进而查看凭证详情。也可以单击"摘要"按钮，查看凭证详情，如图6.82所示。

图 6.82　查看凭证详情

在凭证箱右侧单击"设置（ ）"按钮，可以对凭证箱展示内容进行设置，如图 6.83 所示。

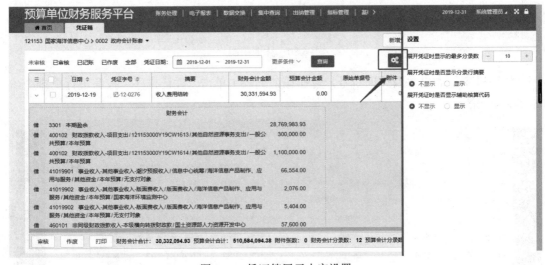

图 6.83　凭证箱展示内容设置

4. 凭证汇总表

1）功能概述

凭证汇总表又称科目汇总表。应定期对全部记账凭证进行汇总，按各个会计科目列示其借方发生额和贷方发生额。依据借贷记账法的基本原理，科目汇总表中各个会计科目的借方发生额合计与贷方发生额合计应该相等，因此，科目汇总表具有试算平衡的作用。科目汇总表是科目汇总表核算形式下总分类账登记的依据。

凭证汇总表功能用于查询及打印所选期间的凭证汇总后的借方发生、贷方发生情况，并用于归档，主要功能如下。

（1）支持选择特定的凭证范围查询。

（2）支持设置查询是否包含未记账凭证。

（3）支持设置汇总级次，查询指定级次的科目汇总情况。
（4）支持设置是否逐级汇总。
（5）支持导出 excel 文件，用于后续加工利用。
（6）支持按照特定格式打印。

2）操作介绍

在凭证汇总表输入查询条件，可以对凭证进行汇总，如图 6.84 所示。

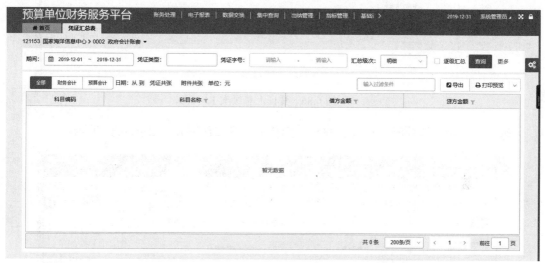

图 6.84　凭证汇总表

单击"科目编码"按钮，可以跳转到该科目的明细账。单击右侧的"设置（ ）"按钮，可以设置更详细的查询条件，如图 6.85 所示。

图 6.85　凭证查询条件

保存方案指把日常需要查询的常用条件筛选出后，单击"保存方案"按钮，在下次查询相同要素时，可直接调用该方案。

汇总级次指查询结果中会计科目的显示级次，选择"一级"选项，则会显示到一级科目，如图 6.86 所示。

图 6.86 凭证汇总级次 1

选择"二级"选项时,科目名称一栏则会显示到二级科目,如图 6.87 所示。

图 6.87 凭证汇总级次 2

选择"逐级汇总"选项,则会列出各级的查询结果,如图 6.88 所示。

图 6.88 凭证汇总级次 3

单击"打印"按钮,则会出现控件下载提示,如图 6.89 所示。

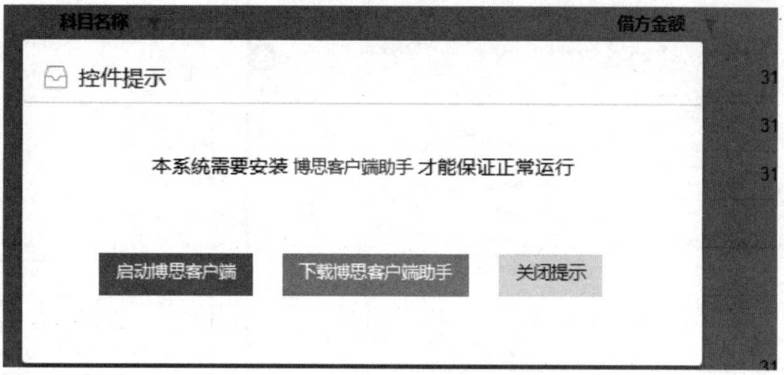

图 6.89 凭证打印控件下载

单击"下载博思客户端助手"按钮安装软件,安装完成,即可打印。

6.3.4 账簿查询

1. 明细账

1)功能概述

明细分类账簿也称明细分类账,简称明细账。它是根据二级会计科目或明细子目开设账页、明细登记某一类经济业务的账簿,明细分类账簿是根据单位管理的需要由单位自主设置。一般说来,单位对各种财产物资、费用成本和收入成果、债权债务等往来款项,都应在有关总账科目下设置明细分类账,进行明细分类核算。它提供各类会计要素明细核算资料和金额。

分类账查询功能用于查询各科目的明细数据,包括查询明细科目的借方、贷方、年初余额、期初余额、本期合计、本年累计和余额等总账凭证数据。主要功能如下。

(1)支持按照科目的维度查询日常业务数据。

(2)支持一次性查询多个科目的数据。

(3)支持辅助明细账。

(4)支持明细账联查凭证。

(5)支持按照设定的模板格式打印账表。

(6)支持将设置查询条件保存为查询方案。

(7)支持导出 excel 文件,用于后续加工利用。

2)操作介绍

单击菜单栏中"财务处理"—"账簿查询"—"明细账"按钮。可根据"会计科目""会计期间""辅助核算项"以及凭证状态对"明细账"进行查询和打印。

(1)明细账查询。会计科目查询,单击进入"明细账"页面,可直接进行筛选,辅助核算项在"更多"设置中可进行筛选,详细如图 6.90 所示。

图 6.90　明细账查询

勾选"栏目"则会在查询结果中查询出来，如图 6.90 所示。

其他选项（含未记账），指包含未审核、已审核、已记账所有的凭证。把日常需要查询的常用条件筛选出后，单击"保存方案"按钮，在下次查询相同要素时，可直接调用该方案，如图 6.91 所示。

图 6.91　明细账查询方案设置

（2）账簿格式。明细分类账统计了符合查询条件的科目记账日期、凭证编号、摘要、借方、贷方、方向（余额方向）、金额、年初余额、期初余额、本期合计和本年累计。

记账日期：根据凭证中录入的记账日期显示。

凭证编号：根据凭证中录入的凭证类型＋凭证字号显示。

摘要：根据凭证中录入的摘要显示。不显示核算项目时，默认显示凭证的分录行摘要；显示核算项目时，显示核算项目对应的辅助账摘要。

借方：根据选择的期间，按记账日期显示科目查询期间的借方发生额。默认不包含未记账凭证数据，选择"含未记账"选项，则包括未记账凭证的金额。

贷方：根据选择的期间，按记账日期显示科目查询期间的贷方发生额。

方向：显示查询科目的余额方向。

余额：根据选择的会计期间，统计截止期间的科目余额。

科目为借方科目：余额＝期初余额＋本期借方发生额－本期贷方发生额。

科目为贷方科目：余额＝期初余额＋本期贷方发生额－本期借方发生额。

年初余额：当起始期间是某年度的第一个会计期间时，系统统计科目的年初余额。

期初余额：当起始期间不是某年度的第一个会计期间时，系统统计科目的期初余额。

本期合计：借方，根据选择单位期间，统计科目查询期间的累计借方发生额；贷方，根据选择单位期间，统计科目查询期间的累计贷方发生额。

本年累计：借方，根据选择的期间，统计科目借方的本年累计额；贷方，根据选择的期间，统计科目贷方的本年累计额。

2. 余额表

1）功能概述

科目余额汇总表，简称余额表，它是按照明细科目发生额及余额编制的。每月根据凭证汇总来登记每个科目的汇总数，分借贷方登记。

为了满足《政府新会计制度》各类统计分析口径的需要，系统在核算时支持按照支出功能分类、部门预算经济分类、预算项目、部门、人员、自用项目、资金性质、往来单位等分类，进行多维辅助核算，从而保证同一笔业务的多角度管理。

科目余额表查询功能用于查询科目余额表的账务数据，包括查询科目的年初余额、期初余额、本期发生额、本年累计和期末余额等项目数据。主要功能如下。

（1）支持选择多个科目查询科目余额表。

（2）支持设置多维核算，查询辅助余额信息。

（3）支持通过余额表联查明细账。

（4）支持设置查询维度的顺序按照不同的分组方式进行分组查询。

（5）支持按照设定的模板格式打印余额表。

（6）支持查询包含未记账凭证的数据。

（7）支持查询收入费用结转后不包含结转凭证的数据。

（8）支持将数据导出为 excel 文件，用于后续加工利用。

（9）支持将设置查询条件保存为查询方案。

2）操作介绍

单击菜单栏中"财务处理"—"账簿查询"—"余额表"按钮。可根据"会计科目""会计期间""辅助核算项"及凭证状态对"余额表"进行查询。

会计科目查询，单击进入"余额表"页面直接进行筛选，辅助核算项在"更多"设置中进行筛选，如图 6.92 所示。

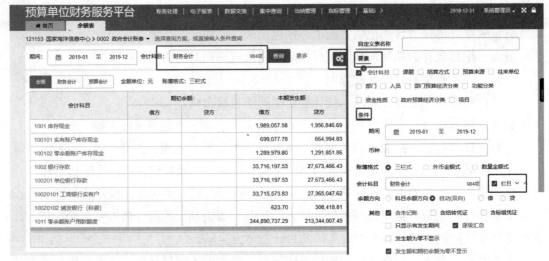

图 6.92　余额表查询

在对要素进行筛选的同时，也可保存为方案，下次查询相同要素时可直接调用该方案。"栏目"和"其他"的功能与明细账操作相同。

温馨提示：

（1）在查询时，可通过多维方式，实现对任何一个维度或多个维度的任意组合进行查询，并根据查询项的先后顺序进行分组。

（2）如果"经济分类"为栏目，科目为条件：不选择科目，视同科目"条件"为空；栏目"经济分类"为空，视为查询全部，只显示合计。

（3）如果同时选择了科目和经济分类为栏目，根据前后顺序，会有分组小计和最后的合计，科目展示时还会有会计要素的小计。

（4）如果设置了逐级汇总，则第一个栏目会汇总到上级科目。

3．总账

1）功能概述

总分类账，简称总账，是根据总分类科目开设账户，用来登记全部经济业务，进行总分类核算，提供总账核算资料的分类账簿。总分类账所提供的核算内容，是编制会计报表的主要依据，任何单位都必须设置总分类账。

总分类账一般采用订本式账簿。总分类账的账页格式，一般采用"借方金额""贷方金额""余额"三栏式。

总分类账的登记依据和方法，主要取决于所采用的会计核算形式。它可以直接根据各种记账凭证逐笔登记，也可以先把记账凭证按照一定方式进行汇总，编制成汇总表或汇总记账凭证等，据以登记。

总分类账查询功能用于查询总分类账的账务数据，包括查询总账科目的年初余额、本期借方发生额、本期贷方发生额、本年累计发生额等内容的数据。主要功能如下。

（1）支持按照科目的维度查询指定期间日常总账业务数据。

（2）支持查询包含未记账凭证数据。

（3）支持总账联查明细账。

（4）支持设置是否只显示有发生额的期间数据。

（5）支持按照设定的模板格式打印账簿。

（6）支持将账簿导出 excel 文件，用于后续加工利用。

2）操作介绍

单击菜单栏中"财务处理"—"账簿查询"—"总账"按钮。可根据"会计期间""会计科目"凭证状态对总账进行查询，如图 6.93 所示。

图 6.93　总账查询图

4. 日记账

1）功能概述

日记账又称序时账，指按经济业务发生和完成时间的先后顺序进行登记的账簿。它逐日按照记账凭证（或记账凭证所附的原始凭证）逐笔进行登记。本功能所指日记账指特种日记账，如设置现金日记账、银行存款日记账等。但从功能上仍然可以查询其他非现金银行类科目的日记账信息，其主要功能如下。

（1）支持按照科目的维度查询日常业务数据。

（2）支持序时账联查凭证。

（3）支持按照设定的模板格式打印账表。

（4）支持导出 excel 文件，用于后续加工利用。

2）操作介绍

单击菜单栏中"财务处理"—"账簿查询"—"日记账"按钮。可根据"会计期间""会计科目"凭证状态对日记账进行查询，如图 6.94 所示。

图 6.94　日记账查询图

"日记账"页面右侧的圆形图则是对现金类、银行存款类、零余额类科目的比例分析，如图 6.95 所示。

图 6.95　日记账分析图

3）业务逻辑说明

（1）可选择日期范围数据进行科目查询。

（2）可查询是否包含未记账凭证的数据。

（3）查询日记账时根据应用场景，按照现金、银行存款、零余额账户用款额度的期末余额显示结构分析。

5. 多栏账

1）功能概述

多栏式明细账，简称多栏账，指将登记的明细项目设置为若干专栏，以便归类、集中登记明细科目或明细项目全部金额的账簿。

多栏式明细分类账,指根据经济业务的特点和经营管理的需要,在一张账页内按有关明细科目或明细项目分设若干专栏,用以在同一张账页集中反映各有关明细科目或明细项目的核算资料。按明细分类账登记的经济业务不同,多栏式明细分类账页又分为借方多栏、贷方多栏两种格式。

多栏账查询功能用于按照设定的栏目查询多项明细账数据,用户可以自定义多栏账查询方案,以满足多样的应用需要。主要功能如下。

(1)支持将科目或辅助核算设置为查询栏目,查询指定日期范围的多栏明细账数据。

(2)支持查询包含未记账凭证数据。

(3)支持总账联查会计凭证。

(4)支持按照设定的模板格式打印账簿。

(5)支持将账簿导出 excel 文件,用于后续加工利用。

(6)支持将设置的栏目和条件保存为查询方案。

2)操作介绍

单击菜单栏中"财务处理"—"账簿查询"—"多栏账"按钮。可根据日期、栏目、栏目详细科目、方向进行查询,也可单击"更多"按钮进行查询,单击"保存方案"按钮保存查询方案,如图 6.96 所示。

图 6.96　多栏账查询图

3)业务逻辑说明

(1)多栏账中栏目必须选择两项及两项以上。

(2)多栏式明细账只有借方或贷方。如果是借方,那么记录贷方时,在数字前加"-"号。

(3)如果要素选中栏目,在条件区域的要素隐藏选择栏目的要素。

6. 序时账

1）功能概述

序时账簿，简称序时账，指按经济业务发生的先后时序、逐日登记的账簿。序时账簿反映了经济业务发生的经过顺序。

序时账查询功能用于按照设定的查询条件，按照序时顺序查询明细数据，用户可以自定义查询条件，以满足多样的应用需要。主要功能如下。

（1）支持按照科目的维度查询日常业务数据。

（2）支持一次性查询多个科目的数据。

（3）支持按照多维核算要素进行序时账查询。

（4）支持序时账联查凭证。

（5）支持按照设定的模板格式打印账表。

（6）支持将设置查询条件保存为查询方案。

（7）支持导出 excel 文件，用于后续加工利用。

2）操作介绍

单击菜单栏中"财务处理"—"账簿查询"—"序时账"按钮。可根据日期、栏目、栏目详细科目、方向进行查询，也可单击"保存方案"按钮，保存查询方案，如图 6.97 所示。

图 6.97　序时账查询图

3）业务逻辑说明

（1）序时账查询可选择日期范围数据进行科目及其他核算要素的查询。

（2）序时账查询可输入凭证字号进行查询。

（3）可查询是否包含未记账凭证的数据。

7. 资产备查簿

1）功能概述

资产备查簿中可按照资产类别进行资产信息登记。

此页面左侧为类别，右侧为资产信息列表和添加资产信息数据。

主要功能如下。

（1）资产登记。

（2）资产处置。

（3）资产变更。

2）操作介绍

单击"新增"按钮填写数据，如图 6.98 所示。

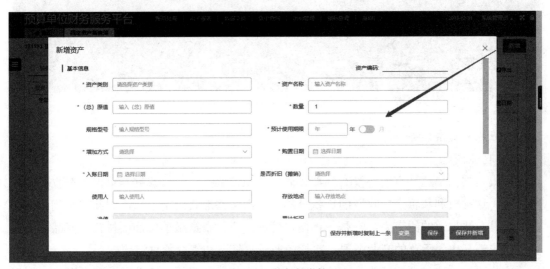

图 6.98　资产备查簿

修改时可单击"变更记录"选项查看历史修改记录，如图 6.99 所示。

图 6.99　资产备查簿变更记录

在查询列表"操作"字段中单击"处置"按钮，可进行资产处置操作，并可生成资产处置凭证，如图 6.100 所示。

图 6.100　资产备查簿资产处置

8. 应收应付票据备查簿

1）功能概述

应收票据指单位持有的还没有到期、尚未兑现的票据。应收票据是单位未来收取货款的权利，这种权利和将来应收取的货款金额以书面文件形式约定下来，因此它受到法律的保护，具有法律上的约束力。它是一种债权凭证。应付票据指单位购买材料、商品和接受劳务供应等开出、承兑的商业汇票，包括商业承兑汇票和银行承兑汇票。

应收票据、应付票据通常指商业汇票，包括银行承兑汇票和商业承兑汇票两种，属于远期票据，付款期一般在 1 个月以上，6 个月以内。其他的银行票据（支票、本票、汇票等），都是作为货币资金来核算的，而不作为应收应付票据。根据现行法律的规定，商业汇票的期限不得超过 6 个月，因而我国的商业汇票是一种流动资产。

转让背书：①应收票据到期收回款项时，应按票面金额予以结转；商业承兑汇票到期，承兑人违约拒付或无力支付票款的，应于收到银行退回的商业承兑汇票、委托收款凭证、未付票款通知书或拒付款证明时，将其转作应收账款。②将持有的应收票据背书转让时，应按票面金额结转。如为带息票据，还应将尚未计提的利息冲减财务费用。

《政府新会计制度》要求，事业单位应当设置"应收票据备查簿"，逐笔登记每一应收票据的种类、号数、出票日期、到期日、票面金额、交易合同号和付款人、承兑人、背书人姓名或单位名称、背书转让日、贴现日期、贴现率和贴现净额、收款日期、收回金额和退票情况等。应收票据到期结清票款或退票后，应当在备查簿内逐笔注销。

单位应当设置"应付票据备查簿"，详细登记每一类应付票据的种类、号数、出票日期、到期日、票面金额、交易合同号、收款人姓名或单位名称，以及付款日期和金额等信息。应付票据到期结清票款后，应当在备查簿内逐笔注销。

应收票据备查簿：该备查簿用于逐笔登记每一应收票据的种类、号数、出票日期、票面金额、票面利率、交易合同号，付款人、承兑人、背书人的姓名或单位名称，到期日、背书转让日、贴现日期、贴现率、贴现净额、未计提的利息，以及收款日期和收回金额、退票情况等资料。应收票据到期结清票款或退票后,应当在备查簿内逐笔注销。对于到期不能收回的带息应收票据,转入"应收账款"科目核算后,期末不再计提利息,其所包含的利息在有关备查簿中进行登记,待实际收到时,再冲减收到当期的财务费用。

其主要功能如下。

(1)登记应收银行承兑汇票。

(2)登记应收商业承兑汇票。

(3)应收票据承兑。

(4)应收票据转让。

(5)应收票据退票处理。

(6)应收票据即将到期提醒。

应付票据备查簿:该备查簿用于详细登记每一应付票据的种类、号数、签发日期、到期日、票面金额、票面利率、合同交易号、收款人姓名或单位名称及付款日期和金额等资料。应付票据到期结清时,应当在备查簿内逐笔注销,主要功能如下。

(1)登记应付银行承兑汇票。

(2)登记应付商业承兑汇票。

(3)确认应付票据已承兑。

(4)确认应付票据已退票。

(5)提醒即将到期的应付票据。

2)操作介绍

单击页面左侧"应收票据备查簿"中的"登记"按钮,可登记银行或商业承兑汇票、应收票据备查簿;单击页面右侧"应付票据备查簿"中的"登记"按钮,可登记银行或商业承兑汇票、应付票据备查簿。

还可对现有票据备查簿进行编辑、承兑、转让、退票(单击进入相应页面)操作,如图 6.101 所示。

图 6.101　应收票据备查簿

9. 长期应付款查簿

1）功能概述

长期应付款备查簿用于登记债权人、用途、业务日期、到期日期、应付金额、应付余额、付息方式、利率（年）、年付息次数、年付息日、合同编号等信息。

其主要功能如下。

（1）长期应付款登记。

（2）长期应付款核销。

（3）长期应付款还款。

2）操作介绍

单击"账务处理"—"备查簿"—"长期应付款备查簿"按钮，查看债权业务资产处于何种状态（还款中、已结清、已核销），如图 6.102 所示。

图 6.102　长期应付款备查簿

单击右上角"登记"按钮，录入债权人信息，还可填写债权人还款计划时间，上传附件等信息，如图 6.103 所示。

图 6.103　长期应付款备查簿——登记

对于新增的长期应付款，还可以进行还款、核销操作，如图 6.104 所示。

图 6.104　长期应付款备查簿——还款核销

10. 长期债券投资备查簿

1）功能概述

长期债券投资备查簿可登记债券发行主体、债券名称、购入总价、数量、债券面值、付息方式、票面利率、年付息次数、年付息日等信息。

其主要功能如下。

（1）长期债券投资登记。

（2）长期债券投资核销。

（3）长期债券投资还款。

2）操作介绍

单击"账务处理"—"备查簿"—"长期债券投资备查簿"按钮，查看债券处于何种状态（已兑现、未兑现），如图 6.105 所示。

图 6.105　长期债券投资备查簿

单击右上角"登记"按钮，登记长期债券投资主要信息，如图 6.106 所示。

图 6.106　长期债券投资备查簿——登记

11. 长期借款查簿

1）功能概述

长期借款备查簿可跟踪单位长期借款情况。

其主要功能如下。

（1）长期借款登记。

（2）长期借款还款。

2）操作介绍

单击"账务处理"—"备查簿"—"长期借款备查簿"按钮，查看长期借款情况，如图 6.107 所示。

图 6.107　长期借款备查簿

单击"登记"按钮进行长期借款的登记，在长期借款登记界面可查看还款计划和上传附件等操作，如图 6.108 所示。

图 6.108　长期借款备查簿——登记

12. 现金流量分析

1）功能概述

现金流量分析可在自定义期间查找未完成或已完成列表。

2）操作介绍

单位如果需要对现金流量进行管理，首先需要在"账务处理"—"账套设置"选择"是否启用现金流量"选项。启用后在编制凭证保存后，如果涉及现金科目，系统会自动弹出现金流量登记页面，如图6.109所示。

图 6.109　现金流量登记

登记完成以后会在"已完成"页面中显示此条现金流量凭证，如果没有分析，则在现金流量分析"未完成"中显示此条凭证，需要进行现金流量分析。

选中需要分析的凭证，单击"分析"按钮进行现金流量分析，分析完成以后，就可以在现金流量表中查询到结果，如图6.110和图6.111所示。

图 6.110 现金流量分析 1

图 6.111 现金流量分析 2

查询现金流量表，如图 6.112 所示。

图 6.112 现金流量表查询

13. 预算结余与净资产差异分析

当财务会计金额与预算会计金额发生差异时，系统会自动查询出预算结余与净资产差异凭证，并显示在预算结余与净资产差异分析中，如图 6.113 所示。

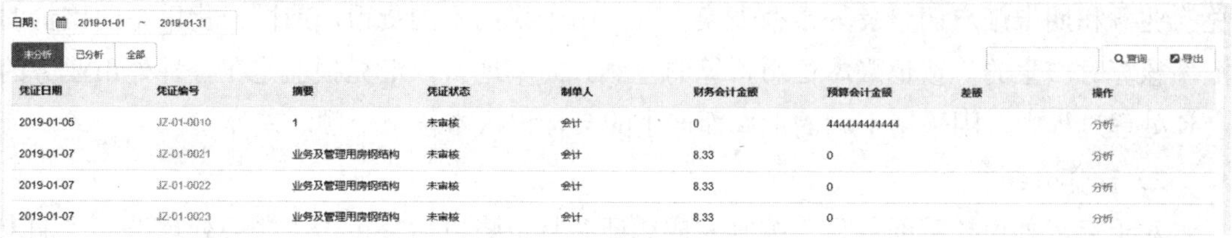

图 6.113　预算结余与净资产差异凭证

单击"分析"按钮，对差异项进行分析，选择"差异调节"选项，如图 6.114 所示。

图 6.114　预算结余与净资产差异分析

分析完成以后，可在预算结余与净资产差异表中查询到结果，如图 6.115 所示。

图 6.115　预算结余与净资产差异表

6.3.5　期末处理

1. 汇总损益

1）功能概述

汇兑损益，也称汇兑差额，指由于汇率的浮动所产生的结果。单位在发生外币交易、兑换业务和期末账户调整及外币报表换算时，由于采用不同货币，或同一货币不同比价的汇率核算时产生的、按记账本位币折算的差额。简单地讲，汇兑损益是在各种外币业务的会计处理过程中，因采用不同的汇率而产生的会计记账本位币金额的差异。

2）操作介绍

对于启用外币核算的科目，编制完成凭证并且记账以后，单击"账务处理"—"期末业务"—"期末处理"按钮进行汇兑损益操作。

凭证中包含外币科目且为已记账状态，在汇兑损益页面才能看到此条汇兑损益信息，如图6.116、图6.117所示。

图6.116　汇兑损益1——外币凭证记账

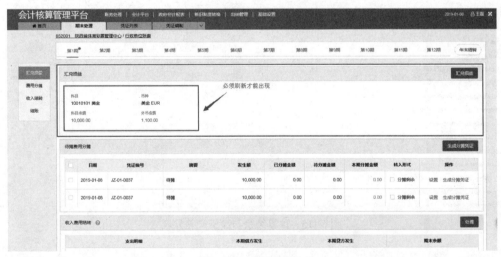

图6.117　汇兑损益2

然后，单击"汇兑损益"按钮，进行汇兑损益凭证的生成。输入摘要、财务会计科目、预算会计科目和期末（调整）汇率，最后单击"生成凭证"按钮生成汇兑损益凭证，如图6.118所示。

图 6.118 生成汇兑损益凭证

2. 期末处理——费用分摊

1）功能概述

单位待摊凭证审核记账以后，在期末处理中，系统自动识别费用分摊，进行费用分摊凭证编制。

其主要功能如下。

（1）费用分摊设置。

（2）生成分摊凭证。

2）操作介绍

凭证中存在待摊事项凭证，记账以后，在期末处理页面自动识别待摊项，如图 6.119 所示。

图 6.119 期末处理——费用分摊

设置费用分摊详细信息，填写分摊期数、附单据数、凭证日期、凭证摘要，选择凭证类型，如图 6.120 所示。

图 6.120　费用分摊设置

温馨提示：

（1）系统提供按金额和比例进行费用分摊，默认按金额进行分摊。

（2）分摊期数乘以金额等于分摊总额。

（3）首月设置分摊以后，按照分摊期数，每月直接生成分摊凭证，不用再进行费用分摊设置。

3. 期末处理——收入费用结转

1）功能概述

根据单位实际情况进行收入费用的结转操作。

2）操作介绍

单击"账务处理"—"期末处理"—"收入费用结转"按钮，能看到收支明细，进行收支结转操作，如图 6.121 所示。

图 6.121　期末处理——收入结转

单击"处理"按钮进行期末收支结转操作，按照规则自动生成结转凭证，如图 6.122 所示。

图 6.122　期末处理—收入结转—生成凭证

4. 期末处理——结账

1）功能概述

期末对本期进行结账操作,结账后本期凭证内容不允许修改。结账操作前,需要将所有的凭证进行结账,只有凭证全部处于记账状态时才可进行结账处理。

主要功能如下。

（1）结账。

（2）反结账。

2）操作介绍

具体操作,如图 6.123 所示。

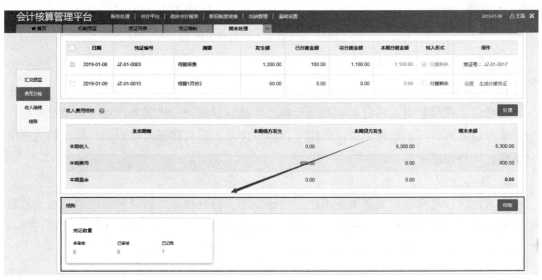

图 6.123　期末处理——结账

6.3.6 集中查询

1. 集中查询——汇总余额表

1）功能概述

跨单位、跨账套查询科目和辅助项余额，除按科目展开三栏式外，还可根据单位展开，显示单位账套列，按单位分组，按要素分组，可以选择单位（多选）、科目体系、科目范围、科目期间等组合条件进行查询展示报表。

2）操作介绍

此页面可以选择当前要查询的单位、会计期间、科目体系、科目和辅助项范围。设置账表展示方式：显示账套列、按单位分组、按要素分组。设置完条件后，可以单击"查询"按钮，展示数据。可以对查询后的结果导出 excel 和打印预览，如图 6.124 所示。

图 6.124 集中查询——汇总余额表

2. 集中查询——汇总明细账

1）功能概述

跨单位、跨账套查询科目和辅助项余额，除按科目展开三栏式外，还可按单位分组、按要素分组展开，可以选择单位（多选）、科目体系、科目和辅助项范围、科目期间等组合条件进行查询展示报表。

2）操作介绍

此页面可以选择当前要查询的单位、会计期间、科目体系、科目和辅助项范围。设置账表展示方式：按单位分组、按要素分组。设置完条件后，可以单击"查询"按钮，展示数据。可以对查询后的结果导出 excel 和打印预览，如图 6.125 所示。

图 6.125　集中查询——汇总明细账

3. 集中查询——单位做账情况统计

1）功能概述

可以多选单位，查询本年 12 个期间凭证的总数量。

2）操作介绍

此页面可以选择当前要查询的单位。设置账表展示方式：录入状态、期初状态、截止日期。设置完条件后，可以单击"查询"按钮，展示数据。可以对查询后的结果导出和打印预览，如图 6.126 所示。

图 6.126　集中查询——单位做账情况统计

4. 集中查询——会计人员制单情况

统计各个单位的不同期间的凭证数据、分录数量、附件数量，对展示的结果导出和打印预览，如图 6.127 所示。

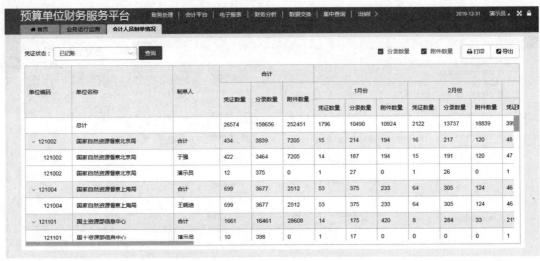

图 6.127 集中查询——会计人员制单情况

5. 集中查询——业务运行监测

1）功能概述

对单位的记账情况和单位的最近操作日期进行记录，业务单位情况统计做账进度和人均凭证数量，业务趋势记录各个单位的凭证数据。

2）操作介绍

（1）"单位建账情况"可根据需要选择全部、正常、无数据展示方式，如图 6.128 所示。

图 6.128 集中查询——业务运行监测 1

（2）拖动横向滚动条展示各个单位的凭证数据，如图 6.129 所示。

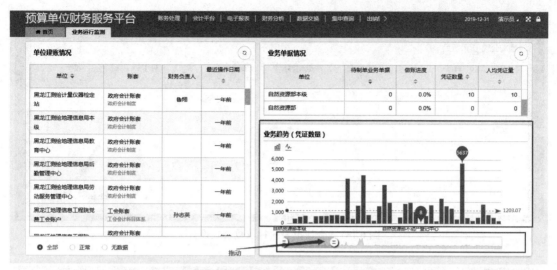

图 6.129　集中查询——业务运行监测 2

6.4　财务报表管理

6.4.1　政府会计表

进入报表界面后，单击"月报""年报"）—"会计年度"—"月份"（月报必须选择月份）—"资产负债表"（收入费用表）—"是否包含会计凭证"—"会计科目"（如单击"科目货币资金"）按钮，进行该科目取数公式的设置，如图 6.130 所示。

图 6.130　会计报表科目取数公式设置 1

进入"公式设置"界面，单击"新增"按钮，进入"公式编辑框"—"选择运算符号"—"会计科目"—"取数规则"—"保存"（"保存并新增"）页面，如图 6.131、图 6.132 所示。

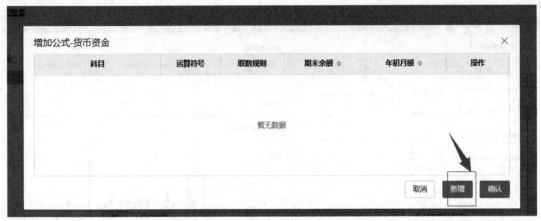

图 6.131　会计报表科目取数公式设置 2

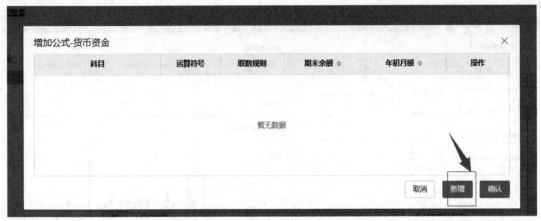

图 6.132　会计报表科目取数公式设置 3

6.4.2　自定义报表

1. 功能概述

自定义报表用于单位财务人员进行财务分析，可任意设置会计科目及核算要素作为分析行或分析列，进行交叉分析，分析的维度包括年初余额（含借贷双方）、发生额（含借贷双方）、期末余额（含借贷双方）。同时可以设置任意要素作为查询条件。自定义报表包含如下功能。

（1）可设置金额列的值及显示顺序。

（2）设置行列分组时，可以设置会计期间作为展开项。

（3）可将查询设置的查询条件保存为方案，方便下次使用。

（4）支持将账簿导出 excel 文件，用于后续加工利用。

2. 操作介绍

单击菜单栏中"财务处理"—"账簿查询"—"自定义报表"按钮，单击"设置（ ）"按钮，选择需要交叉分析的要素、行列设定、条件等，可进行查询并交叉分析，同时，也可以保存方案，如图 6.133 所示。

图 6.133　自定义报表设置

3. 业务逻辑说明

（1）设置为行分组的要素不允许设置为列分组。

（2）设置为行列分组的要素不允许设置为条件。

（3）设置完显示要素后，在结果页面可直接预览。

（4）行分组和列分组可设置展开级次及显示方式。

（5）行列分组可多选，选择多选内容，默认为显示全部。

6.5　出纳管理

6.5.1　账簿设置

1. 功能概述

出纳账簿设置是为帮助用户进行账簿新增操作。在账簿设置中可以对出纳账簿基本信息、该账簿办理业务需要遵守的相关业务规则、该账簿登记日记账时需要登记的日记账要素、出纳日记账数据来源业务集成规则、账簿的对账期间信息进行设置。

2. 操作介绍

单击"出纳管理"—"账簿设置"按钮，打开"出纳账簿新增"页面，在页面中对出纳账簿进行新增操作，如图 6.134 所示。

图 6.134　账簿设置菜单

新增账簿：单击"新增"按钮，打开"账簿新增"页面，在功能页面中根据系统要求，录入出纳账簿相关信息，如账簿编码、账簿名称、账簿类型、账户名称、银行账号等信息，如图 6.135 所示。

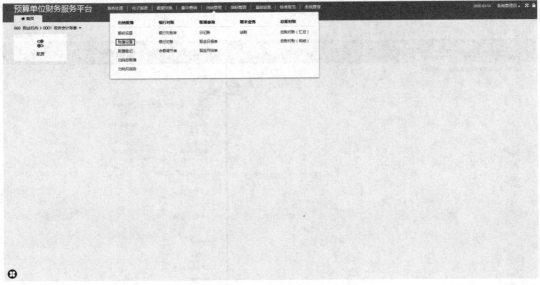

图 6.135　新增账簿设置

1）业务规则

业务规则中，可以设置本账簿在进行日常业务办理过程中的一些限制规则。

（1）余额控制规则：包括仅提醒和禁止保存日记账两个选项。如果设置为仅提醒，当登记日记账时，登记的发生数若大于账户剩余余额，系统将给出提醒。如果设置为禁止保存日记账，当登记日记账时，登记的发生数若大于账户剩余余额，系统将不允许保存日记账。

（2）权限控制：分为登记和查询。如果设置为日记账权限，可登记或查询选项，意味着该用户只要被赋予日记账登记权限，即可登记日记账。如果设置为特定用户，意味着日记账只能由该用户登记或查询。

2）日记账要素

对该账簿在登记日记账时需要登记哪些日记账要素进行设置。可以设置启用哪些要素，要素是否必填，填写值类型，要素对应哪个基础数据，是否余额要素等规则进行设置，并且可以通过操作列中的拖动按钮，调整日记账要素在登记时的顺序。

3）业务集成

主要完成对账簿日记账和银行对账单数据来源进行设置。银行对账单可以设置为通过"网银"接口对接导入，也可设置为通过 excel 进行导入。日记账可以设置为通过凭证导入，或通过会计平台导入。如果通过凭证导入，需要设置该日记账簿对应的会计科目，只有设置的会计科目发生时，才会将凭证数据同步至该账簿，通过"自动同步凭证数据"选项来控制凭证数据是主动同步还是被动引入。如果通过会计平台导入，则需要设置该账簿对应的业务类型，只有该业务类型发生数据时，才会被导入到本出纳账簿。

4）对账期间

设置该账簿的对账期间。

6.5.2 期初设置

1. 功能概述

期初设置是各预算单位年初开账时，将出纳账簿期初余额设置到系统中。对于新增账簿，通过手工录入，将期初数录入到系统中；对于上年度结转数据，可以单击"从上年结转"按钮，将上年账簿余额结转到新年度。

2. 操作介绍

单击"出纳管理"—"期初设置"按钮，打开"期初设置"页面，如图 6.136 所示。

图 6.136　期初设置图

进入"期初设置"页面，通过账簿切换功能，选择自己需要设置期初的账簿。期初数据如果从上年结转，单击"从上年结转"按钮，将该账簿上年期初结转至本年。如果是本年新增账簿，通过分别单击"单位账面期初金额"和银行账面期初金额列表中的"👁"按钮，在弹出的对话框中录入期初数，录入完单击"确定"按钮，关闭期初录入窗口，如图6.137所示。

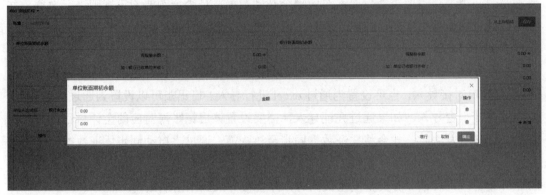

图 6.137　录入期初数据

如果账簿存在单位未达或银行未达，可以通过单击未达明细列表右侧的"增行"按钮，录入单位未达明细或者银行未达明细，如图6.138所示。

图 6.138　录入单位或银行未达数据

6.5.3　账簿登记

1. 功能概述

账簿登记按照账簿设置里面的日记账要素进行日记账登记设置，如果账簿设置中日记账来源设置为会计平台，出纳日记账可以通过引入功能，将其他财务系统对接至会计平台的日记账数据，自动引入出纳日记账，以减少出纳人员日记账登记工作量。

2. 操作介绍

单击"出纳管理"—"账簿登记"按钮，打开"日记账登记"页面，如图6.139所示。

图 6.139　账簿登记界面

登记：在账簿登记页面，首先选择要登记日记账的账簿。单击"登记"按钮，打开"日记账登记"页面，根据账簿设置中设置的日记账要素，动态生成登记要素，如图 6.140 所示。

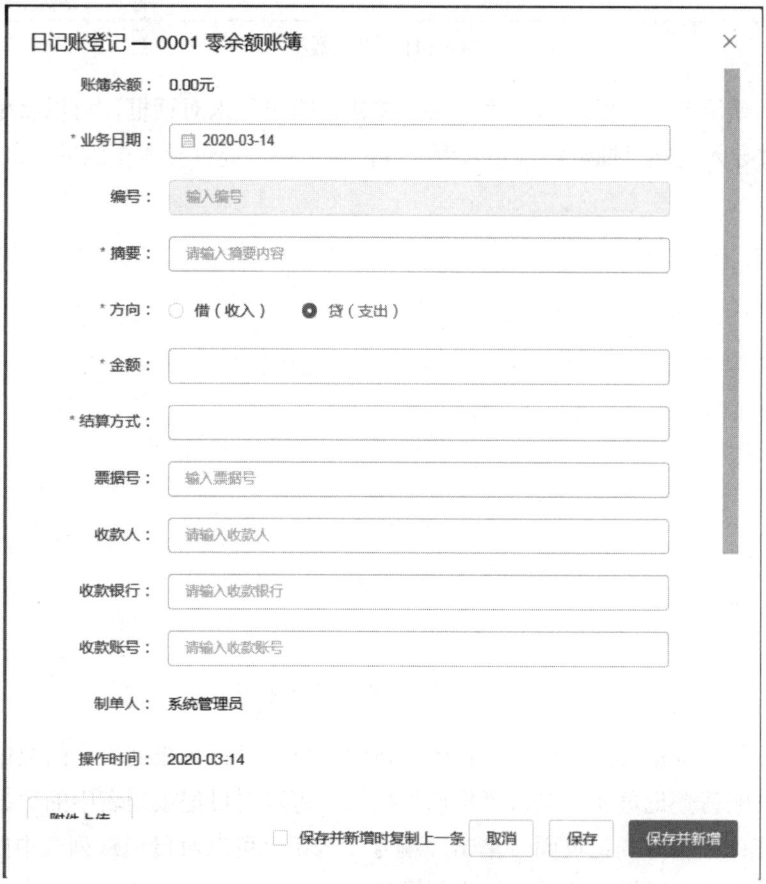

图 6.140　账簿登记

引入：在账簿登记页面，单击"引入"按钮，弹出导入窗口，在窗口中进行查询，将需要导入的数据查询出来，生成日记账数据。引入的数据是"账簿设置"页面业务集成中该账簿设置的相关科目的发生数据，如图6.141所示。

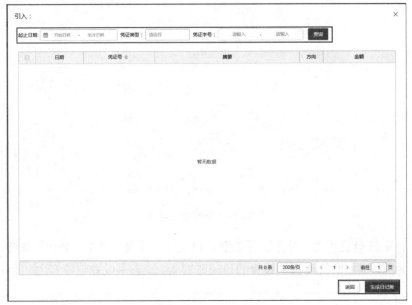

图6.141　引入数据

导入：在账簿登记页面，单击"导入"按钮，弹出导入对话框，可以将整理好的日记账数据，通过导入功能"批量导入"入库。导出窗口中，提供导入模版的下载，如图6.142所示。

图6.142　导入模板下载、数据导入

打印：在账簿登记页面，单击"打印"按钮，可以对日记账列表中的数据进行打印。

导出：在账簿登记页面，单击"导出"按钮，可以对日记账列表中的数据进行导出。

编号排序：在账簿登记页面，单击"编号"按钮，可以对日记账列表中的数据进行按编号重排序，也可通过拖拽数据进行重新排序。

6.5.4 银行对账

1. 银行对账单

1）功能概述

系统提供银行对账单录入和导入功能，并可以按账簿和会计期间对银行日记账查询。导入时支持自由导入，满足各银行的对账单格式。

2）操作介绍

单击"出纳管理"—"银行对账单"按钮，打开"银行对账单"页面，如图 6.143 所示。

图 6.143　银行对账单图

系统根据用户选择的账簿，查询期间，对已经导入账簿的银行对账单数据进行查询。

批量录入：系统支持批量录入，一次可以录入多条银行对账单数据。单击"批量录入"按钮，打开"批量录入"页面，可以通过"增行"按钮，新增行。并支持"Alt+S"的快捷键保存，如图 6.144 所示。

图 6.144　批量录入

导入：如果银行提供 excel 格式的对账单数据，可以通过"导入"按钮进行对账单数据的导入。

录入：实现对账单单条数据录入功能。

打印：打印满足条件的对账单列表数据。

导出：导出满足条件的对账单列表数据。

2. 银行对账

1）功能概述

出纳登记完或引入日记账，并导入银行对账单后，可以使用银行对账功能进行对账。银行对账提供人工对账和自动对账功能，对完账后提供取消对账功能。自动对账时，可以设置丰富的对账条件，可以按照金额、方向、相同摘要、相同编号、单据日期等对账条件，满足用户的多维条件对账要求。

2）操作介绍

单击"出纳管理"—"银行对账"按钮，打开"银行对账单"页面，如图 6.145 所示。

图 6.145　银行对账

此页面分为 3 个区域。对账查询区域，通过查询条件将所有满足对账的数据查询出来；单位日记账区域，将满足查询条件的单位日记账展现出来；银行对账单区域，将满足查询条件的银行对账单数据查询出来。

将需要对账的数据查询出来后，可以通过单击"对账"和"自动对账"按钮，完成对账业务。

对账：如果单击"对账"按钮，必须勾选"单位日记账"和银行对账单列表中的"对账数据"才能够对账。

自动对账：如果单击"自动对账"按钮，系统可以根据设置好的对账条件进行自动对账。自动对账时，需要设置对账条件，如图6.146所示。

图6.146 自动对账设置

已经对账的数据，可以切换到已对账页面，通过"取消对账"按钮，取消对账。取消对账后，已对账数据恢复为未对账状态，可以重新进行对账，如图6.147所示。

图6.147 银行对账

3. 余额调节表

1）功能概述

系统根据银行对账情况生成余额调节表，提供按明细、按日期显示明细、不显示明细等多种展示方式，可以打印、导出余额调节表。

2）操作介绍

单击"出纳管理"—"余额调节表"按钮，打开"余额调节表"页面，如图6.148所示。

选择账簿、期间条件，单击"查询"按钮，生成对应账簿期间的余额调节表。根据调节表数据量的大小，用户可以选择3种展示方式：全部明细、按日显示明细、不显示明细。

可以通过"设置"按钮或侧边栏设置余额要素汇总。

图 6.148　余额调节表

6.5.5　账表查询

1. 日记账

1）功能概述

用户可以按账簿、按会计期间对日记账进行查询，并能够在日记账页面通过日记账摘要联查到日记账登录进行修改。

2）操作介绍

单击"出纳管理"—"日记账"按钮，打开"日记账"页面，如图 6.149 所示。

图 6.149　日记账查询

根据用户选择的出纳账簿和业务日期，可以对日记账数据进行查询。并且可以单击侧边栏"■"按钮，设置该账簿启用的余额要素作为查询条件，进行精确查找。

2. 现金日报表

1）功能概述

系统提供按账簿名称、日期查询当日该账簿的现金日报表。

2）操作介绍

单击"出纳管理"—"现金日报表"按钮，打开"现金日报表"页面，如图 6.150 所示。

图 6.150　现金日报表查询

选择账簿（可多选）、日期等查询条件，生成当日现金日报表。通过"打印""导出"按钮，可将列表中查询的数据进行打印和导出。

3. 现金月结表

1）功能概述

可以按账簿名称、期间对本月该账簿发生的业务进行查询，分组列出该账簿本月借方明细和贷方明细，供用户掌握出纳账簿的收支情况。

2）操作介绍

单击"出纳管理"—"现金月结表"按钮，打开"现金月结表"页面，如图 6.151 所示。

选择账簿，期间等查询条件，生成当月现金月结表，将该账簿本月收入和本月支出明细进行查询，方便出纳人员掌握每月账簿收支情况。通过"打印""导出"按钮，可将列表中查询的数据进行打印和导出。

图 6.151　现金月结表查询

4. 出纳总账簿

1）功能概述

系统提供按期间对各出纳账簿汇总查询，可以根据用户选择，批量和单个查询。

2）操作介绍

单击"出纳管理"—"出纳总账簿"按钮，打开"出纳总账簿"页面，如图 6.152 所示。

图 6.152　出纳总账簿

系统根据用户选择的账簿（可以多选），对选择的账簿进行数据查询。也可以选择全部选项，查询全部账簿。通过"打印"和"导出"按钮，可以对出纳总账簿列表数据进行打印和导出。

5. 出纳月报告

1）功能概述

按会计期间，提供每个账簿的一个余额、本期支出、本期收入、日记账笔数等信息的汇总统计表。

2）操作介绍

单击"出纳管理"—"出纳月报告"按钮，打开"出纳月报告"页面，如图6.153所示。

图6.153 出纳月报告

系统根据用户选择的账簿（可以多选），对选择的账簿进行月报告数据查询。通过"打印"和"导出"按钮，可以对出纳月报告列表数据进行打印和导出。

6.5.6 结账

1. 功能概述

系统提供按账簿、期间进行结账，并且根据账簿设置的结账条件进行验证，如日记账和银行账未对账不允许结账、银行账和总账未对账不允许结账。结账只允许按期间顺序结账，如果结账后发现某一期日记账有问题，需要通过反结账进行修改。反结账时需要把此期间后的每个期间都反结账后才能对此期间进行反结账。

2. 操作介绍

单击"出纳管理"—"结账"按钮，打开"结账"页面，如图6.154所示。

选择需要结账的账簿，单击"查询"按钮会将该账簿当前年度各期间结账状态查询出来，用户只需要单击需要结账的期间的"结账"按钮，进行结账操作，结账只允许按期间顺序结转。结账期间是否能够结账受账簿设置中对该账簿的结账业务规则控制。如果用户对某期间已结账，需要重新调整该期间日记账数据，则需要通过"反结账"按钮取消结账后调整。如果余额调节表已生成，用户需要判断调整完日记账是否影响余额调节表，如果影响，则需要用户重新生成余额调节表。

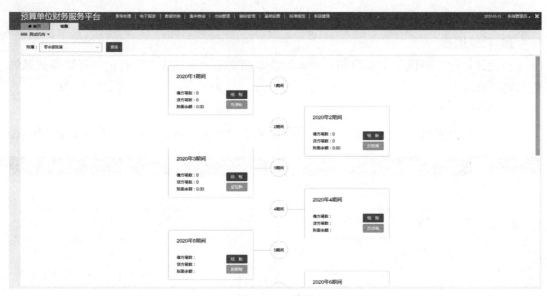

图 6.154 结账

6.5.7 总账对账(汇总)

1. 功能概述

系统提供出纳日记账和总账进行对账,将出纳日记账和总账的借方发生、贷方发生余额等数据分别计算,进行对账。计算出两个会计账和出纳账之间的差额和平衡关系。

2. 操作介绍

单击"出纳管理"—"总账对账(汇总)"按钮,打开"总账对账(汇总)"页面,如图 6.155 所示。

图 6.155 总账对账(汇总)

选择需要对账的账簿和期间后，单击"查询"按钮，将出纳账和会计账的总金额进行计算，并计算出两个账的差额和平衡状态。可以通过"打印"按钮，将对账数据进行打印。通过"明细对账"按钮，跳转至总账对账（明细）功能。

6.5.8 总账对账（明细）

1. 功能概述

系统提供出纳日记账和总账日记账进行对账功能。可以按期间将需要对账数据筛选出来进行对账，提供人工对账和自动对账功能，自动对账时，可以设置对账条件，如相同金额、相同结算号、相同凭证号、相同单据日期等，如果设置单据日期对账条件，还可以设置误差天数，保证对账的精确性。

2. 操作介绍

单击"出纳管理"—"总账对账（明细）"按钮，打开"总账对账（明细）"页面，如图 6.156 所示。

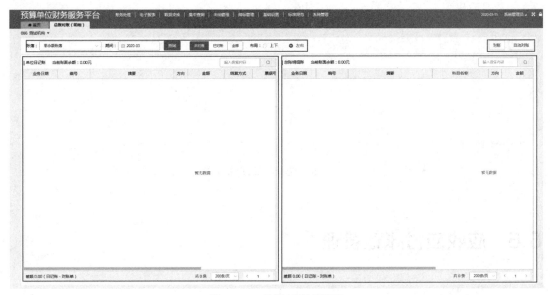

图 6.156　总账对账（明细）

该页面分为 3 个区域：对账查询区域，通过查询条件将所有满足对账的数据查询出来；单位日记账区域，将满足查询条件的单位日记账展现出来；总账明细账区域，将满足查询条件的总账账务数据查询出来。

将需要对账的数据查询出来后，可以通过"对账"和"自动对账"按钮，完成对账业务。

对账：如果单击"对账"按钮，必须勾选"单位日记账"和总账明细账列表中的"对账数据"才能够对账。

自动对账：如果单击"自动对账"按钮，系统可以根据设置好的对账条件进行自动对账。自动对账时，需要设置对账条件，如图 6.157 所示。

图 6.157　自动对账设置

已经对账的数据,可以切换到已对账页面,通过"取消对账"按钮,取消对账。取消对账后,已对账数据恢复为未对账状态,可以重新进行对账,如图 6.158 所示。

图 6.158　取消对账、重新对账

6.6　应收应付账款管理

6.6.1　往来管理

1. 功能概述

往来管理指所发生的单位与单位、单位与个人间业务往来所形成的债权、债务的处理。

核算科目包括应收账款、应付账款、应收票据、应付票据、预收账款、预付账款、其他应收款、其他应付款等会计科目。

2. 操作介绍

选择规则设置的控制项,选择"是/否"开启选项,设置完后单击"保存"按钮,保存设置。当账套是否启用往来为否时,其他参数设置不生效,往来科目设置下拉选择灰化"不允许"选项,如图 6.159 所示。

图 6.159 往来管理设置

往来科目设置，单击操作列的"设置"按钮，打开"设置往来科目及往来要素"的对话框，设置完成后，单击"保存"按钮，保存设置，如图 6.160 所示。

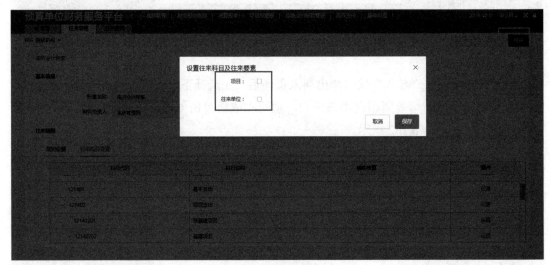

图 6.160 往来科目设置

6.6.2 往来期初

1. 功能概述

列表中的科目选择项中只列出往来设置中设置过的往来科目。往来期初数据录入需跟着科目，录入时必须选择一个往来科目。

如果往来设置中开启了科目余额和往来期初强制校验，每次保存时，都要计算该科目所有往来的累计期初，并和该科目的科目期初余额做比较，如果往来累计期初超过科目期初余额，不允许保存。如果开启了科目余额和往来期初"仅提示"，每次保存时计算该科目的累计往来期初，如果累计往来期初超过科目期初余额，系统将提示。

2. 操作介绍

新增的期初要素包括往来业务编号、摘要、往来日期、往来单位、凭证日期、凭证号、方向、币种、汇率、金额。其中，除凭证日期和凭证号外的其他字段都为必填字段。币种为基础设置中维护的币种汇率数据，选择币种自动带出汇率，金额为实际发生币种金额，自动计算本币金额，如图 6.161 所示。

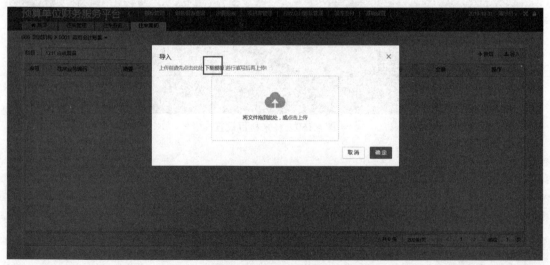

图 6.161 新增往来期初

导入期初，单击"导入"按钮弹出导入页面后，先选择下载模板，再填写导入的要素，导入填写的要素与新增规则相同不在说明，填写完成后单击"点击上传"按钮，单击"确定"按钮即可，如图 6.162 所示。

图 6.162 导入期初

可对登记的期初进行修改和删除操作，如图 6.163 所示。

图 6.163　往来期初编辑

6.6.3　往来登记

1. 功能概述

查询所有当前科目条件下的往来业务表中的数据。可按照科目或者往来要素查询未核销、已核销的数据，并可登记往来业务数据。通过该科目的凭证登记往来业务，包括挂账凭证和核销凭证。

2. 操作介绍

1）设置展示形式

页面左侧展开的内容。可选择范围为启用的往来要素。只能选择一个选项。位置的内容显示在右侧查询调节中。设置的左侧项目只能单选，默认为科目。科目条件为必选，且只能单选。

数据列表内容如下。

条件：往来日期（范围选择，格式：yyyy-mm-dd）、往来要素、状态。

数据：默认按照往来登记正序排列，单击表头后可按照指定表头排列。

表头：核销编号、业务日期、凭证编号、摘要、借方金额、贷方金额、未核销金额。列宽可调整。

2）更多条件

页面右侧边栏，可设置展示的列。

3）行操作

删除：删除当前行，前提是未核销，当前期间未结账，如图 6.164 所示。

图 6.164　往来查询界面

往来业务登记：单击"往来登记"按钮，选择该科目的未进行登记的凭证明细分录。补充相关记录并保存后显示带入到往来查询中。还可查看历次核销记录，如图 6.165 所示。

图 6.165　往来业务登记

4）凭证相关

触发方式：在录入完成符合往来管理的科目，并且是符合核销方向后，存在如下两种情况。

（1）科目不涉及辅助核算或涉及的辅助核算中没有往来管理的。

（2）科目的辅助核算中，存在涉及往来管理的。

对于此两种情况，均根据核销方式（开关）中，是否实时核销来确定是否进行触发。

若不是实时核销方式，则不触发操作，没有任何变化；若属于实时核销方式，则在辅助核算项区域单击"设置"按钮弹出"核销"页面，手动输入金额，单击"确定"按钮进行核销操作，如图 6.166、图 6.167 所示。

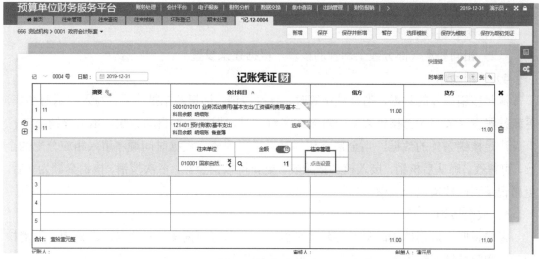

图 6.166　往来凭证 1

图 6.167　往来凭证 2

6.6.4　往来核销

1. 功能概述

人工对同一个科目不同往来类别的挂账凭证与核销凭证进行核销。自动核销通过核销号等内容自动进行核销，并显示核销成功的记录。

1）列表页面

挂账凭证：根据选项，科目余额方向或反方向的负数为挂账。

核销凭证：根据选项，科目余额反方向或余额方向的负数为核销。

2）核销

单击"挂账凭证"按钮后系统自动寻找凭证，可以是一对多或多对一，不可多对多。

3）核销规则

（1）相同科目。

（2）相同要素（部分或全部辅助核算，根据往来设置）。

4）核销动作

满足核销条件的数据，当金额相等时，直接核销，标记核销批次号，写入核销明细表，更新挂账表（或写入已核销表）一对多或多对一时，根据金额自动分配，填入核销金额。

满足核销条件的数据，当金额不相等时，弹出列表，根据时间顺序填入相应分配的金额，可修改。确认后核销，接入核销记录表，更新待核销金额，多次核销，核销金额为0后，更新记录到已核销记录表中。

5）取消核销

逻辑说明：取消核销时只需要勾选任意一方，即可根据核销批次号取消核销。取消核销时，删除核销明细表的挂接关系，还原已核销金额。

2. 操作介绍

1）核销

单击"核销"按钮，弹出核销页面显示自动核销条件。核销后，当前页面显示核销记录，单击"撤销"按钮，对已经核销过的记录取消核销，操作列对应行显示已核销。

2）取消核销

取消核销不支持自动取消，只能人工取消，逻辑见上文的"取消核销"，如图6.168所示。

图6.168 往来核销

6.6.5 坏账登记

选择应收账款或其他应收款，列出该科目下所有没有核销的凭证数据，选择其中一条凭证数据进行登记，登记坏账原因及确认日期。往来单位和凭证摘要不可编辑，选择后自动带出往来单位和凭证摘要。录入"坏账原因"和"确认日期",自动带出经办人,如图6.169所示。

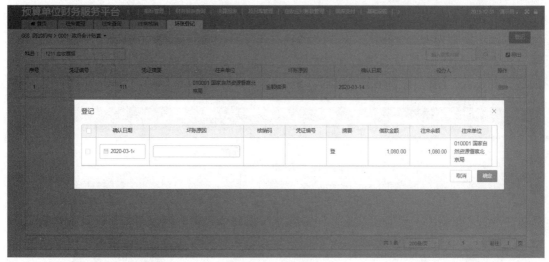

图 6.169 坏账登记

6.6.6 账龄分析

选择一个往来科目后,按往来单位进行数据展示,汇总出每个往来单位未核销的往来余额,并按照 1～30 天、31～60 天、61～90 天、90 天以上及自定义的周期进行展示,计算每个周期内的往来余额及该周期的往来余额,占和该单位整体往来余额的百分比。分析条件中增加默认和自定义选项。当选择默认选项时按照系统设计的默认周期进行展示。如果选择自定义周期,可以通过选择两个天数设置分析周期,允许用户设定多个周期,如图 6.170 所示。

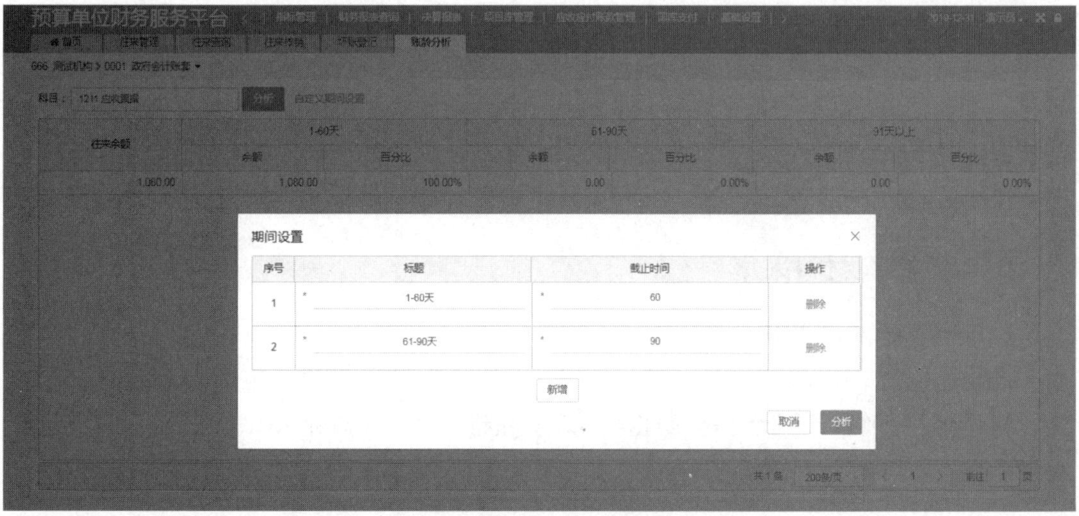

图 6.170 账龄分析设置

6.6.7 借款分析

可以按照时间周期、部门、人员等条件进行查询分析,其中时间周期为必选条件。选择分析条件后,单击"分析"按钮,系统按照所选的分析条件进行数据分析。左侧为数据分析列表,详细列出每个借款人员的姓名、所在部门、周期内累计借款金额,以及还款金额、冲销金额、剩余借款金额。右侧为每个人剩余借款金额占比饼状图。还可以导出展示的数据到 excel 文件,如图 6.171 所示。

图 6.171 借款分析

6.7 电子会计档案管理

电子会计档案管理系统涉及档案基础要素设置(包括会计账套、会计科目、会计期间、水印设置、档案存放位置等)、档案材料采集、原始凭证档案(包括发票、财政票据、行程单、海关专用缴款书、银行回单、报销单、合同、其他原始凭证)、记账凭证档案、账簿档案、财务会计报告档案、其他会计档案(如银行对账单等)、档案归档、档案查询、档案借阅功能的操作。本节重点介绍档案材料采集、账簿档案、档案归档的软件操作。

6.7.1 档案材料采集

1. 审计国标 2010 数据导入

此功能是采集核算数据,审计国标数据导入是一种方式。单击"电子会计档案"—"档案材料采集"—"审计国标 2010 数据导入"按钮进入"审计国标 2010 数据导入"的界面,页面表格显示数据的导入情况及日志,如图 6.172、图 6.173 所示。

图 6.172 审计国标 2010 数据导入页面

图 6.173 档案材料采集导入功能弹窗

2. 归档适配器数据导入

此功能是将归档适配器抽取的数据导入到系统中,是采集核算数据方式中的第二种方式。单击"电子会计档案"—"档案材料采集"—"归档适配器数据导入"按钮进入"归档适配器数据导入"的界面,档案材料采集导入页面,如图 6.174 所示。

图 6.174 档案材料采集导入页面

数据导入:注意文件格式,及是否适配单位信息,如果不适配单位信息可能会导致数据不会显示,因为数据中可能有不同单位信息,勾选适配单位信息则会弹出弹窗,输入"单位代码""单位名称""账套代码""账套名称",适配单位信息弹窗,如图6.175所示。

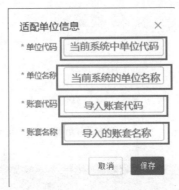

图6.175 适配单位信息弹窗

6.7.2 账簿档案

1. 总账

此功能是查看总账金额。单击"电子会计档案"—"账簿档案"—"总账"按钮进入"总账"的界面,系统通过pdf的形式显示出来,如图6.176所示。

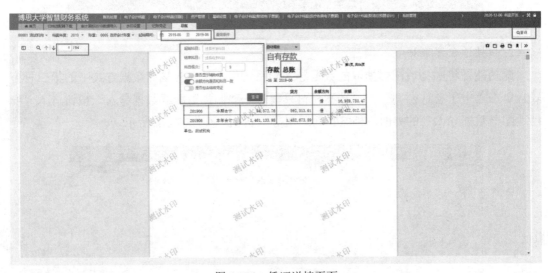

图6.176 凭证详情页面

借方/贷方金额:金额数应是保持一致的,金额且保留两位小数。

2. 明细账

此功能是查看金额的明细。单击"电子会计档案"—"账簿档案"—"明细账"按钮进入"明细账"的界面,系统将通过pdf的形式显示出来,如图6.177所示。

左边列表:金额来源的明细账。

凭证号:取记账凭证的凭证号。

借方 / 贷方：金额数应是保持一致的，金额且保留两位小数。

查询条件功能：设置想要查询的项目条件。

余额方向：可以看到余额的去向。

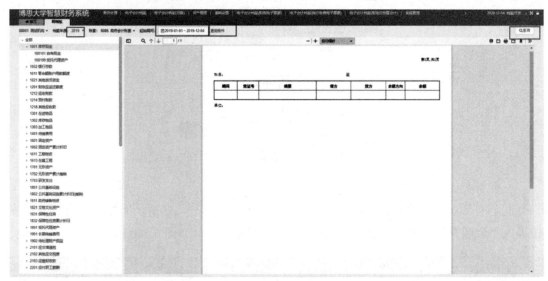

图 6.177　凭证详情页面

3. 日记账

此功能是查看日记账金额。单击"电子会计档案"—"账簿档案"—"日记账"按钮进入"日记账"的界面，系统将通过起始期间的设置查询日记账的账单，通过 pdf 的形式显示出来，如图 6.178 所示。

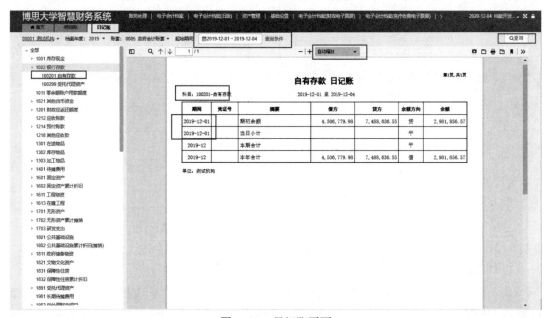

图 6.178　日记账页面

查询条件：查询条件窗口如图 6.179 所示。

借方/贷方：金额数应是保持一致的，且金额保留两位小数。

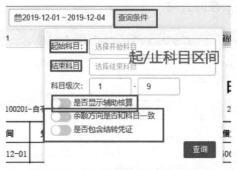

图 6.179　日记账查询条件窗口页面

4. 余额表

此功能是查看余额表的金额。单击"电子会计档案"—"账簿档案"—"余额表"按钮进入"余额表"的界面，系统通过 pdf 的形式显示出来，如图 6.180 所示。

图 6.180　日记账查询条件窗口页面

借方/贷方：金额数应是保持一致的，金额且保留两位小数。

6.7.3　档案归档

1. 归档前检查

此功能是在归档前检查是否已检查。单击"电子会计档案"—"档案归档"—"归档前检查"按钮进入"归档前检查"的界面，系统将当前已有的档案年度通过列表的形式显示出来，如图 6.181 所示。

检查项：针对检查项在归档前看是否已完成检查（需仔细核对）。

检查：如果完成检查，一键对检查项进行检查。

图 6.181　归档前检查页面

2. 会计凭证归档

此功能是对会计凭证，进行归档操作。单击"电子会计档案"—"档案归档"—"会计凭证归档"按钮进入"会计凭证归档"的界面，系统将当前已有的档案年度，通过不同期间统计归档的凭证及金额，以列表的形式显示出来，如图 6.182 所示。

图 6.182　会计凭证归档页面

期间：区分不同区间的财务会计、预算会计金额。

凭证数量：查看该期间下记账凭证的数量。

附件数/上传附件张数：统计该期间所有凭证下的附件数/上传附件总数。

财务/预算会计金额：因为是模拟数据（数据有问题），正常借方/贷方金额数是一致的。

归档功能：可以对该期间下的凭证做归档，生成一个以 cxf 为后缀的文件，可以通过档案阅读器进行查看。

档案归档：全宗号、案卷号是自动生成的，自动获取（当前用户）归档人和当前系统时间，档案归档弹窗如图 6.183 所示。

图 6.183　档案归档弹窗

3. 会计账簿归档

此功能是归档会计账簿。单击"电子会计档案"—"档案归档"—"会计账簿归档"按钮进入"会计账簿归档"的界面。操作同会计凭证归档。

4. 财务会计报告归档

此功能是归档财务会计报告。单击"电子会计档案"—"档案归档"—"财务会计报告归档"按钮进入"财务会计报告归档"的界面，系统将当前系统中已有的档案年度财务会计报告通过列表的形式显示出来。操作同会计凭证归档。

5. 其他会计资料归档

此功能是归档其他会计资料。单击"电子会计档案"—"档案归档"—"其他会计资料归档"按钮进入"其他会计资料归档"的界面，系统将当前已有的档案年度其他会计资料通过列表的形式显示出来。操作同会计凭证归档。

实践题

1. 基础设置

（1）设置用户信息，如表 6.2 所示。

表 6.2　用户基本信息

用户账号	用户名	密码	主要岗位职责
111	经办人	123456	业务处室经办人，负责报销等单据录入
222	审核会计	123456	财务审核人，负责凭证录入
999	财务主管	123456	财务主管，负责各环节审核

（2）审核流程、单据格式等按演示系统预置数据。

2. 业务数据

1）预算指标

2021 年"基础办公费"预算批复后，需要在指标管理系统生成项目预算指标。输入项目名称、负责部门、支出功能分类、支出经济分类、金额等信息。

项目名称：基础办公费。

支出功能分类：2050205 高等教育。

部门预算经济分类：30202 印刷费。

金额：3,333,333.00 元（金额可以自行设定）。

（各数据项是否必须输入，可以在熟悉系统后，自行设定）

2）网络报销、会计核算、会计档案归档

（1）经费申请。

2021 年 6 月 1 日，经办人申请印刷费 5000.00 元，由财务主管审核。

（2）经费报销。

2021 年 6 月 10 日，经办人报销印刷费 5000.00 元，由财务主管审核。

（3）报销单生成记账凭证。由财务处审核会计在报销系统生成记账凭证。

财务会计分录：

借：业务活动费用——商品和服务费用　　　5000 元
　　贷：零余额账户用款额度——项目支出用款额度　　　5000 元

预算会计分录：

借：事业支出——项目支出——商品和服务支出　　　5000 元
　　贷：零余额账户用款额度——项目支出用款额度　　　5000 元

（4）记账凭证审核、记账、查询账簿。在账务处理系统进行审核、记账、查询。

（5）查询财务报表。在电子报表系统生成资产负债表。

（6）记账凭证归档。在电子会计档案系统进行会计档案归档。

3. 软件操作

1）指标管理

以"222"登录系统，单击"指标管理"—"业务处理"—"指标管理"按钮，如图 6.184 所示。

图 6.184　指标管理

在指标管理界面录入各数据项，单击“确定并提交”按钮，提交到下一审核岗，如图 6.185 所示。

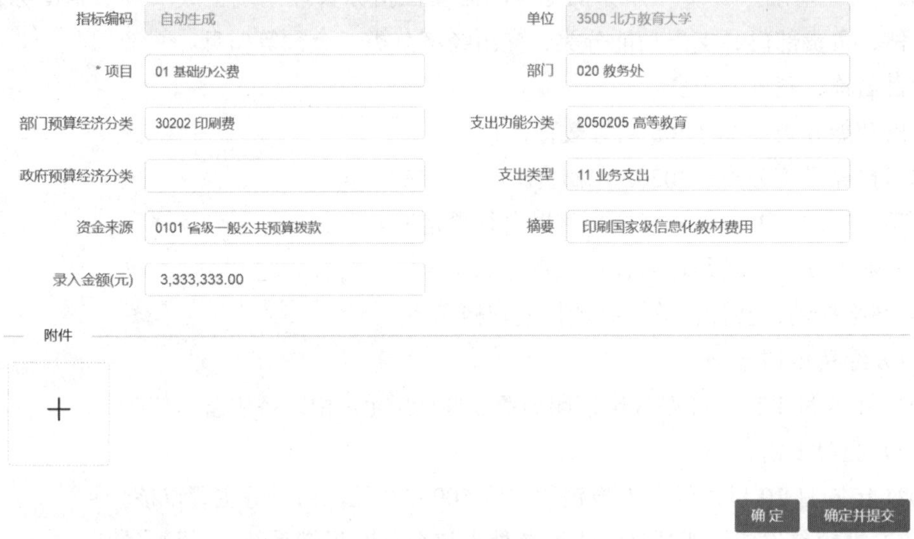

指标编码
自动生成
单位
3500 北方教育大学
* 项目
01 基础办公费
部门
020 教务处
部门预算经济分类
30202 印刷费
支出功能分类
2050205 高等教育
政府预算经济分类
支出类型
11 业务支出
资金来源
0101 省级一般公共预算拨款
摘要
印刷国家级信息化教材费用
录入金额(元)
3,333,333.00
附件
确 定
确定并提交

图 6.185　提交审核

以“999”重新登录系统账户，单击“指标审核”按钮，如图 6.186 所示。

财务管理平台
财务报销
预算管理
指标管理
合同管理
采购管理
工资管理
2022-08-04
首页
3500 北方教育大学 > 0001 北方教
快捷菜单
凭证编制
报销业务办理
业务设置
业务处理
报表查询
指标权限设置
审批流程定义
定义指标要素
指标管理规则
预算控制规则
指标结转
指标管理
指标导入
指标审核
重点经费控制
预算执行情况表

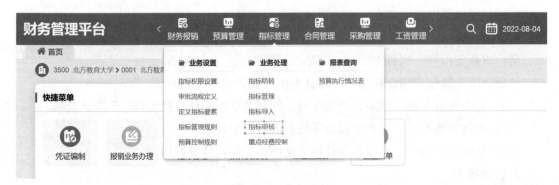

图 6.186　指标审核

单击“审核”按钮，如图 6.187 所示。

财务管理平台
财务报销
预算管理
指标管理
合同管理
采购管理
工资管理
2022-08-04
管理员
首页
指标审核
待审核
已审核
已退回
输入关键字过滤
主要内容
单位
编制日期
金额(元)
附件
操作
基础办公费 + 3,333,333.00。
北方教育大学
2022年08月04日
3,333,333.00
0
审核
查看流程

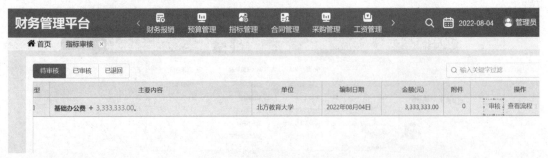

图 6.187　审核

在指标审核界面，输入审批意见，如“同意”，单击“审批通过”按钮，如图 6.188 所示。

图 6.188 审核通过

2) 经费申请

以 "111"（经办人，录入岗）登录系统，单击 "财务报销" — "经费申请" — "其他经费申请" 按钮，如图 6.189 所示。

图 6.189 其他经费申请

选择 "印刷费" 选项，单击 "确定" 按钮，如图 6.190 所示。

图 6.190 选择申请经费项目

在经费申请界面,"申请部门"选择"教务处"选项,输入"申请事由"等信息后,单击"选择指标"按钮,如图 6.191 所示。

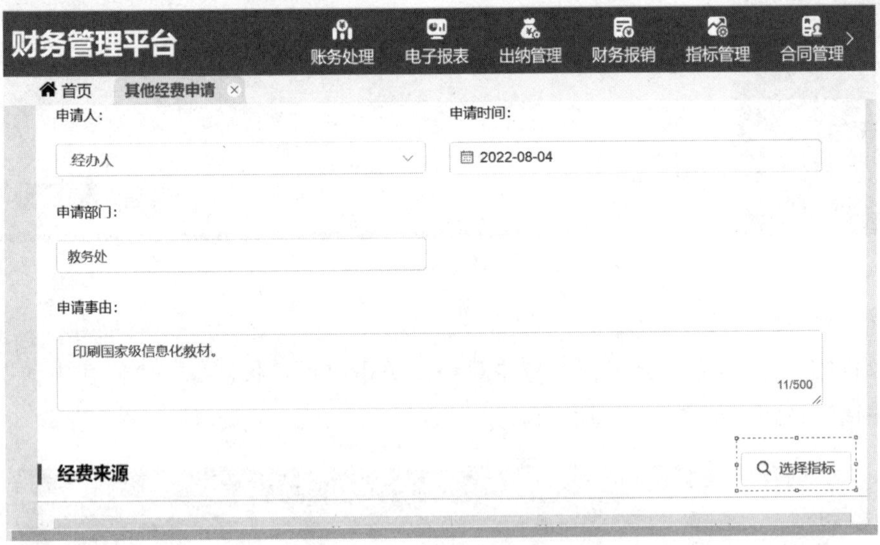

图 6.191　选择经费申请部门

在指标选择界面,选择"01 基础办公费"—"北方教育学院"—"教务处"—"印刷费"选项这条记录,如图 6.192 所示。

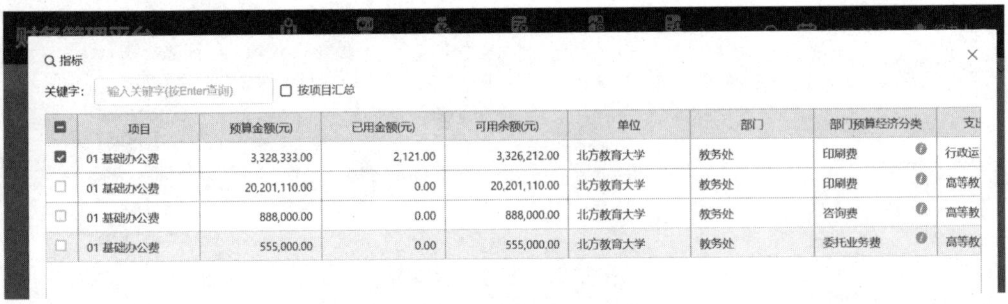

图 6.192　筛选经费申请指标

查看经费申请界面信息后,单击"保存并送审"按钮,如图 6.193 所示。

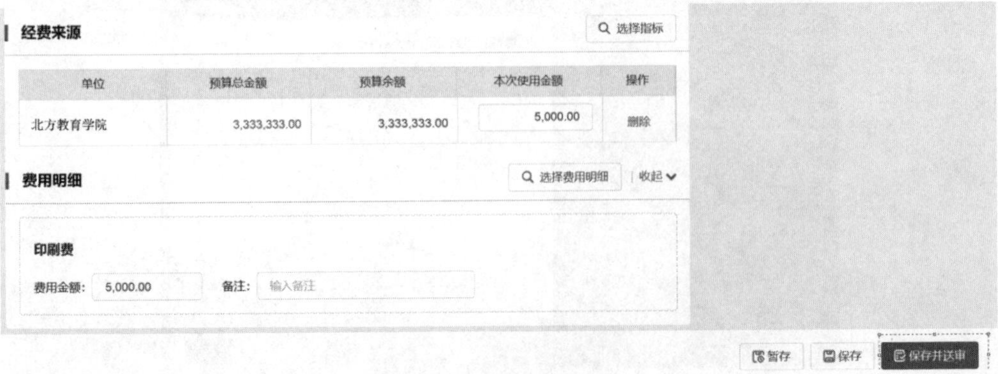

图 6.193　保存并送审经费申请

以"999"（审核岗）登录系统，如图6.194所示。

图6.194 登录审核系统

单击"业务处理"—"业务审批"按钮，如图6.195所示。

图6.195 业务审批

在"业务审批"查询页面，选中需要审批的单据，单击"查询"按钮，如图6.196所示。

图6.196 查询审批单据

在"单据审批"界面，单击"审批"按钮，如图6.197所示。

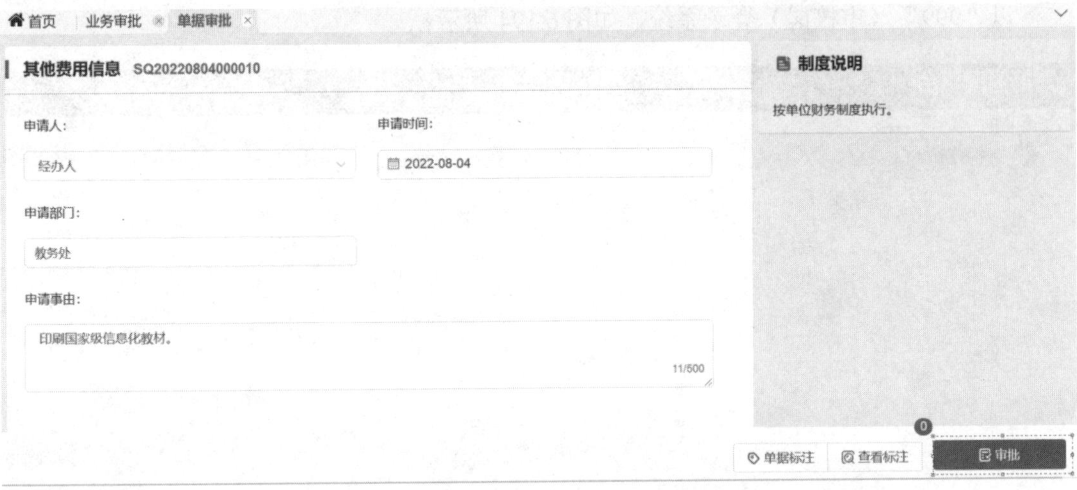

图 6.197　单据审批

在"单据审批"界面，填写审批信息，单击"审批通过"按钮，如图 6.198 所示。

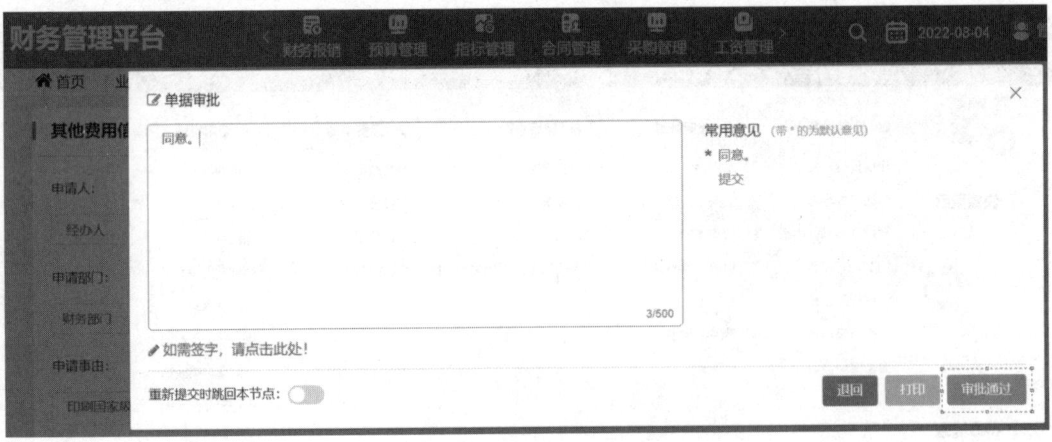

图 6.198　通过单据申请

3）费用报销

以用户"111"登录系统，单击"财务报销"—"报销业务办理"按钮，单击界面上"我的单据"按钮，查看各类申请单据信息，如图 6.199 所示。

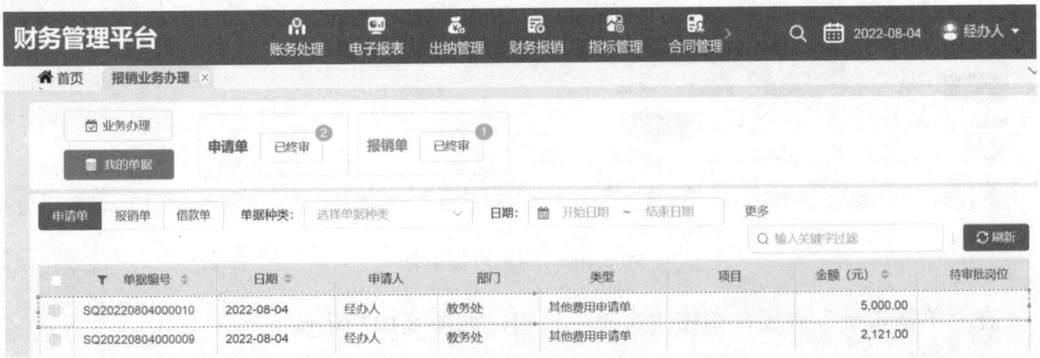

图 6.199　查看费用报销单据

单击界面上"业务办理"按钮,在"已申请费用报销"栏,单击具体单据对应的"报销"按钮,如图 6.200 所示。

图 6.200　报销业务办理

在费用报销界面,输入结算金额、账号等信息,单击"保存并送审"按钮,如图 6.201 所示。

图 6.201　保存并送审报销业务

单击"财务报销"—"业务审批"按钮,在审批单据查询界面,选中具体的单据,单击"审批"按钮,如图 6.202 所示。

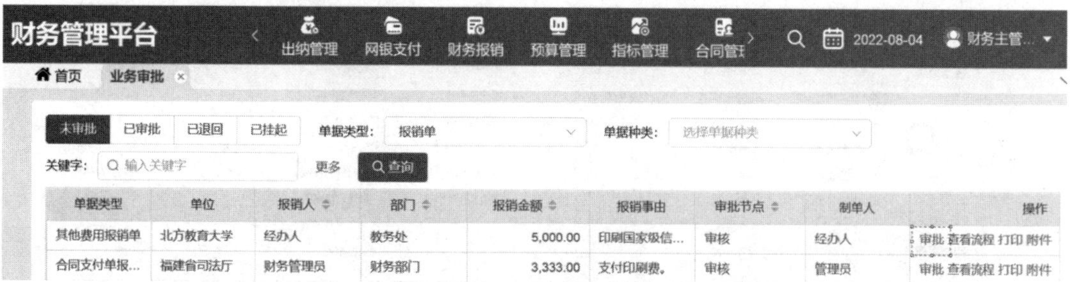

图 6.202　查询报销单

在"单据审批"界面，审核单据各数据信息，单击"审批"按钮，如图6.203所示。

图 6.203　审批报销单

在"单据审批"界面，填写审批信息，单击"审批通过"按钮，如图6.204所示。

图 6.204　通过报销申请

4）报销单生成记账凭证

以用户"222"（财务处审核会计）登录系统，单击"财务报销"—"业务处理"—"会计记账"按钮，如图6.205所示。

图 6.205　会计记账

在会计记账界面,选中具体单据,单击"记账"按钮,如图 6.206 所示。

图 6.206 会计记账页面

在报销单生成记账凭证结果界面,单击"查看凭证"按钮,如图 6.207 所示。

图 6.207 查看记账凭证

可以查看报销单生成的具体记账凭证,如图 6.208 所示。

图 6.208 记账凭证

5)记账凭证审核、记账

以"999"(财务主管)登录系统,单击"账务处理"—"凭证处理"—"凭证箱"按钮,如图 6.209 所示。

图 6.209　凭证箱

在凭证查询界面，选中具体记账凭证，单击"审核"按钮，完成记账凭证审核，如图 6.210 所示。

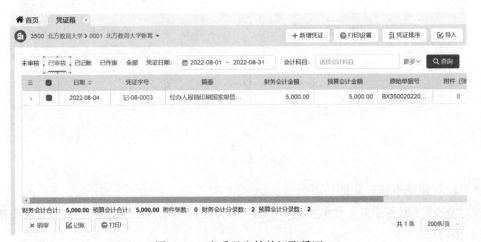

图 6.210　审核记账凭证

在凭证箱界面，单击"已审核"按钮，查看已经审核的记账凭证，单击"记账"按钮，完成已审核记账凭证，如图 6.211 所示。

图 6.211　查看已审核的记账凭证

6）账簿查询

以任一用户，如"999"登录系统，单击"账务处理"—"账簿查询"—"总账"按钮，查询科目总账信息，如图6.212所示。

图6.212　账簿查询

单击"会计科目"下拉菜单，选择"1011 零余额账户用款额度"选项，单击"查询"按钮，查看科目总账，如图6.213所示。

图6.213　科目总账

单击日期栏的"本期发生额"行，查看该科目总账对应的明细账信息，如图6.214所示。

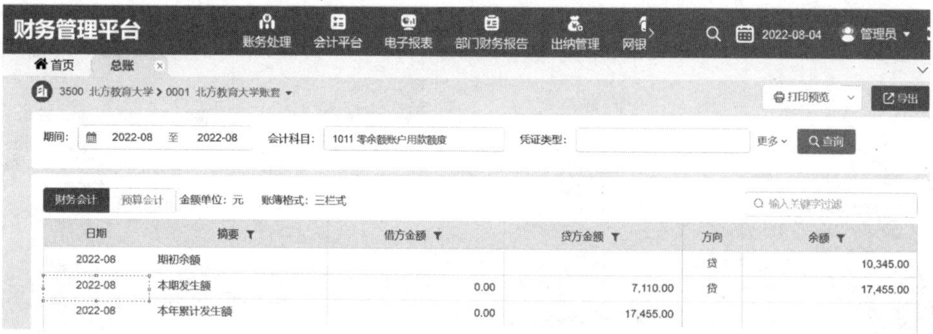

图6.214　查看明细账信息

单击"凭证字号"栏中具体的记账凭证号"记-08-0003",查询具体的会计凭证信息,如图6.215所示。

图6.215 查看具体会计凭证信息

7)财务报表查询

单击"电子报表"—"报表管理"—"政府会计报表"按钮,查询资产负债表等财务报表,如图6.216所示。

图6.216 政府会计报表

单击"重新取数"按钮,查看当期会计期间的资产负债表,如图6.217所示。

图6.217 查看资产负债表

8）记账凭证归档

以"999"登录系统，单击"电子会计档案"—"档案材料采集"—"归档适配器在线导入"按钮，如图6.218所示。

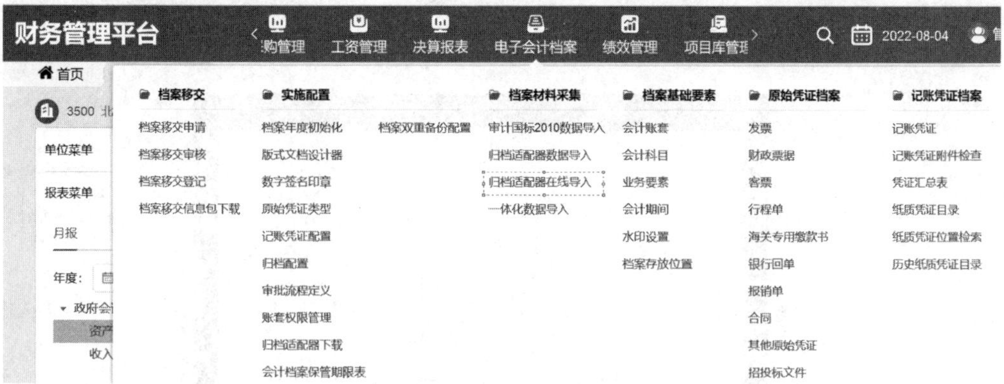

图6.218　归档适配器在线导入

可以单击"采集配置"按钮，配置要采集的会计档案信息，如图6.219所示。

图6.219　配置会计档案信息

单击"电子会计档案"—"记账凭证档案"—"记账凭证"按钮，查看归档记账凭证信息，如图6.220所示。

图6.220　查看归档记账凭证信息

单击具体已归档记账凭证号,查看已经归档的记账凭证及原始凭证信息,如图6.221所示。

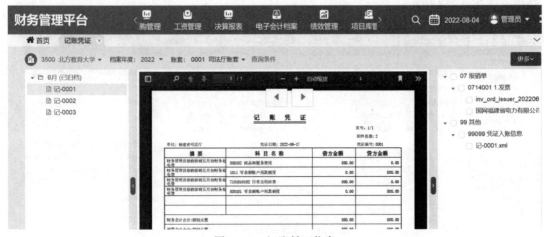

图 6.221　记账凭证信息

第五部分
内部控制篇

第7章
内部控制应用方案

内部控制应用方案基于北方市中医院内部控制应用方案介绍。

7.1 内部控制概述

财政部公布的《行政事业单位内部控制规范（试行）》自2014年1月1日起施行。根据《中华人民共和国会计法》《预算法》及财政部制定的《行政事业单位内部控制规范（试行）》《关于全面推进行政事业单位内部控制建设的指导意见》（财会〔2015〕24号）和国家卫生健康委、国家中医药管理局制定的《公立医院内部控制管理办法》（国卫财务发〔2020〕31号）等法律法规和北方市财政局、纪检委关于全市推行电子报账管理的相关规定，依托制度规范和信息系统，将各业务活动嵌入内部控制的各个层级、各个方面、各个环节，将内控机制嵌入到内部管理、职责分工和业务流程中，实现内部控制的程序化和常态化，防范经济活动风险，改善内部管理中的薄弱环节，进一步提高行政事业单位内部管理水平，规范内部控制，加强廉政风险防控机制建设，实现经济活动管理水平的全面提升，同时改变单位各项经济活动分块管理、信息分割的局面，提高信息时效性和关联性，实现业务信息的有效公开与共享，切实提高行政事业单位内部控制及风险管理能力。

7.1.1 内部控制建设原则

（1）全面性原则。按照财政部、北方市财政局的相关要求，全面建立、有效实施内部控制，确保内部控制覆盖本单位经济业务活动的全范围，贯穿内部权力运行的决策、执行和监督全过程，规范单位内部各层级的全体人员。

（2）重要性原则。在全面控制的基础上，针对内部管理薄弱环节和风险隐患，特别是预算管理、收支管理、政府采购、资产管理、建设项目管理、合同管理等重要经济和医疗业务管理、科研教学、信息系统管理业务活动及关键岗位，合理配置权责，细化权力运行流程，明确关键控制节点和风险评估要求，提高内部控制的针对性和有效性。

（3）制衡性原则。科学运用内部控制机制原理，结合本单位经济和业务活动特点，合理确定管理架构、岗位职责、业务流程和内部权力结构，依托制度规范和信息系统，将制约内部权力运行嵌入内部控制的各个层级、各个方面、各个环节。

（4）适应性原则。内部控制制度和流程梳理建设要契合本单位实际情况，有助于改进和提高本单位工作和资金使用效率。在符合相关法律法规要求的前提下，充分贯彻和体现本单位业务特点和工作实际要求，并随着外部环境和单位实际情况的变化和管理要求的提高不断修订和完善。

7.1.2 内部控制报告要求

（1）提高思想认识，加强组织协调。单位要提高对内部控制报告工作重要性的认识，加强组织协调，健全工作机制，制订工作方案，明确时间节点，层层落实责任，做好内部控制报告的编制、审核、汇总、报送、分析、使用等工作。单位要统筹协调内部控制报告工作与部门决算、政府采购、国有资产报告等工作，确保同口径数据的一致性。

（2）及时准确编报，加大审核力度。单位应当根据本单位内部控制建立与实施的实际情况，按照要求及时准确编制和报送单位内控报告；单位同时应加强对内控报告的审核力度，不断提高内控报告质量。

（3）开展分析应用，加强监督指导。单位应当坚持需求导向和问题导向，探索应用大数据技术，挖掘内部控制报告价值，积极开展内部控制报告的专题分析和评价结果的应用工作。

7.1.3 内部控制建设总体目标

单位应建立一套科学有效的内部控制制度，引入内控信息化手段，强化内部流程控制。通过进一步完善内部权力监督和制约体系，规范权力运行，防止权力滥用，预防腐败；通过内部控制体系建设，优化管理制度和业务流程，运用信息化的手段，提高内部治理水平和管理效率，保证各项经济业务合法合规，资产安全和使用有效，财务信息真实完整，最终实现公共服务效能最大化。

7.1.4 内部控制信息系统

内部控制的核心是风险管控，内部控制信息系统凭借制度、措施、程序等手段，对事业单位内部的经济风险进行防范和管控，保证事业单位运行资产的安全性和有效性，助力事业单位稳定发展。通过建设内部控制信息系统，可以有如下作用。

1. 防控流程风险

内控管理系统完善流程风险防控措施，充分考虑内控信息化与业务信息化的有效融合，提高风险识别能力、风险监控能力、风险预警能力，并加大内控与业务之间的衔接融合、数据共享、约束控制，从而实现事业单位内部控制的自动化。

2. 控制内控与业务的融合

内控管理系统根据风险流程和防控方法，在固化的信息系统流程中，逐步将风险识别、风险评估、风险监控等流程进行程序化，通过对事业单位的业务、监控、内控进行有效融合，达到单位管理工作之间的联动制约。

3. 内控管理机控代替人控

内控管理系统建立内控信息系统，实现机控代替人控，避免人为因素对单位制度造成不可知的风险。

4. 资金、信息化项目推进内控管理信息化

内控管理系统针对信息化项目管理和资金管理使用中的风险点，进行事前防范和事中监控，有效控制项目管理、资金支付等方面衔接，避免出现脱节现象和"信息孤岛"现象。

5. 实现工作透明化和过程留痕

内控管理系统可实现工作透明化和过程留痕，通过系统进行资料积累，从预算到结算的过程都可在系统中查找，还可设置资金支出控制标准，有利于提高管理工作的规范性及风险问题的防范性。

内部控制信息系统建设涉及预算、财务收支、资产、采购、合同、基建项目等内容，总体框架如图7.1所示。关于预算管理、报销管理等内容已经在本书第三部分和第四部分分别介绍，本部分重点介绍合同管理系统和采购管理系统。

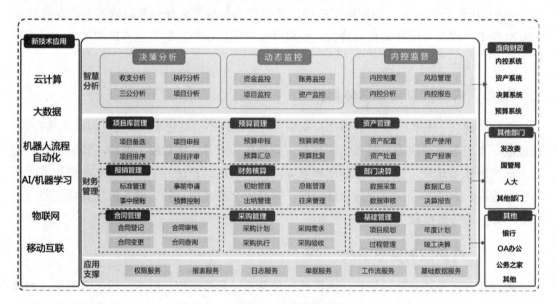

图 7.1 内部控制信息系统总体框架

7.2 合同管理

合同管理主要分为合同审批、合同备案、合同执行管理，合同类型有收入和支出两大类。

1. 业务设置

业务设置提供审批流程、合同范本、合同样式配置管理。

1）审批流程定义

可以根据单位管理要求设置合同的审批流程，支持归口审批、分支审批等各种方式。对于多单位的情况，可以选择使用不同的流程。

2）合同样式配置

根据单位的实际业务要求，配置每一类合同所管理的内容和填写要求。

3）合同范本定义

可以维护不同分类的合同范本，以供新增合同时引用和参考。

2. 合同办理

合同相关业务集成于一个页面办理，包括合同的起草，合同的查看、变更和合同付款等处理。为经办人员提供业务办理的集成窗口。合同的类型可以根据实际情况进行调整和补充。支持合同补充协议的管理。

3. 合同起草

合同一般包括采购合同、非采购合同、收入合同和工程合同四大类型。可根据合同类型使用范本起草合同文本，系统将根据所填写的内容和范本格式自动形成合同草稿，有需求会人为进行调整。

系统提供在线填写拟签合同文本，记录提交人、提交时间等信息，并随着审批的进行记录每个修改人的修改版本，合同签署时以最后的版本为定稿版本进行签署。

新增合同时填写合同基本信息、付款条件（即具体的分期付款情形及相应的支付条件）、履约方（即合同签约方的名称、联系人、电话、开户行和账号）、标的物（即购买物的名称、规格、数量、单价、总价）等信息。

合同根据需要，可包括挂接预算、费用申请和采购等信息。

4. 合同审批用印

合同审批、用印"一站式"处理。可按照单位的合同管理规定，根据合同分类、经费来源等信息，设定归口审批的要求。根据合同类型和金额规模，设定不同的审批级次要求。对审批过程中的意见和修改痕迹进行记录和展现。

在合同审批的功能中，审核人员可以看到待审核和已审核的合同，可以进行审批、退回、查看审批记录等操作。

合同审批完成后，经办人可以在系统中直接打印"用印审批表"。

审批辅助，系统可内嵌检查规则，对可能存在的问题直接预警。对每一岗合同审核需要关注的点可以进行提示，除预置管理要求外，系统自动分析常见问题也会加入到提醒中。

合同签订完成后，经办人在系统中进行合同备案。

5. 合同付款

在合同办理页面，可以选择需要付款的合同发起合同支付。

合同支付应根据付款条件进行，同时可以看到历史付款情况。

6. 合同变更

合同发生变更时，需要在系统中发起并提供相应的附件材料。合同变更包括基本信息变更、合同金额变更、标的物变更和付款计划变更等情况。

系统将记录和提示变更的痕迹,便于后续的备查。合同变更需要审批完成后才能够生效,审批流程可根据管理要求进行设定。

7. 报表查询

报表查询提供合同台账、付款合同执行情况分析、收款合同执行情况分析、合同付款到期查询。

合同台账:可按照合同类别、合同名称、供应商和签订日期的范围等条件查询合同。合同台账显示每个合同的状态、金额、已支付金额、合同支付进度等信息。还可显示每个合同的当年总应付、当年应付未付信息。单击每个合同,都可以追溯查询其当初签订审批的完整信息及其关联信息,并能进行关联信息的追溯查询。

付款合同执行情况分析:可以按部门、人员查询付款合同的执行情况和风险,支持联查明细。

收款合同执行情况分析:可以按部门、人员查询收款合同的执行情况和风险,支持联查明细。

合同付款到期查询:合同计划付款日期即将到期时,给予相应人员提醒。

7.3 采购管理

实现项目申请、审批、采购、验收流程处理;实现项目变动、项目台账等功能;实现采购项目和合同管理的衔接。采购管理功能开发以医院实际业务为准。

1. 采购申请

业务人员将各种货物类或服务类采购需求提出书面采购申请(需公开招标的政府采购项目至少提前3个月提出采购申请),详细填报采购申请事由、采购资金来源、支出项目、政府采购预算、采购品目及内容、技术规格、采购数量、采购预算金额等内容。

政府采购组织实施主体和采购方式需要变更的,采购人应在项目采购前按照有关规定向街道政府采购领导小组提交申请,经批准后方可实施。

2. 登记供应商及报价

如果是三方询价,在本系统中登记相应的供应商、报价及采购方式,目前街道使用的采购方式有9种,录入信息时需要根据实际情况选择采购方式。

3. 登记招标机构

公开招标的项目,需要请招标代理机构或由政府采购中心公开招标,委托招标和政府采购都需要在本系统中录入招标机构。

4. 招标文件备案

相关项目发布的招标文件都需要在本系统中上传备案。

5. 中标登记

如果是在招标代理机构或政府采购中心公开招标的,在本系统中需要录入各投标单位及中标单位、中标金额、中标日期等,需要上传投标文件和中标通知书作为依据。如果是通过电商平台和单一来源进行采购的,需要登记此供应商的信息。

6. 采购验收

在此功能中,工作人员需要上传项目验收报告、项目履约考核报告、专家评审意见及验收评价等。

7. 采购台账管理

采购台账管理提供采购台账快速检索功能,如分类检索、日期检索、供应商检索、采购方式检索、采购类别检索等,台账支持跟踪每一笔采购记录的进展并可直接从台账进入处理待处理事项。

8. 采购目录:品目管理

采购内容分为目录内、目录外、家具、办公用品等,也可分为工程、货物、服务等,相应的类别下包括多种品目,本系统中需要录入相应信息供采购申请时进行选择。

9. 供应商库

业务人员在系统中经常要录入供应商信息,本系统中将整理相关的信息形成供应商库,业务人员需要录入指定供应商时,只需要输入关键字,系统可自动实现填充功能。例如,只需要关键字"新桥",系统会自动弹出列表显示"宝安区新桥街道办事处""新桥社区工作站"等供业务人员选择。方便业务人员快速录入,减少工作量,也减少人工输入可能出现的错误。

10. 招标代理机构库

每年会选择多家招标代理机构处理招标代理工作,业务人员在其他流程中录入的招标代理机构只能从招标代理机构库中选择。

第8章 内部控制软件操作

8.1 合同管理

8.1.1 业务设置

1. 审批流程定义

依次单击"合同管理"—"审批流程定义"按钮进入"审批流程定义"页面。此功能用于选定"合同申请"业务流程,提供选用流程和修改流程等功能。管理员根据项目情况选用、修改流程。

操作方式见 6.1.1 节。配置界面如图 8.1 所示。

图 8.1 合同审批流程定义

2. 合同样式配置

依次单击"合同管理"—"合同样式配置"按钮进入"合同样式配置"页面。此功能用于配置用户填报单据时所见内容。系统支持同一单据在不同角色（岗位）情况下，所见内容不同于相关配置。配置方式参考 6.2.1 节。主界面如图 8.2 所示。

图 8.2　合同样式配置

3. 合同管理规则

合同管理规则可实现对合同单据所涉及的附件、业务、支付定制规则设置。如哪些附件是必填的、附件包含哪些内容，以及采购计划单据审核退回时，推到哪一岗位等。配置方式见 6.2.1 节，如图 8.3 所示。

图 8.3　合同管理规则

1）新增

此功能用于新增合同类型。单击右上角"新增"按钮，弹出"合同类型新增"界面。输入相应内容，单击"保存"按钮，如图 8.4 所示。

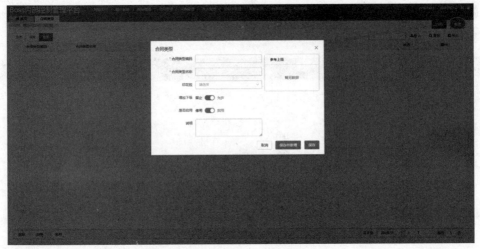

图 8.4 新增合同类型

注：合同类型的数据来源可在菜单"合同管理"—"合同管理规则"下选择报销的费用类型或合同类型的基础数据。

2）查询

此功能用于查询合同类型。列表展示所有合同类型的内容，包括合同类型编码、合同类型名称、说明、状态等；列表的最后一列是操作，用于增加下级、停用和删除。可在左上角"启用""停用""全部"按钮之间切换显示 3 种不同状态的合同类型，如图 8.5 所示。

图 8.5 查询合同类型

8.1.2 合同业务处理

1. 合同办理

此功能主要是根据不同的合同类别新增合同，主要有"采购合同""非采购合同""收入合同""工程合同"等，合同类型不同，新增合同的界面不同，所需填写的内容也不同；后面还有一个补充合同，用于对原合同进行补充，如图 8.6 所示。

图 8.6　合同办理

1）采购合同

此功能用于"其他费用申请"中选择"政府采购"的采购合同，在采购合同录入界面的后侧单击"费用申请"按钮可选择相应的费用申请单，根据需求选择；采购合同需要提前做采购计划，具体操作见 7.3 节，如图 8.7、图 8.8 所示。

图 8.7　新增采购合同

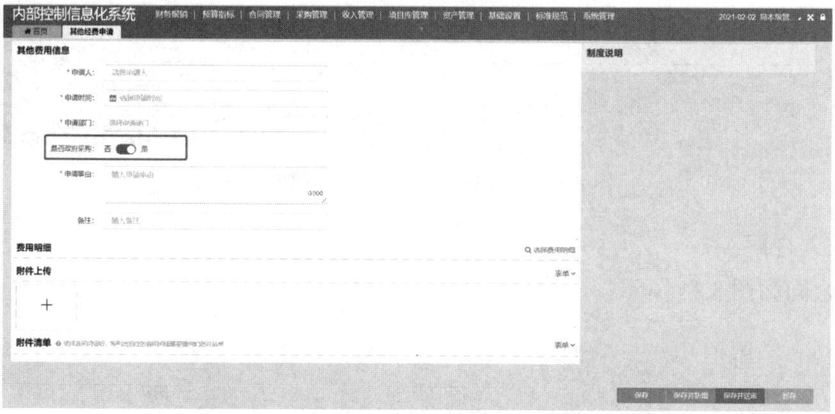

图 8.8　其他费用申请——政府采购

2）非采购合同

此功能用于"其他费用申请"中选择"非政府采购"的采购合同，在采购合同录入界面的后侧单击"费用申请"按钮可选择相应的费用申请单，根据需求选择，如图 8.9、图 8.10 所示。

图 8.9　新增非采购合同

图 8.10　其他费用申请——非政府采购

3）收入合同

收入合同如图 8.11 所示。

图 8.11　收入合同

4）工程合同

工程合同如图 8.12 所示。

图 8.12　工程合同

2. 合同审核

合同办理保存送审后，在"合同审核"里，单击"查看流程"按钮可以看到合同审批状态，如图 8.13、图 8.14 所示。

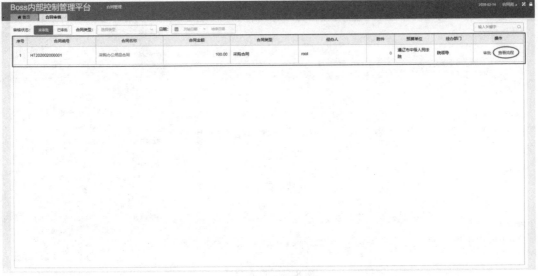

图 8.13　合同审核

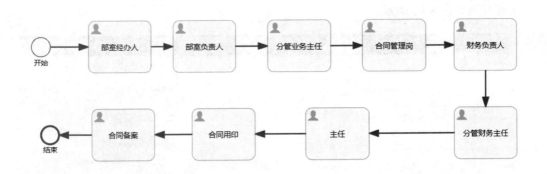

图 8.14　查看审核流程

用有审核权限的用户登录系统，在系统首页"待办提醒"区域可以看到要审核的数据。或是依次单击"合同管理"—"合同审批"按钮，进行审批操作，如图 8.15、图 8.16 所示。

图 8.15　首页代办——审核

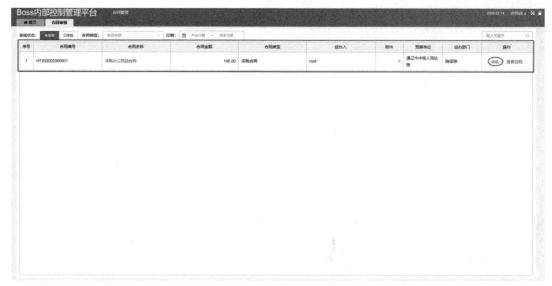

图 8.16　合同审批

单击"审批"按钮,进入"合同审批"界面。不同的审核人关注的审核内容可能不同,如合同管理岗审核时关注更多的是合同的基本信息、履约方信息等;而财务人员审核时关注更多的是经费来源等。进入"合同审批"界面后,审核相应的内容。审核无误后,单击"审核通过"或"退回"按钮,如图 8.17 所示。

图 8.17　合同审核

3. 合同用印

此功能用于合同审批流程走到"合同用印"节点,单击后面的操作一列中的"打印用印申请表"按钮,将需要用印的合同打印出来,加盖印章,如图 8.18 所示。

图 8.18　合同用印

4. 合同备案

此功能用于合同审批流程走到"合同备案"节点，单击后面的操作一列中的"备案"按钮，进入"合同审批"界面，然后单击右下角"备案"按钮，弹出"合同备案"对话框，键入合同备案说明，单击"备案通过"按钮，如图 8.19、图 8.20 所示。

图 8.19　合同备案

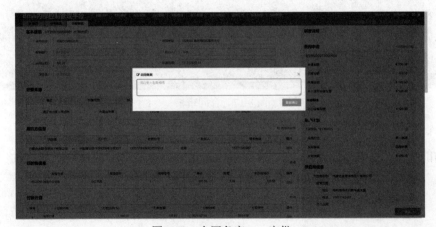

图 8.20　合同备案——审批

8.1.3 报表查询

1. 合同查询

此功能以列表的形式显示所有录入系统的合同，用户可在列表上方筛选想要查询的合同，系统目前可按合同大类、合同状态、合同类别、合同名称等进行查询，如图 8.21、图 8.22 所示。

图 8.21　合同查询

图 8.22　合同查询条件

2. 合同付款到期查询

此功能默认显示距离计划付款时间一个月的合同，可按到期时间"已超期""三个月""当年"进行查询，在操作列单击"发起支付"按钮进入"合同支付单报销"界面，进入

"合同支付单报销"界面后,填入相应的合同支付单信息,单击"保存"或"保存并送审"按钮,如图8.23、图8.24所示。

图 8.23　合同付款到期查询

图 8.24　合同支付单报销

8.2　采购管理

8.2.1　业务设置

1. 审批流程定义

依次单击"采购管理"—"审批流程定义"按钮进入"审批流程定义"页面。此功能用于选定"采购计划"业务流程。提供选用流程和修改流程等功能。管理员根据项目情况选用、修改流程。

其操作方式见 6.1.1 节。配置界面如图 8.25 所示。

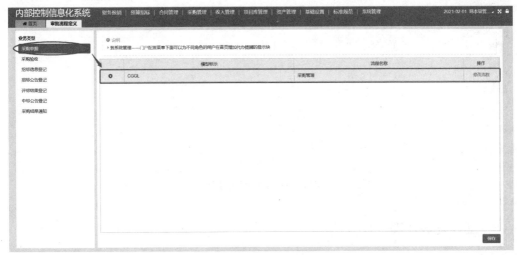

图 8.25 审批流程定义

2. 采购样式配置

依次单击"采购管理"—"采购样式配置"按钮进入"采购样式配置"页面。此页面用于配置用户填报单据时所见内容。支持同一单据在不同角色（岗位）情况下，所见内容不同于相关配置。其配置方式见 6.2.1 节。主界面如图 8.26 所示。

图 8.26 采购样式配置

3. 采购管理规则

采购管理规则可实现对采购单据所涉及的附件和业务定制规则设置。如哪些附件是必填的、附件包含哪些内容及采购计划单据审核退回时退到哪一岗位等。其配置方式见 6.2.1 节，如图 8.27 所示。

图 8.27　采购管理规则

8.2.2　业务处理

1. 采购业务办理

采购业务办理实现采购计划申请操作。依次单击"采购管理"—"采购业务办理"—"采购计划"按钮,进入"采购计划申请"界面。采购计划由"基本信息""采购费用申请""采购资金信息""采购商品信息"和"附件"构成。

"基本信息"和"附件"与之前报销业务中的类似,这里不再重复解释。需要强调的一点是"采购费用申请"和"采购资金信息"之间的关系。采购有相应的采购金额,因此,办理采购业务前,需要做相应的采购资金申请。采购资金申请就是这里提到的"采购费用申请"。具体操作见6.2.2节。"采购费用申请"审批通过后,在采购计划页面中,单击"费用申请"下的"请选择对应的费用申请"按钮。采购申请选择完毕后,采购资金信息自动补充,核实后可进行下一步操作,如图8.28所示。

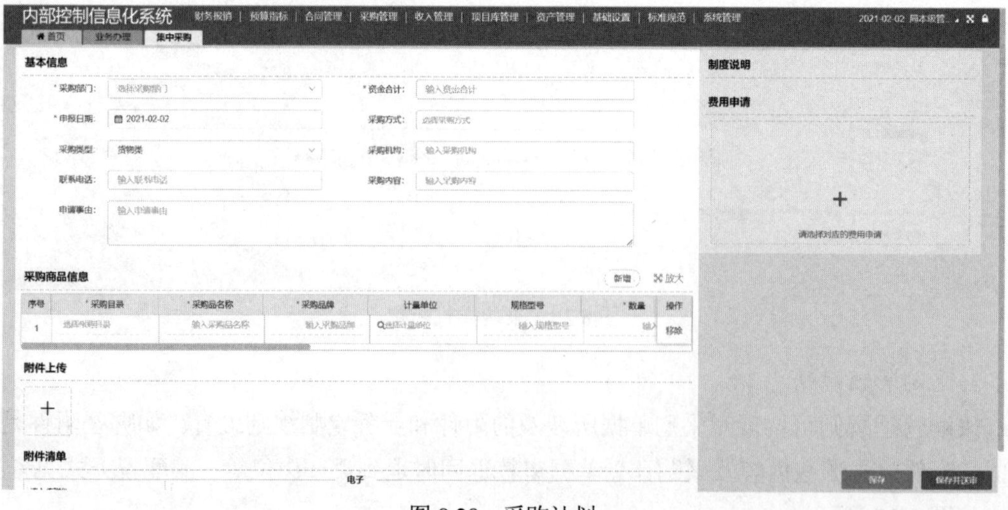

图 8.28　采购计划

"采购商品信息"为采购品目,由于业务部门(庭室)对政府采购目录不太熟悉,建议此内容在采购管理员审核结点审核时,由采购管理员来完成。单击采购目录下的空格,出现采购目录下拉列表,根据实际情况填选采购商品信息。

2. 业务审批

采购计划提交送审后,进入审核流程。用户登录系统后,在待办事项区域,或依次单击"采购管理"—"业务审批"按钮进入"单据审批"界面。注:采购员审核时,注意补充采购商品信息。根据实际情况,审核通过或退回。审核操作可见6.2.2节,如图8.29所示。

图 8.29 单据审核

教师服务

感谢您选用清华大学出版社的教材！为了更好地服务教学，我们为授课教师提供本书的教学辅助资源，以及本学科重点教材信息。请您扫码获取。

❯❯ 教辅获取

本书教辅资源，授课教师扫码获取

❯❯ 样书赠送

会计学类重点教材，教师扫码获取样书

 清华大学出版社

E-mail: tupfuwu@163.com
电话: 010-83470332 / 83470142
地址: 北京市海淀区双清路学研大厦 B 座 509

网址: http://www.tup.com.cn/
传真: 8610-83470107
邮编: 100084